古今公債通鑑 I

從息借商款到愛國公債，
細說早期中國對內公債

1894-1949

戴學文

揭開那一頁
滿目瘡痍的中國近代財政史

何飛鵬／城邦媒體集團首席執行長

上個世紀九〇年代初期，我因緣際會被一位朋友影響，開始搜集中國對外債券，從台灣、香港到德國，尋尋覓覓中國對外債券的蹤影，並在《商業周刊》發表了一篇收藏心得，之後因工作繁忙，這項嗜好並未持續，只在櫥櫃中留下了部分收藏品。

二十餘年之後，我接到戴學文先生的來信，寄來了一本他所寫的中國對外債券的專書，文中並提到他之所以會踏入中國對外債券的研究，是因為當年閱讀到我的文章，引起了他的興趣，進而深入中國對外債券的領域。

我仔細讀了戴學文先生的書，對於他理解的深入、研究的透徹，十分嘆服。經過進一步的接觸，才了解他在四十餘歲的壯年時期，就下決心解退所有工作，潛心研究中國近代的貨幣、金融變遷，而其中又以中國的銀錠、鈔券、債券等為最，他為了研究此一領域，跑遍了古董市場、拍賣行、各種研究機構、圖書館等，並且與國外專業的買賣中介機構往來。經過十多年，他已經成為中國研究此一領域的第一人。

他自己的著作，完全是以個人自費出版的形式出版，所有的書也由自己在網上販賣。由於戴先生的論述，在網路上的流傳多，廣被轉載、引述，因此所有讀者也都能按圖索驥，直接上網買書。

我對戴學文先生的研究及深入的專業知識十分景仰，這些知識應是中國當代第一人，因此鼓勵戴先生應有計畫地出版專業書籍，以傳播正確的知識，也讓國人有機會深入理解近代中國財政的變遷，能夠回溯這一頁滿目瘡痍、充滿血淚的中國近代財政史。

戴學文先生接受了我的建議，完成了兩本專業著作：一本是《從息借商款到愛國公債，細說早期中國對內公債（1894–1949）》。另一本則是《從台灣海防借款到愛國公債，歷數早期中國對外公債（1874–1949）》。這兩本書都由台灣的商周出版發行上市。

這兩本書都具有以下的共同特色：

一、資料搜集極為完整。從最早發行的債券，按時間序羅列每一次債券的發行，而且仔細說明每一次發行的原因、目的、實際執行者、發行的條件、發行數量等，是極為完整的歷史陳述。

二、全書中對每一次債券的發行，都盡可能以圖文並茂的方式呈現。相關的人物、公司、債券本體，都有圖片，讓讀者能獲得視覺的滿足。

三、書中所有的內容，都做了極為完整的註釋。讓讀者明白所有內容的來源，這是一本極為嚴謹的債券歷史。

近代中國所發行的對內、對外債券，近年來由於搜藏市場的興起，已有一批收藏家投入債券的收藏及交易，因而對債券相關知識也有極大需求。這兩本書的出版，正好補足了市場的空缺，這應是所有收藏者的福音，有助於增進大家的理解。

而對於研究中國近代財政史的研究者，這兩本書也是最佳的參考依據，有助於近代中國財政歷史的釐清。

自序

　　光緒二十年（1894），戶部仿「息借洋款」之法，息借商款。這是中國政府首次發行具債券形式的對內公債。

　　所謂的息借洋款，是一種建立在契約關係上的對外債務，與近代西方國家建立的金融、法律制度有關。自咸豐三年（1853），上海道吳健彰為籌集軍費向洋商支付重息貸款開先例後，逐漸普遍。隨著借款的增加，同治十三年（1874）起，在外國銀行引導下，中國開始在海外發行公債，籌集借款。

　　早期中國尤其倚重對外公債，以解決國防、軍事、賠款、鐵路建設，甚至政府運作等不斷擴大的經費需求，而逐漸步入結構性的財政危機，無法自拔。在債權人的要求下，關稅、釐金、鹽稅等各種稅收及鐵路資產與經營權等先後淪為償債來源或擔保，但，即使國家財政幾近枯竭，在外交、政治的壓力下，仍不得不優先履行合同義務。

　　雖稱仿效西法，但，息借商款及後來發行的對內公債，借貸雙方並無契約可循，皆是以官方制訂並可隨時修改的發行章程作為依據；欠債不還，百姓莫可奈何，這是風險所在，卻也更能看出政府的誠信與本質。

　　早期中國對內公債，因國內經濟凋敝、發行條件不成熟等，無法在公開市場成功募集，長期走向攤派、分配額度，強迫百姓認購，如同課徵新稅般。這種情形，即使到一九五〇年代，國民政府在台灣募集三十八年愛國公債時，依然存在。由於作為稅賦主要來源的農民，普遍貧窮，少有儲蓄，即使攤派也不夠，因此，清末各種對內公債紛紛轉而尋求外資進駐；到了民國時期，賤售變現、改向銀行抵押借款等非常規交易，則成為替代方案。不擇手段與財政惡化，兩者往往互為因果，政府還債能力因而不斷減弱。但，歷史經驗顯示，每當國內債市因政府債信問題而瀕臨危機，風險與損失終究是轉嫁投資人承擔。

　　九一八、一二八事變後，爆發金融危機。國民政府無力償還公債本息，最後採取減債、降息、緩付及變更基金來源等作法解決，即無不與豁免、減輕

政府債務，轉由投資人承擔損失有關。國內公債又因抗戰被迫停付本息，當戰後恢復償付各項公債本息時，持票人所面對的是法幣大幅貶值造成的損失，發行額從戰前的十四億元，暴增至五千五百億元；但，比起接踵而至的國共戰爭所引發的惡性通貨膨脹，根本是小巫見大巫。這段期間，國民政府藉由貨幣政策的失敗，提前償還公債，抹除國幣公債的絕大多數債務，並限期一個月內完成，百姓幾乎血本無歸。但，絕大多數人至今可能都還不清楚，原來所有的國幣公債竟是如此償還完畢！

國幣公債的貶值迫使國民政府又陸續發行以美金、英鎊、黃金、米麥為單位的公債，這些公債按理不會有相同的貶值問題，因此不在提前償還之列，到期後也未獲償還。後來，國民政府發行了「民國三十八年整理美金公債」，以債換債，處理到期的外幣公債部分。不過，從此後，包含三十八年整理美金公債、黃金公債及後來陸續到期的其他外幣公債，因政治情勢被長期擱置。直到一九八〇年代末期，兩岸民間恢復交流，才重啟相關議題。1992年，「台灣地區與大陸地區人民關係條例」頒布，三十八年整理美金公債、其他外幣公債及黃金短期公債等，在國家統一前，均不予處理。經過漫長等待，外幣與黃金公債，雖可免於通貨膨脹損失，仍難逃政治厄運。

近代中國公債，命運多舛。多年來，筆者注意到一個現象，即大陸時期發行的各種公債不時會成為立法委員質詢或提案的題材，但，質詢與提案的委員，乃至於答詢官員，似乎普遍對於所涉及的相關歷史都缺少了真正的了解與關切，虛問虛答下，真相未能呈現；不只如此，舊公債償還與否的議題，經常被利用作為特定政治目的下的操作工具，問題並未回歸歷史上的事實；無論如何，這並不是負責任的作法。這種現象的長期存在，與已成歷史的舊公債向來是一個冷議題，乏人關注有關，也是促成筆者完成本書的動機之一。

戴學文

2017年2月20日
於新竹‧波多西工作室

目次

第二篇　民國前期（1912–1927）...................81

北洋政府公債...................85

第一篇

清代晚期

（1894–1911）

清代公債

近代政府公債的概念，來自歐洲，有賴於一套金融與法律制度的建立，讓政府與人民之間的借貸，有規則可循，避免隨統治者的意志傾斜。在英國匯豐銀行的引導下，自同治十三年（1874）的「臺灣海防借款公債」開始，中國陸續在海外發行了大批公債；直到光緒二十年（1894），清廷決定仿效西方辦法，在國內發行第一筆債券形式的對內公債──「息借商款」。

一、光緒二十年息借商款

甲午戰爭爆發前夕，清廷財政窘迫，大量庫銀又被挪作籌備慈禧太后六旬慶典之用，無法應付備戰所需。當開戰已成定局，戶部始知事態嚴重，提出各種撙節經費及增加收入的辦法，只是都緩不濟急。1894年9月8日，戶部又以「海防吃緊，需餉浩繁」等理由，奏請「以息借洋款之法，施諸中國商人」獲准，發行了中國最早具債券形式的國內公債──「息借商款」。

在此之前，中國對外借款多為應付邊境沿海突發的軍事防衛需要，各省督撫依照事權，成為相關談判交涉的靈魂人物，也累積了許多經驗，如沈葆楨與台灣海防借款[1]、張之洞與廣東海防借款[2]及左宗棠與西征借款[3]等；到了甲午之戰，一向深居幕後的戶部，卻臨時成了籌款的權責部門。由於各國不願開罪中日任一方，紛紛迴避，戶部處處碰壁，只能在倉促下完成匯豐銀款、匯豐金款、克薩洋行與瑞記洋行等四筆借款合同的談判，再由總理衙門代表出面簽訂[4]。後兩筆還是重啟湖廣總督張之洞的舊案而來；當時因張堅持不用關稅擔保借款，以防英籍總稅務司赫德洩漏英國，引起干涉而擱置。戶部接手後，立場軟化，才達成協議[5]。只不過，這些借款大多未能派上用場，後兩筆甚至在戰事結束時都還沒交付。

1　筆者，《算舊帳－歷數早期中國對外債券》，「牡丹社事件後的台灣海防公債（1874）」，頁15。波多西工作室出版，2016年。

2　同上，「中法戰爭時期的廣東海防公債（1885）」，頁19。

3　同上，「左宗棠的西征借款公債（1877）」，頁17。

4　《債款合同匯編》，財政部公債司，北京，1913。

5　同【註1】，「甲午戰爭期間的公債（1895）」，頁24-25。

請辦息借商款時，戶部雖稱採納「息借洋款之法」，實際上卻未真正領略西方公債的真義，國內公債發行與交易有關制度，例如應有銀行或專業機構擔任承銷人的角色，國家有必要建立集中買賣證券的交易所，制定相關規則及其管理辦法，政府的財會制度也必須因應公債的發行，賦予債務管理的功能等均付之闕如，聲稱「因思中華之大，富商巨賈豈無急公慕義之人」、「僉稱食毛踐上，具有天良，朝廷現有要需，敢不竭力設措」，以愛國主義為訴求，視商賈對朝廷提供借款是一種道義，以及理所當然，並未賦予商民在借貸關係應有的權利與地位，也簡化了募集公債應有的規畫。戶部樂觀看待，「若以息借洋款之法，施諸中國商人，但使誠信允孚，自亦樂於從事」，自認除了應有的道義之外，如再比照對外借款的條件，國內商人必然樂於接受。但，戶部所謂的「息借洋款之法」，只是學習西方國家印製債票，參考同一時期洋款利率水準，酌定七釐行息等條件；戶部還變通息借洋款的通例，將還款期限從一般的標準六至八年，縮短為兩年半。

整體而言，暴露出戶部對西方公債發行與交易流於浮面，欠缺制度面的了解。

息借商款，在舉國上下還不清楚公債為何物的情形下，先由戶部制定辦法在京師勸募百萬兩借款，再由各省仿照戶部辦法分別在省會、關埠等處，向官紳商民募集，陸續有廣東、江蘇、山西、直隸、陝西、江西、湖北、四川、浙江九省加入，各自承擔募集金額不等。中國首次對內發行公債，便是以如此特別與繁雜的方法進行。

戶部與各省各訂辦法，獨立發行，分頭募集，因此，息借商款已不只是單一公債，而是十筆公債的聯合發行案。但，地方與中央面臨的問題不盡相同，戶部只需向京城富商洽借百萬兩，類似現代的私募發行（Private Placement），憑藉戶部的權勢地位與京師的經濟條件，難度不大；到了各省，情況大不相同，並需要深入基層，向百姓推銷，「息借商款」就成了「息借民款」，也就是公開發行（Public Offering），問題頗為複雜。戶部辦法過於簡陋，國內公債發行、交易的機制與相關的金融環境也都尚待建立，各省只能各自摸索、自行解決；戶部無異是將難題留給地方政府。

借款年息七釐，遇有閏月，利息照給。期限兩年半，分為五期，每期六個月；第一期付息不還本，第二期後分四期攤還本息。交銀後，官給「印票」，以為憑證，還本付息，皆於票內註明。所謂「印票」，類似於西方的公債票。據戶部辦法，印票應有兩種，分別為京城與各省發行。

戶部在京師發給的印票，是記名式，

因各商出借數額不一，日期亦不同，票面並未印上固定數額，必須按照借數，逐一填上商舖名稱、本息數目與交兌日期，再加蓋戶部關防；另附有息票五張，以供剪取付息。

各省發給商民的印票，每張百兩，推測亦與戶部印票相同，採記名式。借款時，填寫還本付息的期限，由各該藩司、海關監督或道台加蓋關防，並允許借款人從應納的地丁、關稅中抵償扣還。

無論是戶部或各省所發行的印票，均未流傳下來，無從一窺樣貌。以往的息借洋款、借鎊還銀，白銀跌價造成中方損失，戶部因此特別於辦法中規定「借銀還銀」──「借用商款概以庫平足色紋銀交納，將來亦以庫平足色紋銀歸還」。此外，為了避免銀兩出入秤重、驗色的麻煩，又規定「商款概不由庫出入……內務府有應領部款，數在百萬以外，擬將各商應交之一百萬兩撥歸銀號，轉交內務府支領，抵作部庫應發之銀款，部庫即於應發內務府款內如數提出，作為收到該商交項，留充餉需」。

京城各商所出借的一百萬兩借款可不經戶部，直接由內務府向銀號領取，戶部則直接從應付內務府款項的帳目中抵扣。但這種以帳目沖銷，避免現銀移轉的方式，僅適用於京城；至於各省借銀，除了

應先將各地交納的各式銀兩兌換或改鑄為庫平足銀之外，這些銀兩應以何種方法解交中央？章程並未提及。

息借商款，仿息借洋款，利率與外債相當，還本期限卻刻意縮短為兩年半。不過，由於還本期限過短，用途無法從長計議，借款效益有限。此外，地方才剛收銀完畢，又要忙於償還債款，形同疲於奔命。還有，戶部辦法並未明訂還款來源與擔保，實則是要求各省設法代償本息，再由戶部「准於地丁關稅內照數按期歸還」，中央不負償還本息之責。只是各省財務狀況不同，未必都有代償能力，這種中央消費、地方埋單的作法，也容易造成百姓疑慮，不利於募集。

由於戶部連債款的收付、償債的來源及本息的償還等作法，不是規定未盡翔實，就是欠缺考慮，迫使各省只能隨機應變、各自發揮。

廣東，預定募集五百萬兩，實募兩百七十一萬多兩，是各省募集金額最高者。但，廣東是個富有省分，這個成績，尚且是省方大幅修改戶部辦法，包括將債票面額提高為兩百五十兩，年息增至八釐多，加上有粵海關關稅作為擔保，並由粵海關承銷，還本付息期間較戶部辦法延長約一倍，從1896年1月起分五年還清等情形

下[6]，才勉強辦到。其他省分，條件難與廣東相比，募集成績也無法相提並論。

各省修改戶部辦法，也造成許多問題。例如有人參奏「江西息借民款章程，於部議各條外，多有增改，不肖州縣威嚇刑驅，多方逼抑，甚至貧富顛倒、索賄開除，又出借紳民需索無名之費，弊端百出，謗讟頻興」[7]。在還本付息上，各省也狀況百出，有以關稅釐金抵償，有以增稅籌款償還；在蘇州，有典當富商出借六十萬兩，被移作辦廠之用，未發給印票，後來改領股票[8]；還有許多借款被侵吞，因此未記入帳目，無法領票，當然更不會償還[9]。息借商款，對於地方而言，戶部辦法過分簡陋空泛，各省大幅修正調整的結果，執行方法、標準各異，百姓莫衷一是，地方官吏則藉機勒索。這些亂象都是根源於中央欠缺事前統籌規畫能力，倉促交辦後又疏於監督管理所致。

雖然，戶部辦法，言之鑿鑿，設法嚴防弊端，包括「遴派廉幹司員，認真經理，一切事宜不假吏胥之手，收交項款並無絲毫規費，不致擾累商人……如有吏役在外招搖，立即飭拿嚴究，並傳知該商，遇有前項情事，准其赴部控呈，以憑懲辦」。但，事實上，規定如同具文，國內並無專業經募機關，各地無不依賴吏役經手，也將地方催收追討稅捐的陋規劣行引進。諸如威嚇刑求、貧富顛倒、中飽私囊等情形層出不窮。康有為就曾說：「吾見乙未之事，酷吏勒抑富民，至於鎮押、迫令相借，既是國命，無可控訴，酷吏得假此盡飽私囊，以其餘歸之公，民出其十，國得其一，雖云不得勒索，其誰信之？」[10]

針對亂象，朝廷根本無具體辦法改善，只能下令，「嚴禁需索、留難、抑勒諸弊。」到了1895年5月，終於承認「種種累擾情形，皆與勸捐之意相背」，宣布停辦[11]。

除京城募集一百萬兩之外，山西、陝西、江西、湖北、四川、廣東、江蘇等省分別募得數萬至數百萬不等，一般說法，總數約一千一百零二萬兩[12]。

---

6 李愛麗，「從粵海關檔案看清末廣東兩次公債發行」，《近代史研究》，2007年第三期。

7 《東華續錄》光緒朝，一百二十四，頁15上下。轉引自千家駒，《舊中國公債史資料》，頁3-4。

8 孫毓棠、汪敬虞，「息借商款，移作商務股分，辦理未協一摺」，《中國近代工業史資料：1895-1914》，頁598，1962年。

9 周育民，「試論息借商款與昭信股票」，上海師範大學學報，1990年第一期。

10 康有為，《康南海自編年譜》，上海古籍出版社。

11 千家駒，《舊中國公債史資料》，頁1-3。

12 同【註11】。

二、光緒二十四年昭信股票

為了籌措馬關條約之中的兩億兩賠款，外加三千萬兩贖遼費，中國政府已分別在1895、1896年兩次向俄法及英德集團舉借了史無前例的大型借款，並對外發行公債金額分別高達一億盧布與一千六百萬英鎊，均約折合白銀一億兩。1898年初，馬關賠款第四期即將到期，清廷決定提前支付所有賠款，換取免除賠款利息及日本早日撤兵，因此，又著手第三次對外借款[13]。

不過，因俄法與英德兩大集團為求贏得借款權，均勢在必得，不惜動用外交、軍事手段向中國施壓。清廷左右為難之下，為求解套，光緒二十四年一月九日（1898年1月30日），右中允黃思永奏請「籌借華款，請造自強股票」，獲得採納，經戶部研議並改名「昭信股票」，火速於五日後（1898年2月4日）擬定詳細章程，發行昭信股票，向國內借款。

昭信股票，募銀一億兩，年息五釐，遇閏不另計息。前十年僅付息不還本；後十年本息均攤，二十年償還完畢。昭信股票仍以「愛國公債」自居，在「軍國之

13　筆者，《算舊帳－歷數早期中國對外債券》，〈馬關賠款籌款（1895–8）〉，頁26–30。

昭信股票仿「俄式」，俄國代理清政府設計、印製、發行的「1895年俄法借款公債」，也是範本之一。

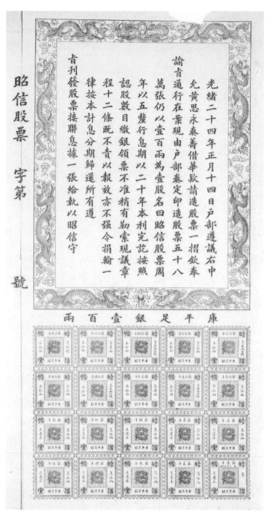

昭信股票復原圖。

款一千六百萬英鎊五釐公債」，有關借款數額、年息與年限等條件，兩公債分別為三十六年與四十五年的長債，昭信股票則將期限酌減為二十年。但，即使如此，對於習於短期借款的國內環境，仍將面臨挑戰。

昭信股票，印製有一百兩票五十萬張、五百兩票六萬張、一千兩票兩萬張，合計一億兩。昭信股票與息借商款，都沒有債票流傳下來，應是當時並未真正發放所致。但昭信股票的樣式，在當時的奏摺有著清楚記載，包括仿「俄式」，「四周為龍邊，錄印奉旨年月，並列領票銀數，下半分二十小方，寫明年份銀數，每付一次即裁去一方，後幅印有『昭信股票』簡明章程。每票編列號數，紙心及騎縫各蓋印一顆，印花用朱色印泥。每票除聯票外，另繕號冊，以備稽查」等，並根據戶部的計畫，昭信股票應係交由日本印製[14]。

眾，君父之尊，苟有天良，安忍推諉」的訴求下，強調官民響應公債乃忠君報國之舉，是不容推卸的責任。

有關發行的準備，昭信股票與息借商款一樣，都參考了當時對外公債的辦法。昭信股票，應是比照「1895年俄法借款一億盧布四釐公債」與「1896年英法正借

14　《翁同龢日記》第六冊：「2月14日飯後至戶部……商量股票式，樵野（張蔭桓）必欲照俄式，令日本造之，傍晚始歸。」（頁3093）「2月26日午初赴署商量股票，六堂畢集，定章程，定票式，定印式，以紙張詢上海道，發電。」（頁3093）日記中所提及的「俄式」，應是指1895年俄法一億盧布四釐借款公債的樣式，直式、四周有邊框、裝飾有花紋與龍紋等。

股票未印製完成前，發給「印收」，以供日後換取正式股票。戶部專設昭信局，經理其事，內設給票處、收銀處；各省藩司則設昭信分局。

有關償還本息的來源，由戶部負責籌措，但章程中也僅提出概略計畫，欠缺細節。對於每年應給本息，僅提及「先期」將由戶部指撥地丁鹽課等款，如數截留，以備臨時按票給發；至於先期究係多久？之後如何償還本息？戶部未做交代，只提出願景，「現籌裁減兵勇，加增當稅，覈扣減平養廉，鹽觔加價，漕糧減運，丁漕折錢盈餘各的款，每年新增銀五、六百萬兩，歸還利息，尚有盈餘。至十年以後，匯豐克薩洋款已減，復可騰出銀數百萬兩，每年應還本息，斷不至逾期。」[15]簡言之，昭信股票的償還計畫，是建立在開源節流上，在撙節支出與增加稅收等方案，均達到戶部預期目標的情況下，應足以支應所需。

昭信股票的發行時間，距息借商款不到四年，亦是在緊急狀況下，倉促募集。這段期間，國內封閉落後的金融與社會環境，並無太大改變，公債知識嚴重不足，也無銀行可承作，只能透過政府機關募集，實則強迫認購。

昭信股票的提案人黃思永建議，官員應強制被分級認購，以為民表率。其奏摺[16]稱：「在京自王公以下，在外自將軍督撫以下，無論大小文武現任候補各項官員，均領票繳銀，以為商民之倡……先按官之品級、第缺之肥瘠、家道之厚薄、酌定借款之多少，查照官冊分派，漸及民間。」但，戶部有不同意見，認為所有官員按品級分派，形同抑勒；第缺肥瘠與家道厚薄，也難以查明，因此修改辦法為「官紳商民一體勸募」。只不過應為民表率的各級官員，後來紛紛藉機表態輸誠，應募繳款不敢言借，請免領票以作報效，清廷則予以嘉許，並同意所請。原本期待官員以身示範認購公債，卻演變成忠君報國的倫理教育。

從奏摺與辦法的內容可看出，包括黃思永與審議的戶部官員，對於股票與公債都存在著認識不足、時而混淆不清的問題。這群規畫財政大計的要員，之所以稱昭信股票為「股票」，而非「公債」，這不只是習慣或朝廷顏面的問題，而是有意發行一種能與公司股票競爭的「國家股票」，顯然是受到當時國內興起的股票交易風氣所影響。

黃思永在奏摺中有關昭信股票的描

15　戶部《擬定給發昭信股票詳細章程疏》，詳本書附錄。

16　《奏請特造股票籌借華款疏》，詳本書，附錄。

述，「甲附股已售於乙，反掌之間即可增加，以為恆產傳之子孫者，不願歸還，即輾轉操縱，亦有盈餘」、「中國舉股之舉，慣於失信，人皆望而畏之，即鐵路、銀行、開礦諸大端，獲利亦無把握，收效未卜何時，故信從者少。若因國計自強派股，皇上昭示大信，一年見利，既速且準，自非尋常股票可比，安見將來風行之盛不如外洋」，將昭信股票與公司股票等同視之。

戶部，也有類似問題。從戶部擬定的詳細章程可知，昭信股票與息借商款一樣，均採記名式，認股人可選擇記明官銜姓名或堂號別名，並且強調股票與房地產權狀無異，但抵押買賣時，必須向昭信局登記；這些規定是將昭信股票比照公司股票處理。但，另一方面卻又規定，還本付息時，認票不認人，無須確認持票人身分，這是不記名制下的習慣，常見於公債，卻不適用於公司股票。

昭信股票的籌畫，明顯缺乏嚴謹、專業的知識與經驗做後盾，公債與股票的認知模糊，相關規畫也就很難令人期待。

黃思永在奏摺中強調，昭信股票「出入皆就近責成銀行票莊銀號代為收付，不經胥吏之手」、「無詐無虞，卻有憑信，可受可抵，更易流通」。事實上，經過戶部審議定案後，昭信股票並無金融機構承銷，而是由戶部在中央設立昭信局、各省成立昭信分局負責募集。

各地的昭信分局，擔任局員大多是地方的胥吏士紳，執行募集作業的是地方官府。後來，戶部也承認「督撫下其事於州縣，州縣授其權於吏役」，昭信股票普遍存在地方逐級交辦的事實。除了借款之外，還有層層剝削，「委員索川資、州縣索解費、藩司衙門索舖堂等費，或妄稱銀色不足，另行傾瀉」，造成「計畝苛派，

光緒二十四年五月雲南蒙化府印收。

按戶分日嚴傳，不到者鎖拿嚴押，所派之數不准稍減分釐」、「力僅足買一票，則以十勒之；力僅足買十票，則以百勒之，惟有賄囑以求免求減」，商民甚至出資之後，「並不予票，工於取利」等情形，不斷傳出[17]，無異是息借商款的弊端重現。昭信股票的實際狀況，與官員原先的設想，落差很大。

各省承領認購額度後，分派轄下州縣，再各自派募轄下鄉里。雲南蒙化府所發的印收上記載：「戶部奉准籌辦昭信股票一案，蒙化認借股票銀三千兩……稟請因地制宜，分作十鄉，已十分認股，每股照借銀數三百兩正……督同各紳就常平倉公所設局添派該倉管事隨同辦理，本府書役人等不准在事沾染，各該紳商等亦不得藉端苛派作弊……」蒙化府自省方分得三千兩認購額度，即分為十份，府內十鄉每鄉各認借一份三百兩，各鄉再責令稅戶按錢糧比例分攤借款。由於層層攤派，認購數額被不斷拆分，最後出借款項的鄉民，分攤了二兩銀，並領到印收，但這個銀數並無法換發股票。有的地方如四川西昌縣，因此予以變通，將多名稅戶湊成百兩銀數後，發給印票，以便未來換領股票。

在各地紛紛傳出流弊後，戶部提出

辯解[18]，表示當時國內唯一的通商銀行在上海才創立一年，各口岸尚無據點，並不適於承擔承銷重任。因此委託京城內外各四家與五家號商代理兌收股票款項；至於各省的情形，則坦言已超出其能力範圍，認為這應由地方政府比照戶部辦法就地解決。

當時，中國尚未存在具備承銷公債能力的金融業者，即便中央的戶部，也只在京師附近找到幾家號商，而且僅代收票款，連地區經銷商都談不上，各省情形更是可想而知。由於缺乏真正的承銷商，負責募集的機關仍是官府。因此，地方衙門的介入已是不可避免之事。戶部辦法到了地方後，根本難以執行，情形和息借商款如出一轍。此外，昭信股票也宣稱可抵押買賣，但實際上只是官樣文章，當時根本無金融機構開辦股票公債貼現業務。

息借商款多數算是用於甲午戰爭的用途，而昭信股票共募得不到兩千萬兩，但派募過程中被私吞中飽者難以計數，真正用於償還賠款則寥寥無幾。因欠缺統籌管

---

17 《皇朝同光奏議》十一，頁13下至頁14上，轉引自千家駒，前揭書。

18 「若通商銀行，惟上海一處開設，其餘省會口岸，現實尚未設立，未便以通行之案，僅令一處承銷。」、「逕由戶部選擇殷實號商並官設之通商銀行領出轉售……惟在京商號，臣部已就近選擇城內四家、城外五家，令其兌收股票款項，聽候提撥。至各省商號，臣部殊難遙度。」（「議覆昭信股票流弊甚多疏」，頁18–20，轉引自千家駒，前揭書）

理，有部分挪用於慈禧普陀峪陵墓工程，有移作教案的善後賠償，有賑濟黃河水災，也有被地方官扣留別用[19]。當昭信股票宣布停辦時，距發行之日已近七個月，竟無幾人領得債票。

昭信股票所造成的問題，還不止貪汙勒索一端。由於昭信股票只收現銀，而各省市面流通現銀不過數千萬兩，許多銀號錢鋪因存銀大量流失而倒閉；另一方面，為了躲避官府勒派，不少百姓改信洋教或改用洋商牌號，以求庇護。

昭信股票嚴重擾民，後來甚至驚動朝廷，御史徐道焜等人都上疏揭弊，請求停辦。清廷只得於1898年9月7日宣布，「各省辦理昭信股票，苛派擾民，自即日起，除京外各官仍准隨時認領，並官民業經認定之款照數呈繳外，其紳商士民人等，一概停止勸辦。」

19　周育民，〈試論息借商款與昭信股票〉，上海師範大學學報，1990年第一期。

【有關強制攤派的問題】

息借商款、昭信股票，乃至於多數早期公債，都走向攤派。這種現象的造成，基本上，與地方經手募集公債和催收錢糧都屬同一群人，有著密切關係。公債逐級派募，縣官之下，還有胥吏、土紳、鄉約、地保、書役等人在各鄉、村等基層地區提供協助；這群人未必知道如何募集公債，卻熟稔收稅作業，而最直接有效的方法，便是將公債當作賦稅課徵催收。

民國五年（1916），北京街頭的收稅人。[20]

自明代到民國，徵稅作業，就是按照賦役冊額定稅額徵收。程序上，徵收地丁錢糧與各項雜稅時，州縣地方官會先發給轄區稅戶納稅通知單，並有地保、鄉約等地方基層吏役催收[21]。在縣城的城櫃及部分鄉鎮所設的鄉櫃，稅戶可自封銀錢投櫃完納，有時官府則會派出差役下鄉徵收[22]。也有部分州縣，稅收是由地方上的土紳或胥吏承包，因此是由包稅商向稅戶徵收。遇有欠稅，數額達到應繳數目的一定比例時，稅戶會被拘捕，並施以笞杖之刑[23]。在這個徵稅作業的基礎上，許多賦役冊所未記載的稅目，

---

20 團片來源，Nathaniel Peffer, "Current and Characters in China", Asia Magazine, Jan. 1922.

21 劉道勝，〈清代基層社會的地保〉，《中國農史》。

22 「平日錢糧櫃上，徵收之錢；簽差下鄉，追收之錢。必嚴令每日繳進，錢糧地丁屯糧漁租隨漕雜款等額徵多少……」蔡申之，「清代州縣故事」，收錄於《清代州縣四種》，文史哲出版社，1975年版。

23 徵比總要流水比銷……比較之法，總於某圖差名下，每卯應額徵若干，如本卯只收若干，核計不及幾分者，即應提比。按民欠數目之多寡，計怠催欠數之輕重；如徵催不及幾分者，及應比若干板，於該圖差名下，即蓋紅圈幾個，每圈一個，或責五板，或十板。比較足，即照上紅圈而行，此徵比之章程也。《公門要略》。

如衙署員役日常所需油煤柴炭、雞鴨魚肉、獄牆棗刺、考試涼棚、兵丁給養、接待過境官員、驛站馬食、祭祀用品等差徭，無不折價攤分於地丁錢糧，每銀一兩徵收至數百到上千文[24]。官方不願冒增加賦役冊規定稅額的大不諱，因此改以各種名目向百姓收取額外費用，在正稅上附加徵收，就成了最方便也最有效率的手段。

公債在公開市場的募集，涉及許多現代金融知識，推銷過程需要分析說理，這種專業性格是傳統賦役人員所不具備的。早期中國公債的募集，一旦決定委由地方衙署推銷，無異已

清末縣官動用行政、司法權徵收錢糧、公債。[25]

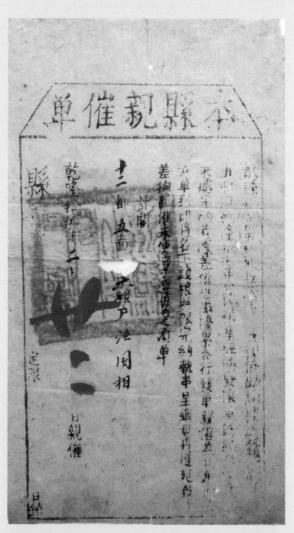

乾隆十八年（1753）安徽徽州歙縣催單。縣官親催稅戶「勿再延遲，照限完納」，否則「差役罰催」。

24　攤捐款中有急需批解者，或解一季，或解半年，另簿存記；如屬可緩，且可不解。倘奉文催，或先覆即日籌款批解亦可，斷不可動用正項而解捐款，緣正項有虧，分釐均干參處，捐款欠解，尚無妨礙。參閱：蔡申之，「清代州縣故事」，收錄於《清代州縣四種》，文史哲出版社，1975年版。

25　圖片來源：John L. Stoddard, "Stoddard's Lectures III", p.324., London, 1911.

注定其遭到強制攤派的命運——官府將交辦的公債數額予以拆分，並依附在正稅之上，由各稅戶分攤認借。

息借商款與昭信股票，在層層分派下，承辦的地方衙署通常是比照公門嫻熟的催收錢糧程序辦理。認借公債債款因此成了一種附加稅，雖性質與地丁錢糧等正稅不同，欠收並不影響考績，但在各省的強制執行及地方官藉機勒索之下，仍不放棄各種拘捕、拷問、施刑等手段，與催討正稅無異。其結果，公債便被租稅化了。

清代捐輸，亦是類似情形。原本應是量力而為、自由為之的奉獻，也是在地方稅務系統的稽徵下，成了一種附加稅。早期，政府要員乃至於社會輿論普遍認為，攤捐都是由富紳階級承擔，並不擴及所有百姓，符合正義，不認為是問題；但，這種想法，未免流於一廂情願。息借商款與昭信股票也有相同的思維，都以富紳作為募集對象；只是，當時的地方機關僅編制賦役資料，無法掌握百姓的真正財產與收入狀況，根本無法認定富紳，最後就成了所有人民的義務；這正是捐輸所遭遇的問題。

清末四川開始徵收捐輸，原本是

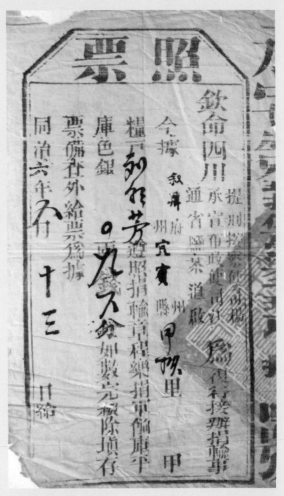

同治六年（1867）四川敘州府宜賓縣徵收捐輸銀的收據。

非常態性與區域性的抽收，但同治元年起，轉變為全面按糧隨徵，每糧一兩，捐輸一兩，等於是加倍徵稅，引起譁然，布政使祥奎便是因歙捐的理由被革職。翌年，川督駱秉章上奏，稱已停收歙捐改徵紳捐，專勸富家大

戶，並不累及貧民[26]；這個説法被朝廷接受，捐輸從此在四川便成爲常態性的課税[27]。但當時四川捐輸，從畝捐改變爲紳捐，其差異並非出自對於税户財產收入狀況的認定，而是技巧性地訂定起徵點。光緒十八年，捐輸章程規定「其零星小户糧在八分以下者，一律免捐」，起徵點八分。有多大？清末四川，每石米價常在二兩上下，八分銀，約合米兩升五合。清初時，規定以銀納税，一錢以下，因數額太小，准予交錢。八分，還未到達必須交銀的最低標準，可想而知，多數税户交納的税額應是高於此數，免予捐輸的税户只有少數例外，以此説是紳捐，只是避免社會批判的障眼法。當時在技術上很難做到眞正的紳捐。

息借商款與昭信股票，均稱以富紳作爲捐借的對象，卻未明訂富紳資格。在放任地方操作之下，「捐借之事，無不由書役舉報富户」，等於將富户的資格交由地方胥吏里甲認定，就會出現「貧富顛倒、索賄開除」的後果[28]。基層官吏藉機濫權侵蝕，雖不應是強制攤派的必然結果，但在落後的制度下，卻是很難避免。

公債的攤派，違反百姓自由意願，但若是因國家危殆，百姓共體時艱的不得已之舉，或可視爲一種「必要的惡」。然而，攤派的情形在中國卻逐漸形成常態，長期消耗民眾的愛國情操，以致望而生怯，造成公債募集結果普遍不佳。

民國甫建，有意記取前車之鑑，因此，將保障人民財產納入南京臨時政府的公開承諾，但理想落實並不容易，由於財政極度匱乏，發行民元軍需公債向各界募款時，只得以「民國基礎未固，人民應募，不免有所觀望」爲由，責令各省進行攤派[29]。

北洋時期，公債攤派已是到了肆無忌憚的地步。1926年，山東募集國庫善後公債，一般百姓先行按糧攤派，徵收完畢後，再鎖定商界進行派募，臨朐縣即派款二十萬元，其中紳商負擔任八萬元、各社負擔十二萬

26 同治二年四月一日，四川總督駱秉章奏，《清代四川財政史料》（上），頁312。

27 筆者，〈同治四川捐輸銀錠祕辛〉，《收藏》，創刊兩百期紀念號。2009年8月。

28 樊增祥，《樊山政書》。

29 《財政部咨各省發行公債辦法》，參閱：鄭啓東，〈近代華北的攤派1840-1937〉。

元，反覆搜刮。1926至1927年，直隸接連發行直隸六次公債、直隸善後長短期公債，則是直接按各縣地丁數目分派，每地丁銀一兩攤公債銀兩元三角，三筆公債所徵三倍於一年地丁應

徵數目[30]。

30　民國《臨朐續志》，卷十之十一；民國《廣宗縣志》，卷七，財政略。轉引自鄭啓東，〈近代華北的攤派1840–1937〉。

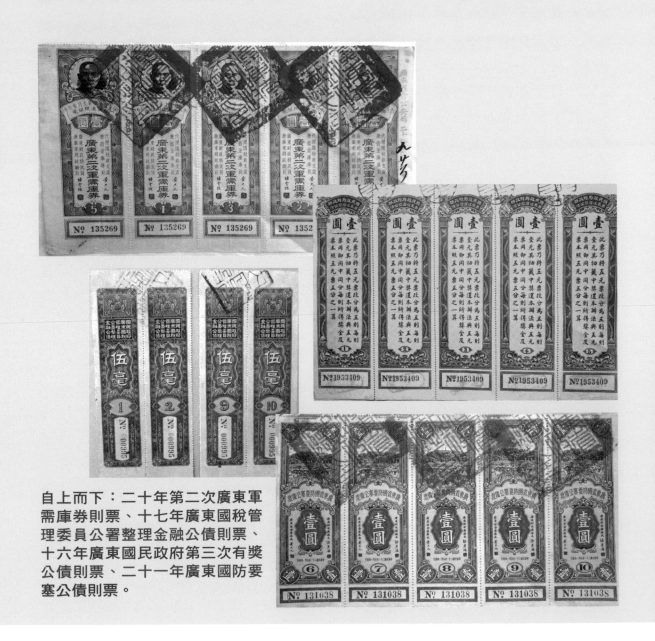

自上而下：二十年第二次廣東軍需庫券則票、十七年廣東國稅管理委員公署整理金融公債則票、十六年廣東國民政府第三次有獎公債則票、二十一年廣東國防要塞公債則票。

民國十五年（1926）十二月十日，福建省發行第二期省公債兩萬四千元，時值國民革命軍甫收復福建之際。這是一筆沒有政府檔案紀錄的公債，根據一張被保留下來的寧德縣傳單（內容抄錄如下）得知，該公債是採強制攤派，並且限於傳單到達三日內繳交債款，否則稟報究報百姓承受壓力之重可想而知。

「傳單　寧德縣署　爲傳知事案奉財政廳令筋辦二期省公債兩萬四千元，著令按照丁糧每兩糧穀每石輕重募捐等因，茲查該戶所完若干應派債款計大洋　元五角整，九八實收，無論眾糧己糧零星之戶，統限此單到達三日內如數備銀呈繳納付，實收款關軍需急務不得□□。□□有從中把持推諉立即稟報究辦毋違特此傳知。□□戶知照　民國十五年十二月十日　虎淇糧櫃　傳單」

清代剛開始募集公債時，強調以紳商爲對象，不向升斗百姓募集，有其道德上的矜持，因此債票面值較高，每張百兩，至少也要十兩。但早期中國社會經濟落後，無法產生足夠的資本階級承擔公債，政府不得不放棄堅持，息借商款與昭信股票都允許多人湊集款項認購。民國後，更多公債是以廣大百姓爲募集對象，最低面額往下調整，以方便認購。不過，債票面額小，相對成本則較高，作業麻煩，也更難以匯集鉅款，公債的原義已經變調。

這種趨勢並非因應市場需求，大多是配合攤派作業的需要。早期公債不約而同走向隨糧徵收的作法，各稅戶繳納的債款大多是畸零數，多人共有一張債票仍有不便，倒不如降低債票面額；這種情形下，「分則票」也就應運而生。在不增加發行債額的前提下，不少民國公債以分則票的形式印製發行，部分債票被切割成更小單位與面額，降低認購領票的門檻，以便深入各階層民眾，這些新的單位債票便是「則票」。

分則票在福建、江西、安徽、河南、陝西等許多省分都有，1926年褚玉璞發行「直隸六次公債」後，爲了攤派收入較低的百姓，修改發行條例，將部分債票改印分則票，每則一元，並允用以折抵房捐。但，分則票又以廣東最爲普遍與常見。

廣東國民政府發行的民國十五年「財政部第二次有獎公債」，原本全屬五元票，有部分被改爲五則票，每則一元，以方便派募與搭發薪餉；民國十七年的「廣東國稅管理委員公

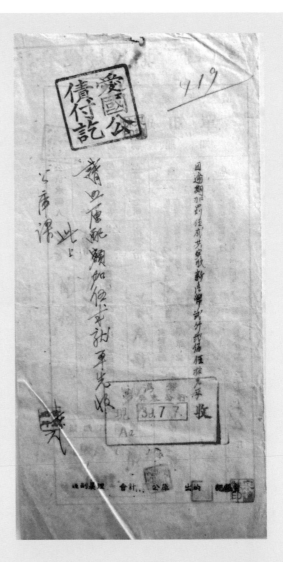

愛國公債配募通知單

屏東縣萬丹區居民李開明，民國三十九年五月十六日，經區公所配認購愛國公債一千五百元，限期五月三十日之前繳納。隨後，因逾期未繳，經台銀屏東分行公庫課按原訂額度加罰五成，合計兩千兩百五十元。李某終於在七月七日繳清所有款項後結案。以當時新台幣與美元的匯率10.3：1計算，這筆款項約為美金兩百一十八元，或黃金六‧二市兩。

署整理金融公債」，有一百元、五十元、十元、五元票四種，其中五元票爲分則票，可拆分爲面值五毫的則票十張；其他如民國二十年「廣東第二次軍需庫券」、民國二十一年「廣東省國防要塞公債」等都有類似分則票的設計，皆可合併或拆分，靈活運用，不讓中下階層百姓有拒絕認購的理由。

然而，攤派公債畢竟不受百姓歡迎，官府也並非不清楚。福建曾在發行「民國二十四年福建地方建設公債」時，特別在章程中規定：不准地方攤派。只是，少了攤派，民間勸募結果又不理想時，地方政府只好以債票作抵向銀行借款，甚至賤價出售，這又造成另一問題。

即使到了一九五〇年代，國民政府將撤離大陸前所發行的愛國公債轉往臺灣繼續發行，在總統蔣介石「非達募集目標不可」的指示下，仍不放棄強力攤派的手段。謂「發行愛國公債……不僅平衡預算，實爲輸財救國、破產保存，在方法上言以往勸券爲自由認購，此次派募，爲強迫攤購……只許超募，不得短募；只許

成功，不許失敗……」[31]雖然償還期限長、利息低，但認購愛國公債成爲一種法律義務，不容百姓拒絕。於伊始是以行業別進行派募，到期因未達募集目標，期限繼續延長，並透過身家調查，將募集對象擴至擁有家產之個人，分級訂定標準後，分派額度，再由戶政、警察機關強制認購，對於逾期未繳納債款者，除進行追繳外，還有加罰及其他懲處規定。目的和手段，與上世紀的息借商款、昭信股票，無甚差別。

攤派的結果，募集款項往往不盡理想，卻引來社會極大的怨懟與不滿，但在長期動盪不安、財政困難的中國，則如雞肋般，難以割捨。

31　《蔣中正總統檔案》，103號，財政—金融，民國三十九年，國史館。

【日本的早期公債經驗】

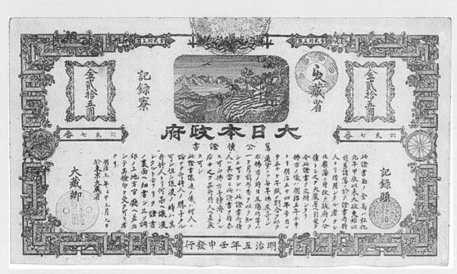

明治五年（1872）「舊公債」[32]。

中日兩國的公債都是在十九世紀後半，啟蒙於英國，各自萌芽。中國最早的對外與對內公債——1874年台灣海防借款公債與1894年息借商款，恰好都與籌集軍費對抗日本侵略有關。日本最早的對外公債——明治三年（1870）的「九分利付英貨公債」（九釐英鎊公債），是為了籌集鐵路建設經費而發行；最早的國內公債——明治五年（1872）發行的「新、舊公債」，則是用以整理諸藩舊欠。

日本對內發行公債的時間早於中國，其準備工夫、借款用途，乃至於公債類型，都與中國後來的情形有著極大的差異，得到的結果也截然不同，其中可資借鏡之處不少。

日本在一八七〇年代初期，引進證券交易制度後，在1878年成立了東京證券交易所（東京株式取引所），同年6月開辦股票交易[33]。在積極準備下，日本陸續發行許多大型公債，不

32　Image courtesy of HWPH Historisches Wertpapierhaus AG.

33　釜江廣志，〈戰前債券市場と引受シ団の變遷〉，《東京經大學會誌》，第281號，2012。

僅金額龐大，償還期限也長達三、五十年之久，用以支應各項財經改革與現代建設之需。新、舊公債後，又有金箚交換、秩祿、金祿等幾次公債，分別用於整理明治維新前後的舊債、鈔券，並結算華族、士族的實物俸祿，解決了一連串艱鉅的財政課題，影響深遠。

日本公債的發行目的不同於中國，也選擇了不同的發行方式。清廷為籌措國防經費，急需大量現款入帳，因此決定採取公開募集，但這需要建立一套市場機制，本就具備相當難度，也需要時間，當時的中國無法克服這些問題，因而轉為強制攤派，但民間經濟卻無法支持，募集成效有限。日本的幾次對內公債，都是金額龐大的長期公債，但這些公債的性質，卻是一種「償債公債」，直接以公債票償還舊債或作為支付手段，無須向社會募集債款，迴避了公債發展初期最為棘手的問題。

省卻募資的麻煩，日本政府得以將心思用在公債的償還上，包括落實政府會計制度、積極建立準備金（償還基金）、購回與償還公債進行減債等，讓公債更具可信賴性。為了讓民間樂於接受，公債獲准作為銀行的發鈔準備金，並直接轉作資本，投入銀行、鐵路、土地開發等事業。公債因而受到民眾歡迎，讓不少人建立起政府公債等同現金的信心。舊藩主、公卿等封建領主則將手中的秩祿、金祿公債轉作資本，紛紛變身成為資本家與企業主，推動了近代日本產業的發展[34]。

德川賴倫

德川御三家之一的紀伊德川家，治理紀伊藩。到了十四代德川茂承，廢藩，改封侯爵，第十五代德川賴倫繼承爵位，曾任上議院議員、議長，也是有名的企業家，擁有大量投資事業，為台灣電力株式會社的創始股東。

34　黃遵憲，《日本國志》卷十八，食貨志四，國債。中島信衛，《封建的身分制度の廢止、秩祿公債の發行及び武士の授產》，岩波書店，1982年5月再版。頁8–14。

德川賴倫名下之大正八年（1919）台灣電力株式會社創始股票。

這種公債政策，也曾推展至日治時期的台灣。爲了解決大租權造成的一田二主，妨礙土地開發利用的問題，於台灣總督府1905年（明治三十八年）發行「大租權補償公債」四百多萬元，作爲收購大租權的代價。公債發行初期，台灣中部仕紳便利用總督府擴張公債信用的政策，低價收購公債作爲股金，陸續成立了彰化銀行、嘉義銀行和宜蘭、基隆兩地之信用合作社[35]。

在這種積極擴張公債信用的政策下，日本政府的財政負擔大幅減輕，國家經濟取得成長動能。雖然因此造成銀行體系普遍現金不足、體質不佳、金融危機頻仍，以及貴族不具備管理能力導致企業經營不善而倒閉等後遺症，但，整體而言，在甲午戰爭前，日本以歐洲國家制度爲藍本所建構的公債市場機制初步完成，透過早期公債幾度練兵後，已可藉由發行國內公債募得大量資金；公債類型不再以整理債務爲主，這也意謂著日本已大幅減輕了對於外債的依賴。[36]

---

35 葉榮鐘，〈大租權之沿革〉，國立清華大學圖書館。

36 安志達，「日本，啓示與警示：日本問題及中日關係研究文集」，頁14-16。

三、光緒三十一年直隸地方公債

袁世凱。

1905年1月20日（光緒三十年十二月十五日），直隸總督袁世凱以「時艱孔亟，事變紛乘，直隸當海陸要衝，布置籌防，刻難暫緩」為由，奏請開辦直隸公債[37]，並於1905年5月5日獲准發行。其中所稱的「布置籌防」，主要與袁世凱籌練的北洋新軍有關。

清代地方政府原無財政權，徵得錢糧稅課必須解繳中央，只保留少部分經費維持運作。太平天國戰爭爆發後，中央集權體制遭到破壞，許多督撫以籌餉為由，截留稅收，並形成常態。到了光緒三十四年（1908），全國財政收入超過兩億兩，戶部收到僅剩約兩千四百萬兩[38]，舊有的財政分配方式，已遭反轉。

直隸公債的規畫，比起先前中央發行的息借商款與昭信股票，詳細具體，且進步許多，雖被郵傳部、湖北、安徽、湖南等模仿者大力稱頌，不免有刻意吹捧之嫌，但直隸公債對於近代中國公債的發展，確實有其影響力。

袁世凱在奏摺中大膽檢討中央先前兩

次公債的失敗原因，如欠缺規畫，無法落實承諾，官民認購只敢當報效、不奢望償還等[39]，認為發行公債成功的關鍵，在於官方謹守信用，方法是預籌還款來源，無論如何，都不可挪用。

直隸公債因此開起先例，為了取信於民，先提撥稅收作為擔保，再向百姓借款。其具體作法是「直隸藩庫提集中飽等項，每年銀三十萬兩、長蘆運庫新增鹽

---

37 《擬辦直隸地方公債票奏摺》，詳附錄。

38 魏光奇〈清代後期中央集權財政體制的瓦解〉，《近代史研究》，1986年第一期。

39 「……中國歷來辦理公債，半由官吏不務遠圖，鮮克踐言，以致民間公債輒多觀望不前。即或勉集鉅資，亦率視為報效，不敢希冀償還。……今欲開募債票，宜公家嚴守信實……又宜預籌的款，備償本息，無論何項，不得挪用……就本省籌款，歲可得一百二十萬兩，計可貸公債銀四百八十萬兩。第一年按七釐付息，逐年加一釐，分六年還清。」《宮中檔光緒朝奏摺》光緒三十年十二月十五日（台北故宮博物院，1973年），頁672–673。

袁世凱接任直隸總督後，以日、德制度，新建陸軍，俗稱「小站練兵」，這支新一代武力也就是北洋新軍，影響中國歷史往後的發展甚鉅。

利，每年銀三十五萬兩、永平七屬鹽利，每年銀十五萬兩、直隸銀元局餘利，每年銀四十萬兩」，每年一共一百二十萬兩作為本息基金，正好可償還公債銀四百八十萬兩，以及第一年以七釐計算，每年遞增一釐的六年利息。

債票分為大、小兩種面額；大票一百兩，小票十兩，分四期收銀，光緒三十一年二、四、六、八月一日，各收銀一百二十萬兩。債票按照還本期限長短，分為一到六年期六種，以甲、乙、丙、丁、戊、己六種字軌區別，各自附有一至六張息票；第一年年息七釐，後逐年遞增一釐，至第六年一分兩釐，具有現代「投資組合」（Portfolio）的概念。例

如甲字軌債票，一年後到期，附有一張七釐息票；乙字軌債票，兩年後到期，附有七釐與八釐息票各一張；丙字軌，三年到期，附七、八、九釐息票各一……以此類推。六種字軌債票，年限、收益各有不同，投資人可以選擇各自需要的類型。天津官銀號為經理機關。債票期滿後，不限於官方還款，持票還可抵納本省地丁、錢糧、關稅、釐金、鹽課、捐款。

直隸公債的新意，也在名稱上；從此，公債在中國才正式被稱為「公債」。儘管中國從1875年的「台灣海防公債」開始，陸續發行過多次具債券形式的公債，但都是由外國銀行承辦、使用洋文的對外公債；公債知識在國內的啟蒙時間甚晚，士人在國內可接觸到的公債專著，最早的是光緒三十年十一月二十五日（1904年12月31日），梁啟超所寫的《中國國債史》，長期以來，有關公債的知識與資訊，片斷且零碎，這是朝野普遍認識不足的主要原因。當時經常股債不分，如1898年發行的「昭信股票」及民間經常稱股息為「債息」等，均是如此。直隸公債，是中國官方正本清源採用「公債」一詞的首例，定義也較為嚴謹。

但，名稱的正確使用，並無法扭轉市

場的態度；實情也並非袁世凱對外宣稱，直隸公債發行半年後，已向省內紳商與百姓募足四百八十萬兩。袁世凱是將省內各州縣分為大中小三等，分配認購額度，大縣兩萬四千兩，中縣一萬八千兩，小縣一萬兩千兩，再由各地官吏攤派百姓認購，只是在第二期收銀日期屆滿時，也僅募得約百萬兩，剩餘的三百餘萬兩，則是袁世凱暗中找上日本橫濱正金銀行，以公債抵押借款才補足。

在被刻意隱瞞實情與美化宣傳下，直隸公債的傳奇在當地、外省，甚至中央機關間爭相傳頌，並掀起仿效風潮。1909年接任直隸總督的陳夔龍稱許直隸公債是「中國公債有成效之權輿」，郵傳部盛宣懷更讚揚其「成效昭著，信用大彰，人始曉然於公債之益」[40]。但，了解內情的梁

啟超，則譏評其為「袁世凱式公債」[41]。

梁啟超認為，歐洲各國公債的償還期限普遍在十年以上，利息不過5%，直隸公債借期最長不過六年，給息7%–12%，期限太短，利息過高，借款實益不大，是討好債權人。

民，《晚清公債的發行及其影響》，淡江大學歷史學系碩士論文，2002年。

41 梁啟超，〈論直隸湖北安徽之地方公債〉，《飲冰室合集》。

---

40 同「註35」，頁104–106；與《支那經濟全書》，日本東亞同文會，台北南天出版社，1989年，頁891–892。轉引自曾建

譏評「直隸公債」為「袁世凱式公債」的梁啟超。

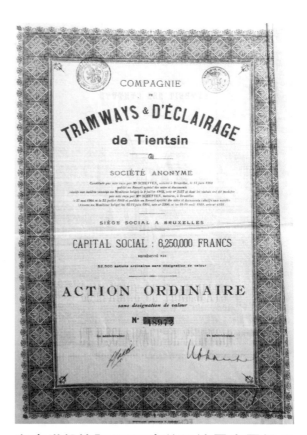

與袁世凱簽訂BOT案的天津電車電燈公司，於1919年發行的股票。

但，當時中國國內利率本就偏高，借款也以短期為主，直隸公債是對內公債，相關條件就受此影響。如與歐洲國家公債相比，清末中國對外發行公債，除了名目利息，每筆借款還有銀行佣金、發行折扣與相關費用，實質成本不會是梁氏所稱的5%，更從未低於借款金額的10%，這還不包括以銀兩償還英鎊借款所產生的匯兌損失，及借款合同常挾帶著各種勒索。

1904年，直隸公債發行的前一年，袁世凱才批准以五十年經營權的代價，換取比利時通用銀行（Générale de Banque）[42] 旗下的天津電車電燈公司（Compagnie de Tramways et d'Eclairage de Tientsin）在天津鋪設、經營無軌電車，並建造發電廠及提供當地電燈照明。此一早期BOT（Build-Operate-Transfer）案，直至1954年才到期終止。這種交易模式，中方不用借款，成本難以估算，也未必可用金錢數字衡量。

梁啟超對於直隸公債預籌稅收以供擔保的作法，頗不以為然，認為世界各國的對內公債，無不以政府信用做為保證已足。此外，預籌稅收只供還本付息，不得挪作他用等規定，是欠缺彈性、規畫不當。

不過，預籌稅款，不挪作他用，除了反映當時鋼性財政的特質之外，無非是袁世凱為了立信所致，而「信用」也正是建立公債制度所不可或缺的條件。為了解決百姓本來就不信任官方的問題，預籌稅收擔保債款，在當時的社會環境，並非沒有必要。事實上，這種以擔保當作信用的前提之作法，後來在中國形成慣例，即使是軍閥濫發公債，無財源可供擔保，形式上仍會照做。民間團體發行債券，指定還款來源與擔保，更是不可免。

即使到了多年後的1924年，上海縣商會為了興建會所而發行建築公債，總額上海規銀六萬兩，當時財力雄厚的上海南市商會，以信用保證還尚且不足，必須另以財產擔保，只好指定以商會的結餘經費及房租收入，作為應付本息的來源。1933年，上海復旦大學為籌建宿舍，發行建築公債四萬元，對校外募款，學校除了以住宿費與建築經費作為還款來源外，還透過關係，請託新華銀行出面保證，才得以順利對外募集[43]。

---

42 比利時通用銀行，是比利時歷史最悠久的銀行，與中國近代史關係密切。二十世紀以來，比利時對華經濟政策的主要執行者華比銀行（Banque Belge pour l'Étranger），即為通用銀行，於1902年成立；萬國東方公司（Banque d'Outremer）曾一度為入主美國合興公司取得粵漢鐵路的興築權，通用公司即為萬國東方公司的主要股東。

43 「復旦首創以公債籌款興建校舍」，復旦大學百年校慶網站。

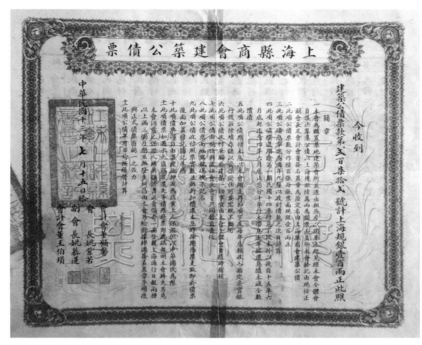

民國十三年上海縣商會建築公債。

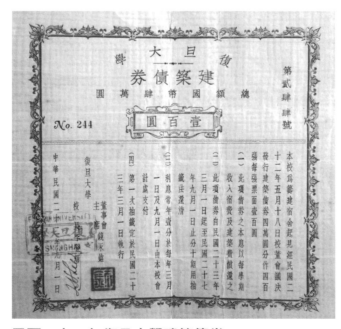

民國二十二年復旦大學建築債券。

直隸公債，以天津官銀號為經募機構，也是官方首次委由政府機關衙門之外的專賣機構統籌募集，試圖避免袁世凱在奏摺中所說，官僚的留難需索。天津官銀號及後繼的直隸省銀行，也都積極扮演起經理銀行的角色。

然而，直隸公債仍無法克服國內的大環境包括欠缺公債市場、交易所及銀行提供證券買賣、融資等業務的問題，最終只好轉向日本橫濱正金銀行質借轉讓。地方政府原本是無權發行公債對外借款，即使獲准，也可能無力按照外國要求，提供關稅釐金擔保。但，換個角度思考……不啻為新的借款模式。外國人應募中國內債，權利義務比照本國人，並明訂於章程辦法，中國政府擁有主導權，與對外公債受制於人的情形，大不相同，對於中方未必不利。無論如何，直隸公債，以迂迴方式取得債款，或許也在最初的盤算之中。

儘管被塑造出神話般的假象，但，不可否認，直隸公債有其進步之處。對於建立債信的重視，不以天朝的威信、官民的愛國情操為訴求，代之以足夠的利息與具體的償債保證，並進行詳細的數字管理。直隸政府每年撥出固定金額的財政收入，由專戶保管，作為未來還本付息的來源與擔保；再以此金額，計算出可得舉債總額、足以承擔的借款年限與利息成本，確保履行債務的可行性。這種作法，前所未見，令人耳目一新，比起過去空泛的以國家田賦錢糧保證，至少往前跨了一大步。直隸公債的部分觀念與作法，影響了後來許多公債，只是做得都不如其徹底。

袁世凱及其財經幕僚，顯然從中取得了經驗。後來，袁氏擔任民國總統，當歐戰爆發，取得外債不易，決定轉向發行內債時，便著手修正與補強，才有民國三、四年內國公債接連獲得成功。

【公債用銀與資本競爭的問題】

1、公債用銀的問題

清代，在中央與地方所發行的各種公債之中，除了光緒三十四年（1908）郵傳部京漢鐵路贖路銀元公債與宣統三年（1911）愛國公債是選用銀元外，均屬銀兩公債；而銀兩的貨幣特性，正是清代息借洋款蔚為風氣及公債募集困難的原因之一。

銀兩貨幣，必須按照白銀含量計值，使用相當不便，大額交易還必須考慮攜帶或運送的問題。不同於現代貨幣，銀錠並無固定的鑄造單位，國家也未壟斷鑄造權利，各地均可鑄造。清代地方上按照習慣鑄造與流通的銀錠，稱為地形銀，有成千上百種，造型、成色、重量各異，如放眼全國，已無貨幣標準可言。

公債募集所得的各地地形銀，必須兌換或改鑄成中央採用的庫平足銀，過程曠日廢時，而且花費不少，形成額外成本。這種既混亂、保護色彩又濃厚的貨幣現象，現款流動不易，也很難配合政府的財政急需。

外國人進入中國之後，選擇以貿易銀元與匯票大幅取代銀錠，避免麻煩，也順勢將中國納入國際貿易貨幣系統中。十六世紀末開始，外國商人將各種貿易銀元帶進中國，逐漸在沿海各省盛行。五口通商後，洋商開始大量透過匯兌方式，解決付款不便的問題。當時英商在中國最有勢力，英鎊匯票普遍通行於各大口岸，甚至多國之間，影響所及，有往來關係的中國商人也接納使用。利用遠期匯票進行信用交易，可支配的資金量能與效率都因此大幅增加，甚至有餘額可在中國進行放貸。

咸豐三年（1853），小刀會攻打上海期間，銀號、商家連同資金紛紛外逃，上海道台吳健彰只好向洋商求援。吳健彰，廣州十三行行商出身，與美國駐上海副領事金能亨（E.Cunninghan）、怡和行伍崇曜等人均為旗昌洋行（Russell Co.）股東，並且與怡和洋行（Jardine Matheson & Co., Ltd.）、寶昌洋行（即「渣打銀行」或稱「麥加利銀行」，Chartered Bank of India, Australia and China）等關係良好。旗昌洋行正是當時在華最重要的美商，亦為英國霸菱銀行（Baring Brothers & Co.）股東，雙方資金往來密切。當時情況緊急，吳健彰藉著與旗昌等洋商的深

1853年（咸豐三年）12月17日，美英宣布「領事代徵制」期間，美商旗昌洋行上海開立之匯票三百英鎊，六個月後由霸菱銀行在倫敦兌付。

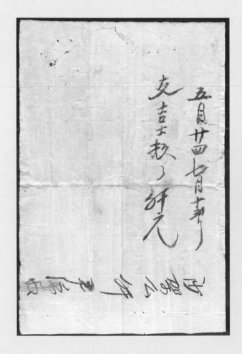

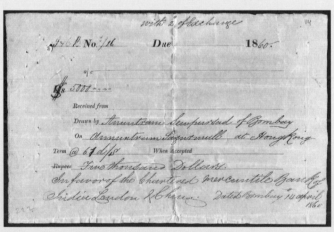

1860年4月14日，印度鴉片商Sewpersjad（沙架公）於孟買發給香港Lagurmull（平號）「吉土款」（鴉片價款）的匯票，鷹洋五千元，倫敦渣打銀行見票六十一天後付款。這是洋商與香港商人交易，以匯票將付款地轉往倫敦的模式。

厚關係與交情，以江海關關稅作為擔保，息借洋款，僱募外國船砲水手沿江反擊。這是近代中國最早的一筆外債，確實金額不詳，但1855及1856兩年，江海關以關稅扣還本息，共還了十二萬七千七百二十八兩[44]。當時上海現銀匿蹤，洋商仍能借款，憑藉的便是大幅取代現銀的英鎊遠期匯票，當時，洋商利用跨國匯兌，靈活調度來自各地的大量資金，不受戰爭與距離的影響。

　　英美等國也利用此一時機，將其匯票的用途擴大至繳納海關關稅。小刀會進入上海後，位於外灘的江海關遭焚毀，1853年9月9日，英美領事藉機代行中國海關職權，逕行宣布實行「領事代徵制」，允許外船以遠期匯票取代現銀結納關稅出口的辦法，洋商匯票正式成為繳納關稅的工具。這種情形，

1905年10月5日，日本石川株式會社自東京開立匯票，兩千三百四十五‧四八日圓，通知橫濱正金銀行上海分行，見票十日後兌付美國菸草股份有限公司。

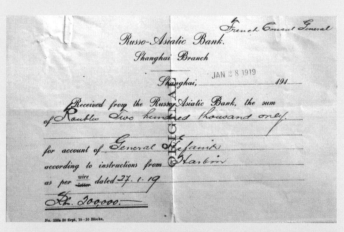

1919年1月28日，道勝銀行上海分行依據哈爾濱的電報指示，開立二十萬盧布給法國總領事Stefanik將軍。

直到1854年7月12日吳健彰與英法美三國領事館代表組成「上海海關稅務管理委員會」，成為近代海關總稅務

44　徐義生，《中國近代外債史統計資料》，頁4-5、12-3。

司的前身，江海關重新運作，才告結
束[45]。

大量匯票進入中國後，在各大口
岸與各種銀兩、外匯現幣形成盤市，
早期麗如、麥加利等銀行所開立的英
鎊匯票因信用卓著，市價甚至高於現
幣[46]。二十世紀後期，各種對外公債
與賠款均以上海爲交割地，並指定外
國銀行如英商匯豐、麥加利、德商德
華、法商東方匯理等經手，大量銀兩
與英鎊等外匯匯集上海，更大幅擴增
了洋商調度資金的量能[47]。

雖然同一時期，在國內也出現
錢莊票號的匯兌業務，但，主要是銀
兩與本洋、鷹洋等銀錢交易[48]，無法

介入英鎊等外匯爲主的跨國匯兌。另
外，官方雖從一八六〇年代起逐漸接
受匯兌取代解送實銀，但，因匯兌據
點與資金規模有限，無法根本解決問
題。這也是遇有緊急事故時，地方官
員不得不息借洋款的原因。

早期中國對內公債堅持收銀，因
而產生許多後遺症。1894年息借商款
失敗的原因之一，根據戶部的說法，
是借款造成各省市面現銀短缺，導致
商業蕭條[49]，不得不中止。當時現銀
短缺的現象，正是地形銀效應之一。
由於中國各地的銀錠貨幣標準各異，
無法發揮整體量能；一地白銀被大量
抽離後，短期內無法以他地銀兩填
補，市場現銀供給便會吃緊。息借商
款當時，在直隸所募得的款項，約爲
一百餘萬兩[50]，到了直隸公債時，募
集到的也大約是這個金額。兩筆公債

45 章文欽，〈從封建官商到買辦官僚—吳健彰
析論〉，《近代史研究》，1989年第五期。

46 Compton McKenzie，"Realms of Silver-
One Hundred Years of Banking in the
East"，1954。pp.53–55。

47 筆者，《舊上海·夷場新》，頁21–24。

48 Eduard Kann：The Currencies of China，
1927: "...in 1856，the Shanghai banks
and commercial houses had consented to
change the book currency from Carolus
dollars to Shanghai taels，the former
stood already at a market premium，which
made it equal in value to the Shanghai
tael. It was，therefore，simply a matter of
substituting the name of one currency for
another，without altering the figures..."

49 「伏查近年以來……中國與泰西通商，近來
進出口貨價不能相抵，以致各省現銀日少，
商力也遠不如前……」（《東華續錄》，卷
一二六，頁3。

50 昭信股票在直隸的募集金額，各種資料來源
出入不大。九十七萬一千七百兩：光緒二
十九年二月十一日，《諭摺彙存》；一百萬
兩：千家駒，《舊中國公債史資料：1894–
1949》；一百一十二萬兩：周育民，〈試
論息借商款和昭信股票〉，《上海師範大學
學報》1990年第一期。

所得都來自攤派，這個數目便成了一項重要指標，是當時直隸市面流失現銀的最大容許值。這對於公債募集產生很大的困擾。

直隸的地形銀，也就是市面流通的標準銀兩，是行平化寶銀。直隸公債，在辦法中特別規定，同時接受天津、直隸一帶所流通的行平化寶銀，及朝廷所堅持的庫平足銀，分別收付。這個變通，避免了行平化寶銀必須改鑄成庫平足銀的麻煩，但對於減緩市面現銀減少，則效果有限。

袁世凱任職直隸總督期間，同時指派周學熙興辦北洋銀元局，鼓鑄銀元。這個決定為稍後民國政府於民三年（1914）銀兩全面改折銀元的貨幣政策，提前鋪路；後來民初大量供應市面的新式銀元——「袁大頭」，主要就來自天津。至此，銀兩使用不便的問題，在法律與技術層面上，至此才告解決。

領取現銀，在省垣，可向天津官銀號存儲兌付；在地方，可向地方官分局領取；在外埠，則可向指定的同業兌取。但當時，中國的金融機構據點不多，無法支援大型公債的需要，直隸公債受此限制，只能尋求各地銀號、錢局經手償付本息。為了彌補兌領據點不足的缺點，只好增加債票用途，規定債票期滿後，可作為交納本省地丁、錢糧各稅之用。這是直隸公債對於相關問題，較息借商款與昭信股票務實之處。

2、資本競爭的問題

公債所需要的大量流動資本，長期把持在各地錢莊、當舖、票號及官銀號手中，也分散在與地緣、血緣及生意有關的金錢借貸活動，公債可否從中掙得足夠資金？端視條件。

直隸地方公債的部分發行條件，可視為因應資本市場而來，以便爭取資金。其諸多作法，對於中國後來發行的公債影響頗大。

流動於證券交易市場的資金，也是早期中國公債爭取的目標。黃思永奏請朝廷發行的昭信股票，便是拿股票做比較，打算發行「國家股票」集資。只是當時中國的證券交易市場，主要掌控在洋商手中，只買賣洋商股票，華人雖可參與交易，但，中國公司股票與公債卻無法在此發行募資。

由於外國人在上海租界，享有自治權與特殊地位，吸引了各國資金進駐，因此上海開關不久，便迅速躍升

爲中國金融中心。1865年，英國在香港制訂《公司條例》後，許多境外註冊的股份制公司開始在中國出現，公司股票則成爲投資標的。

由於這些洋商公司在華享有各種特權，如鐵路的建造與經營權、礦區的獨家開採與收購權、重要文物買賣出口的許可、貨幣的發行權等，成爲獲利的保障。尤其是1895年中日馬關條約簽訂，各國援引最惠國待遇，一體適用，開始在各通商口岸設置工廠，輪船獲准航行內河；在中國製造的貨物，免抽稅釐；在中國購買原料、進口貨物存棧，均免納一切稅捐[51]，洋商公司的經營優勢及其股票的吸引力，更加擴大。享有特權的洋商公司，獲利豐厚，快速發展，公司股票成爲投資標的，開始在洋商之間交易，不久後形成了市場，交易對象主要是在華營業的洋商公司股票，如麗如銀行（The Oriental Bank）、旗昌（Russell & Co.）、怡和（Jardine Matheson）、大東電報公司（The

1851年英商麗如銀行股票。該行是最早在華營業的外國銀行之一。

Eastern Extension Australasia & China Telegraph Co., Limited）、華俄道勝銀行（Sino-Russo Bank）、北京福公司（Peking Syndicate）、中法實業銀行（Banque Industrielle de Chine）等，後來連境外洋商公司股票也被引進掛牌，不久後也成爲中國資產階級重要的投資理財工具。由於新市場的崛起，匯豐銀行成立後，開始承銷中國對外公債時，便將部分轉往香港、上海募集。

相對的，華商在本國反而需逢關納稅，根本無法與洋商競爭。後來，除了少數官督商辦企業獲准減免釐

51 William N. Goetzmann, Andrey Ukhov, "China and the World Financial Markets 1870-1930: Modern Lessons From Historical Globalization", P.6, The Wharton School, University of Pennsylvania. July 20, 2001。

稅[52]外，因而迫使許多華商轉
向洋商租借牌照，以求存活。

隨著證券交易的蓬勃發
展，上海的洋商證券商合組近
代中國最早的證券交易所。當
時洋商成立的交易所，先後
有兩家，1891年上海洋商證
券商同業以公會形態成立的
「上海股份公所」（Shanghai
Sharesbrokers' Association），
實則同時扮演交易所的角
色。另一是1904年在香港註
冊成立的「上海眾業公所」
（Shanghai Stock Exchange，
亦即「上海證券交易所」），
不久便取代了上海股份公所，
成為中國最大的洋商證券交易
所[53]。

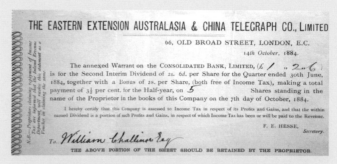

1884年大東電報公司股利憑證。該公司成立
於1872年，光緒十年（1884）與大清電報局
達成協議，以公司海纜連接電報局旱線的方式
進入中國市場。

1907年北京福公司股票。該公司是十九世紀
至二十世紀初涉足在華礦務的主要外資。

---

52 例如1882年，上海機器織布局及後來設
立的紗廠，完納正稅後，獲准免除一切
稅釐。海豐麵粉公司，1907年取得五年
免徵釐稅的核准。參閱：李達嘉，〈從抑
商到重商：思想與政策的考察〉，《中央
研究院近代史研究所集刊》，第八十二
期。2013年12月。

53 朱彤芳，《舊中國交易所介紹》，頁37。
1989年5月第一版。

洋商證券交易所，雖以交易洋
商公司股票為主，但華人投資越來越
多，上市的洋商公司華股比例不斷增
加，如旗昌、怡和兩家具指標性的洋

1912年華俄道勝銀行股票。該行於1895年底為俄法兩國銀行團共同成立於聖彼得堡，清廷也從1895年俄法借款撥出五百萬兩入股，是中國首家中外合資銀行，北京、天津、漢口、上海、張家口、大連、營口、哈爾濱、庫倫等二十餘處設有據點。1910年曾改組，但中文名稱維持不變。

行，華人持股就占了四成[54]。

至於華商公司股票及中國政府公債，則長期被拒於門外。這種情形維持了超過半個世紀，直到1932年，上海復興市政公債才在洋商的承銷下，獲准於上海眾業交易所掛牌交易[55]。只不過環境早已起了變化，1918年起，中國本土的證券交易所已在各地紛紛出現，不再是洋商獨攬的局面。

一八七〇年代起，匯豐銀行開始代理中國政府發行的對外公債，並將

---

54 黃文德，《非政府組織與國際合作在中國：華洋義賑會之研究》，與 William N. Goetzmann, Andrey Ukhov，前揭文。

55 筆者，《算舊帳－歷數早期中國對外債券》，頁17、22、24。

1913年中法實業銀行股票。同年7月，法國東方匯理銀行為主的外國公司與北洋政府共同成立，總行設於巴黎，在北京設有營業所。北洋政府授予該行營運特許與發鈔權九十年，並取得其三分之一股權。

部分引進上海交易，分別是1877年左宗棠的西征借款、1885年的南海工程借款及1894年甲午戰爭前夕的匯豐銀款等幾種[56]。然而，這些公債全是按照英國法律規定發行，性質與其他英國公債無異，在上海掛牌，也是因匯豐銀行的身分而爭取來的，與中國政府無直接關係，因此獲得洋商信任，並不代表洋商交易洋股的立場有所改變。

洋商的證券交易市場崛起後，相對於清廷的因應遲緩，本土證券交易市場在民間已醞釀成形。

五口通商之後，「集資合股」的模式開始各地萌芽，如上海沙船業、四川井鹽業、山西金融業、廣東與雲南的礦冶業等[57]，但公司股票成為市場的投資標的，則是從一八七〇年代李鴻章、盛宣懷等人推行洋務，仿照西方股份制，開辦公司，並對外釋出股票開始；包括輪船招商局

1921年中印公司（Compagnie de la Chine et des Indes）創始股票。該公司成立於法國巴黎，在上海等地設有營業所。其前身，民國初年起，在中國收購大量流落民間的清宮文物與重要典藏轉運歐美牟利，至今仍為法國首屈一指的文物公司。

（1872）、開平礦務局（1878）、上海機器織布局（1878）、中國電報局（1882）、上海機器造紙總局（1882）、漠河金礦（1888）等，先後成為本土證券市場的籌碼。又因受到初期部分官辦公司股價大漲的影響，很快就吸引大量資金湧入，盲目搶購，炒作風氣開始盛行。

56　顧德曼（Bryna Goodman），〈上海早期股票市場的殖民主義、民族主義和中國文化問題〉，Provincial China（e-journal），Volume 1, No.1（January 2009）。

57　張春廷，〈中國證券市場發展簡史（清朝晚期）〉，《證券市場導報》，2001年第四期。

1920年比國鐵路電車合股公司
（la Compagnie Generale de Fer et
de Tramways en Chine）股票，十九
世紀末由歐洲著名的電機、電力、電車
集團 The Empain Group 創立，獲得俄
法兩國支持，是近代中國鐵路主要承造
商之一。

然而，當時國內的證券交易，並無專業交易商，也欠缺集中交易市場，茶館成為信息交流與買賣場所，交易雙方無須審核資格，也沒有開戶銀行的配合，資訊不充分，市場的投機性高，充滿風險。到了1882年「上海平準股票公司」成立，是國內第一家華商所設立的證券經紀商。上海平準股票公司在章程中提及，交易所對於證券業的重要性，因此有意發揮部分交易所的功能[58]。

引領早期本土證券市場風潮的官辦公司，與現代觀念下的股份公司相比，存在著極大差異。當時，中國還未制定公司法，這些官辦公司，即使轉型為官商合辦，甚至商辦，但章程辦法仍一律由官方制定，無不往官股傾斜。公司經營，因官紳介入而藏汙納垢，以致營私舞弊，營運績效低落。

還有「官利」制度也不斷侵蝕其資本。公司每年結算後，無論盈虧，都必須發給固定的股息。一開始是做為借用官資的代價，後來即使官資已作股，不再是借款，依然繼續支付。公司在官利發放完畢後，尚有剩餘，才能提撥公積金，然後分配盈餘。這種源自官僚特權的作法，使得早期中國公司股票，沾染了債券的色彩。即

---

58 1882年9月27日《申報》「上海平準股票公司及章程」。上海平準股票公司開辦時宣布，除了「為各公司通經路而固藩籬」的股票經紀業務之外，「大凡票價之低昂，視乎買賣之多少，多則日漲，少則日跌……今有平準股票公司確訪底蘊，廣採輿評，持平定價，……逐日懸牌，定出真價」，可知「平準」之意，即在建立起公平標準的交易價格，這正是交易所的職責所在。

使公司並無官股或官股釋出成爲商股，只是按照當時的慣例，公司大多保留官利的規定。

官利制度，是早期中國公司股票受市場歡迎、價格攀高的重要原因。但無疑的，官利也侵蝕著公司資本，造成經營困難，例如1905年浙江鐵路公司，發行優先股，雖招徠資金，營運績效也是各路之中最好的，但每年7%的官利，外加15%盈餘作爲紅利，形成龐大的財務壓力[59]。這種現象也是與近代中國商業制度改革跟不上時代發展，以及未制定公司法有關。

以官辦公司股票爲主的交易，到了1883年，人爲炒作的泡沫終告破滅，股價崩跌，投資人損失慘重，許多承作股票放款的錢莊、票號受到牽連而倒閉，初建立的本土證券市場受到重挫而收斂。這也迫使資本市場爲獲利率進行了修正，有利於早期政府公債的競爭。

1903年9月7日，清廷設立商部，並於翌年頒布「商律」，其中

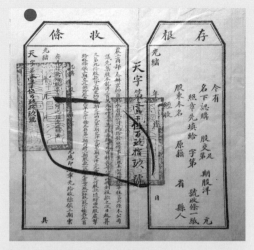

光緒年京師自來水有限公司空白收條。該公司，係光緒三十四年（1908）農工商部奏請設立，總理周學熙；官利八釐。

光緒三十二年（1906）海贛墾牧公司股票與息摺。前翰林沈雲霈與安徽候補道許鼎霖聯合奏請設立，開發海州沿岸灘塗，以供養殖、農耕與交通等用途；官利六釐。

59　芮坤改，〈論晚清的鐵路建設與資金籌措〉，《歷史研究》，1995年第四期，頁162–174。

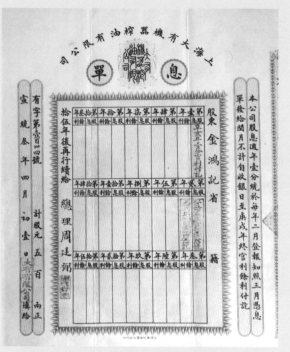

宣統三年（1911）上海大有榨油公司股票、息單。上海首富朱葆三、買辦出身的企業家周舜卿、前中國通商銀行總董、上海商團總會會長李鍾鈺、名宦李瀚章子李經澧共同創辦。章程規定官利一分。

的「公司律」是近代中國的第一部公司法，股份制公司這才取得法源依據。另一方面，受到商部制定的「商律」，鼓勵本國公司的發展，並限制外國人持有股票與公債權利的政策激勵下，民間掀起申設公司的熱潮。1903到1908年間，共有兩百六十五家新公司成立，累計股本白銀一億三千萬兩，為本土證券市場注入新

血，股票交易也開始活絡[60]。不過，這些公司的投資報酬已從高峰的10%以上降至4–7%[61]；以往的官利制度

---

60 匡家在，〈舊中國證券市場初探〉，《中國經濟史研究》，1994（4），頁29–42。

61 上海平準股票公司（1882）、中國圖書公司（1905）、鄂境川漢鐵路公司（1907）上海榨油公司（1911）的官利都是訂為每年10%；輪船招商局（1873）自成立第二年起多數年份官利為年息10%；大生紗廠（1895）、漢冶萍公司（1896）、中國通商銀行（1897）、京師自來水公

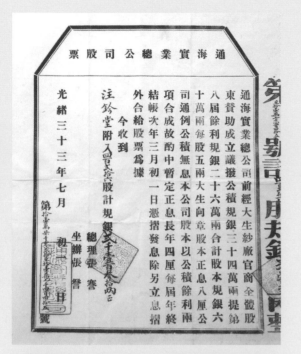

光緒三十三年（1907）通海實業公司股票。張謇從大生紗廠歷年公積及年度餘利提撥六十萬兩所設立，負責管理大生紗廠的所有投資與關係企業，是近代中國最早的控股公司。官利訂為四釐。

難以維持，逐步下修，因之政府公債可以用更合理的成本募集資金。

即使如此，以國家股票自許的

司（1908）的官利則都訂為每年8%；海贛墾牧公司（1906）、川省川漢鐵路公司（1907）與滇蜀騰越鐵路公司（1910）官利訂為每年6%；以大生紗廠公積金與未分配盈餘所轉投資的通海實業公司（1907），官利訂為4%。參閱：上海市檔案館，《舊中國的股份制（1868–1949）》。

1898年的昭信股票，年息僅5%，還本期間長達二十年，離行情甚遠，難與民間股票競爭。而直隸公債，年利7–12%，期限一到六年，對應於當時民間公司股票的整體獲利狀況，投資報酬率算是符合市場水準。

另一方面，長期流動於錢莊、票號，甚至是私人放貸或民間標會等活動的資金，也是國內公債爭取的可能對象。

早期的資金借貸，侷限在同鄉、族親、租佃等關係之間，或者衍生自特定交易活動而來，如錢莊、票號對於特定客票的貼現等。由於傳統中國社會，並沒有資本主義社會才有的金融市場與跨國性的資金流，在這種背景下，借款來源少，借貸金額通常不大，借期短，利息的高低往往與借款人的身分地位成反比。

十八世紀末的天津銀號與當鋪，對於官府與商人的放款，年利率約為10–12%；銀錢業之間的票據貼現，年息則在7–10%之間。不過，從大量契據統計，直至二十世紀初，中下階層的農戶仍受到高利貸剝削，所能得

到的放款，利息反而高達三分[62]。

以清代公債來說，息借商款的年息7%，年限三年；昭信股票年息5%，年限七年，對於民間均難以產生吸引力；只有直隸公債的 7–12%，年限一至六年，算是落在合理區間。

民間各種融資借貸，長期附著在血緣、土地與行業的關係上，並且大多要求質押擔保，心態保守，要求安全性。這種環境原本並不利於公債的競爭與發展，但直隸公債，指定特定財政收入每年一百二十萬兩作為本息來源與擔保，頗有配合民間習慣、積極爭取資金的用意。

直隸公債的利息，與股票與民間放款相比，未必完全居於劣勢[63]，顯然曾仔細斟酌箇中究竟。但，股票，可以隨時買賣，流動性高；民間融資，以短期為主，周轉又快；公債則因欠缺集中交易市場，又無銀行可供貼現，官場交涉不易，流動變現均困難，這些制度性與結構面的問題，徒有辦法亦不能解決，已成為致命傷[64]。

62　William N. Goetzmann, Andrey Ukhov，前揭文。

63　梁啓超，〈論直隸湖北安徽之地方公債〉，《飲冰室文集之二十一》：「袁世凱式之公債，雖其條件種種詭異可笑，要之皆為債權者之利也。」、「……其受償最遲者，亦不過六年，而息率至一分兩釐，最有利之公司股份票，不是過也。」、「雖云自七釐以至一分兩釐，較諸外國公債息率優異數倍，而吾以此現銀在本國營業或以貸諸可信之人，則何處不得此七釐乃至一分兩釐之息者？何必擔驚受恐已與官場交涉也哉？」由此可見，梁啓超亦以為，直隸公債並非利息無法與股票、民間借款或外國債券競爭，而是其他因素。

64　梁啓超，前揭文：「凡人民持有公債票者，若忽然需現銀，則必須立刻可以轉賣或可以抵押……欲求轉賣之便，必賴有股份懋遷公司，欲求抵押之便，必賴有銀行，苟缺此兩種機關，則公債利用之途，決不能圓滿而無憾也。」

四、光緒三十一年廣東公債

　　緊隨直隸公債之後，廣東於1905年9月間，在粵海關稅務司的承銷下，發行了公債，成為清代地方的第二例。長期以來，廣東公債的存在，外界一無所知，直到近年有學者研究粵海關檔案發掘部分相關史料後[65]，才披露了這段史實。

　　廣東公債，發行於1905年9月，因銷售情形不佳，11月底旋即停辦，為期不到三個月，存世短暫，應是後來罕見提及的原因。根據《中報》報導：1905年10月，債票正式發行一個月後，繳款領票者曾無幾人，至11月底，省府通知稅務司停辦。

　　關於募集背景，粵督岑春煊在發行章程說明，「廣東省盜賊日多、遊民日眾，推其所致，實曰民窮。查近年海關貿易總冊，每年進口貨之價值浮於出口貨之價值，率皆在三、四千萬兩，膏脂日竭。欲塞漏厄，在興製造，此廣東工廠之不能不急辦也。省港、省澳之路既已屬於英葡，他處可以造路者尚多，此廣東鐵路不可不急辦也。礦利之饒，人所共悉，粵省盡多佳礦，徒以款絀未能大開，此廣東礦務之

不能不急辦也。省城近年暑疫盛行，雖致疫不止一端，而大端由於飲水之不潔，此省城自來水之不能不急辦也。」廣東公債是為了辦廠、造路、開礦及供應省城自來水所發行。清末借款多以籌措軍費為主，這種與生產和民生建設有關的公債，相當少見。為爭取民眾信任，章程言明「此次借款，但期成功，不計目前成效。即借票未能悉數銷售，無論借得多寡，均按照所借之數依期歸還，毫不變更，俾風氣日開，將來國與民各盡其義務之益」及「借款實借實還，永不抵作捐輸報效」[66]。

　　公債預定發行三百萬兩，月息7%，遇閏照加，分十年攤還，每年還本一次，半年支息一次。由粵海關承辦發行事宜，並保管擔保款項。章程規定「借款以廣東緝捕經費、闈姓、山票、舖票、彩票五項承餉作抵……各項餉銀仍由善後處（局）收交洋關存儲備還」。省方每年提撥海防緝捕經費一百四十萬兩、闈姓三十萬兩、山票和舖票七十萬兩、彩票九萬兩，共計兩百五十萬兩，作為擔保及償付本息之用。但對於擔保各款每年能否確實入帳，

65　李愛麗，〈從粵海關檔案看清末廣東兩次公債發行〉，《近代史研究》，2007年第三期。

66　《1905年清朝廣東借款》（1904–1905），海關檔案，679/22176。轉引自李愛麗，前揭文。

岑春煊。

稅務司與百姓普遍存疑，特別是海防緝捕經費與闈姓，廣東省雖保證再三，也無濟於事，致1905年9月發行以來，到了第二個月仍是「繳款領票者曾無幾人」[67]。

廣東公債，銷售情形不佳，但根據一份1934年的海關資料顯示，其債票仍有相當數量流通。當時粵海關準備銷毀一批已破損不堪的1905年廣東公債和息票，有未使用過的債票三千八百五十五張、註銷的債票三千五百七十九張及註銷的息票一萬一千八百七十八張[68]，顯然主要是停辦前一個月內所募集，並應已償還本息。

67　「息借民款無人領票」，1905年10月16
　　日，《申報》，第二版。轉引自李愛麗，前揭
　　文。

68　李愛麗，前揭文。

五、光緒三十四年郵傳部京漢鐵路贖路銀元公債

郵傳部於1908年3月決定，提前償還比利時借款，贖回京漢鐵路，為了籌款，打算雙管齊下，同時對外借款與發行國內公債。

1908年英法京漢鐵路五百萬英鎊借款，僅實付九四折，折扣下僅得四百七十萬英鎊。加上庚子事變期間，鐵路受損，比國公司代墊了一百萬英鎊，不足之數一百三十萬英鎊，約合一千萬銀元，郵傳部獲准發行國內公債募款補足。

郵傳部仿直隸辦法，於1908年10月發行京漢鐵路收贖公債，總額一千萬銀元。這是繼昭信股票後，經過十年，中央部會發行的國內公債[69]。這亦是中國政府首度發行的銀元公債，較先前公債使用銀兩的情形，既方便也進步許多。

郵傳部特設公債處，負責發行事宜。債票僅一百元面額一種，共印十萬張，由交通部所屬的交通銀行、官辦鐵路、電報各局經理。年息七釐，每半年付息一次。期限十二年，第八年起分五年抽籤還本，公債持有人並可分享鐵路餘利。公債為不記名式，可自由轉讓，認票不認人。

69　《郵傳部奏擬仿直隸成法籌辦築路公債摺》，詳附錄。

但，銀元公債的發行結果極不理想，僅售出約三千四百張，募得三十四萬元。由於郵傳部並無地方政府可供分派，只好動員轄下交通銀行及電報局，1910年8月，以自有資本購買了二‧五萬張債票。

銀元公債，仿造直隸公債之例，於辦法中規定「執票者無論何人，均照本國人民看待」，亦即開放外國人認購，為滯銷的債票預留了去路，果真也轉往國外找尋賞主。

郵傳部先將自有資金買下的二‧五萬張債券，按一百銀元折合八十八日圓的匯率，以兩百二十萬日圓的價格轉讓日本橫濱正金銀行。未售出的七萬六千六百張債票，有五萬張，總額五百萬元，是按每一百元折合九英鎊，以總價四十五萬英鎊，委託英國米德蘭信託公司（The London City & Midland Executor & Trustee Co.）在倫敦發行權利憑證四千五百四十五張（另有一張畸零券），每張憑證代表十一張中國發行的一百銀元債券，折價以九十四英鎊售罄，得款四十二萬七千兩百七十二英鎊。其餘的兩萬一千六百張，直至1914年12月，才由北洋政府以面額兩百一十六萬元折合十九萬四千四百英鎊，委託敦菲色爾公司（Dunn, Fisher & Co.）按前例，仍

日本橫濱正金銀行上海分行。該行買下郵傳部銀元公債四分之一的債票，計兩萬五千張。

在倫敦發行權利憑證一千九百六十三張（另有一張畸零券），實收九一折完銷，得款十七萬六千九百英鎊。從1910年8月至1914年12月，歷時四年多，經過清與民國兩段時期，才告銷售完畢[70]。

　　郵傳部銀元公債不僅仿直隸公債辦法發行，也依循其例轉變為外債。這在清末因關稅透支、對外發行公債變得困難的情況下，改以內債對外借款，已成為當時的一種權宜之計。

　　經過多年的尋找，無論是郵傳部在國內發行的銀元公債券或國外的債權憑證，至今仍一無所獲。根據1925年2月10日《交通債款說明書》記述，均已按期償清，可能均應已回收銷毀。

70　筆者，〈京漢鐵路收矔銀元公債（1908）〉，《算舊帳－歷數早期中國對外債券》，頁40。

六、宣統元年農工商部富籤公債（未發行）

光緒三十二年（1906），清廷改革官制，工部與商部合併為農工商部，成為全國農業與工商業最高行政機關。為了興辦與補助農工商礦各項實業，1909年，農工商部考察歐洲各國情況後，奏請發行「富籤實業公債」，募集資金。所謂「富籤」，源自日語，即「彩票」之意。這個擬與歐陸作法看齊的提案，被認為有賭博的疑慮，在當時引發不少的論戰[71]。

農工商部奏道：「查歐洲各國有所謂利息富籤票者，附籤票於債券之中，給以輕息而不還本，為募集公債之一種方法，在德義奧匈諸國皆有官辦此種債票，臣部擬仿其制，試辦勸業富籤公債票，以為鼓舞公債之計，其法制公債票一千萬張，每張售洋一元，共集一千萬元，略仿籤捐票辦法，以三百萬元為獎金。」

有鑑於剛在1908年10月奉准發行，當時正在募集之中的「郵傳部京漢鐵路收贖銀元公債」，銷售情形非常不理想[72]，農工部認為籌辦中的公債有必要提供誘因，吸引民眾認購，因此參考掀起熱潮的湖北、江南、四川等省的籤捐彩票，發行有獎公債。

面對富籤票是一種具有賭博性質的彩票、不是公債的批判，農工商部特別解釋「西國富籤本分為三種，其中為計數富籤一種，西國學者以為近於賭博。此種利息富籤為誘掖公債起見，不聞譏議，載籍俱存，可以復按……」，簡言之，農工商部認為，這是以抽獎作為利息，吸引認購，

清末賭彩風氣盛行，連街頭打鐵舖也兼售各省彩票。

71　梁啟超，〈讀農工商部籌借勸業富籤公債摺書後〉，《飲冰室合集三》。

72　事實上，在宣統三年（1911）所制定的《大清暫行新刑律》，仍出現「賭博彩票之罪」專章，規定「發行彩票者，處四等（一年以上、三年以下）有期徒刑或拘役，併科一千元以下罰金，得褫奪公權。購買彩票者，處一百元以下罰金」，就可以了解問題於一斑。

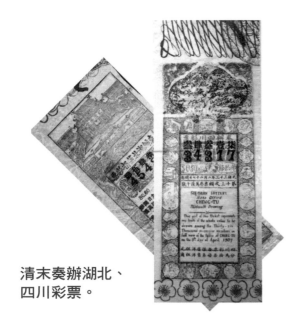

清末奏辦湖北、
四川彩票。

麒於宣統元年（1909）十一月十二日上奏反對，認為這種公債只會加重百姓負擔。砲火最猛的是梁啟超，為文痛陳沒人會為了區區2%年息，認購六十年長債，說穿了這是「以賭誘民」。退一步想，就算是賭局，各省彩票的作法，中獎的籤票約在總數的兩成，這裡不過是10%；各省彩票大致是以半數的售票所得作為彩金，農工商部卻只拿出30%，對賭徒難有吸引力。到頭來，既無法提倡國內正確認購公債的風氣，亦無助於增加國庫收入[73]。

最後，在宣統元年十二月十七日，朝廷否決了農工部關於「勸業富籤公債」的提案。

富籤公債遭到封殺後，農工商部的構想並未從歷史消失。進入民國後，廣東隨即發行了地方版的富籤公債；北洋政府農商部，幾年後也設立了「有獎實業債券局」，發行農商部實業公債，做為農商銀行的資本，也是在富籤實業公債的基礎上改良而來。

但如未中籤仍需還本；籤捐票，未中籤即不再還本，才算是賭博；所以，富籤公債，實際上是一種有獎的公債。

依據農工商部的計畫，富籤公債，發行一元券一千萬張，得款一千萬元。提出三百萬元，作為中籤的一百萬張的獎金，其餘九百萬張，年息兩釐，至六十年後還本，由大清銀行擔保。扣除農工商部製票、辦公費用一百萬元，實收債款六百萬元，這筆錢如存放官辦銀行，年息以6%計算，一年有三十六萬元，扣除債息2%年息，每年結餘十八萬元，公債的六十年期間共可得一千零八十萬元。

不過，保守派仍繼續攻擊。御史黃瑞

73　梁啟超，〈讀幣制則例及度支部籌諸摺書後〉，《飲冰室合集三》。

七、宣統元年湖北公債

直隸公債，國內募集不成轉而外銷的結果，對於無法在海外發行公債借款的地方政府而言，未必感到失望，反倒成了一種啟示，對於清末地方發行公債的風潮起了激勵作用。

清末各省由於分攤賠款，壓力頗大。不少督撫尋求息借洋款，度過難關。地方政府向在華洋商所借的款項，按規定必須獲得戶部同意，並照會外國使館。不過，戶部對於地方舉借外債的態度保守，只願放行地方稅收不敷分攤中央賠款的部分，

各省因此苦無經費應付其他開銷與債務，這也使得少數地方借款，是在隱瞞朝廷情形下，私下進行[74]，但終究非長久之計。

袁世凱奏辦直隸公債時，以鎊價起落造成匯價損失，作為捨外債就內債的理由。借外債長期存在匯損，但對於財政匱

---

74 1902 年 8 月 20 日《倫敦時報》（London Times）報導，浙江總督向一美國銀行洽借銀二十萬兩。由於該省增收稅捐已超過分攤庚款所需，借款可能不為戶部所允許，因此要求該美國銀行向其使館轉達浙江的難處，並予以保密。

湖北公債，零股票庫平足銀十兩。

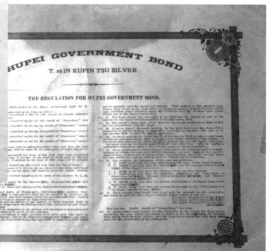

乏又無處告貸的地方政府而言，即使如此，洋款往往苦求不得，未必是情願捨棄。走向發行地方公債，乃不得已的選擇。

直隸公債四百八十萬兩，約合七十萬英鎊，後來仿效發行的各地公債，湖北兩百四十萬兩、安徽與湖南均一百二十萬兩，約合三十多萬英鎊與十多萬英鎊[75]，金額都不算多。各省自知當地社會、金融、經濟等情況，即使是這些數額，募集仍有困難，因此，不如洽請洋商認購。

開辦地方公債，由於已有直隸獲准在先，仿造直隸辦法，奏請援例辦理，便成了各省的權宜之計。

對於列強而言，除了提供清廷借款，地方政府是進一步的經濟滲透目標。認購地方公債，這是將各省納入勢力範圍的手段，以及取得各地資源的機會。地方公債均提供各種稅收與省產作為擔保，認購地方公債後，地方政府無力還本付息，各國便取得有力的談判籌碼。因此，外國勢力在地方公債的議題上，往往是各有盤算。

宣統元年八月二十四日（1909年10月7日），湖廣總督陳夔龍以歷次推行新政積欠商款待還為由，奏請按照直隸辦法，開辦湖北公債[76]，九月十三日（10月26日）獲准發行。陳夔龍仿效直隸公債的作法，每年從稅收中指定藩庫銀六萬兩、運庫銀十萬兩、漢口關署六萬兩、官錢局餘利二十萬兩、彩票局餘利三萬兩、其他入款七萬兩，共計五十二萬兩為擔保，六年償還完畢；由湖北善後局、布政司與官錢局共同具名發行，以湖北官錢局為經募機關，發行公債兩百四十萬兩。

---

75 海關兩於1885年約合〇‧二六五英鎊；1896年約合〇‧六英鎊；1910年約合〇‧一三五英鎊。李隆生《清代的國際貿易：白銀流入、貨幣危機和晚清工業化》，頁240。

76 「鄂省歷次籌辦新政，用項浩繁，積欠商款至三百餘萬兩，亟需次第清償，督同司道在四籌商，惟有試辦公債，庶集鉅金，借紓涸轍。但求公債之信用，必先的實存款，俾應付不致愆期。查近年訂購艦艇經費，係在鹽道庫、練兵新餉、官錢局盈餘項下籌撥，本年即可還清，業經奏明自明年起撥歸善後局在案。以上兩項約可撥銀三十萬兩。此外，藩司、關道、籤捐兩局，約可共撥銀二十萬兩，統計每年五十餘萬兩。按照直隸分年請還辦法，既可貸公債銀兩百四十萬兩。現經議定，即以此數做為的款，專備償還公債本息之需，無論何項用款，不得挪動。公債集有成數，專款存儲，遇有前借商款到期，即以此項隨時撥還。飭據司道官局將貸還期限、數目、章程及籌定款項，分別擬議，開具清單。」（《戶部奏檔抄本》，宣統元年分，第四卷。中國人民銀行參事室編，《中國外債史資料》，頁676–677。

湖北公債，分六次共半年收銀完畢，各為宣統元年十一月一日及十二月一日，宣統二年一月一日、二月一日、三月一日及四月一日；比起直隸公債的分四次共八個月，募集期限稍短，但借期、利息均相同。此外，依照直隸預籌稅款一百二十萬兩、募債四百八十萬兩的作法，湖北公債的兩百四十萬兩，嚴格說來，每年預籌稅款按理應是六十萬兩，卻只準備五十二萬兩，到達直隸公債的備償準備的87%，算是相當接近。

發行日期，債票上註明宣統二年四月一日（1910年5月9日），因此印製完成與發給認購人的時間，應不早於此。這個日期也是最後一期的收銀日，這也表示，湖北公債從1909年10月26日獲准發行，長達半年多的募集期間，債票一直未完成，認購人無票可領，因此也無法轉讓，以致資金凍結，這種現象也普遍存在於其他的清末公債之上。

湖北公債票與直隸公債相同，有大小票之分：大票一百兩，小票十兩。目前僅見小票存世，又稱為「零股票」，至於大票，則未曾出現。

湖北公債，最終募到一百七十萬兩，其中尚包含日本橫濱正金銀行與俄國道勝銀行分別認購約七十六‧五萬兩與二十萬兩，約有七十萬兩未能售出。此外，湖北公債並未像直隸公債，如期償還本息。

到了1913年善後大借款成立時，湖北公債逾期未還日俄兩銀行的本息，由銀行團自借款扣還，至於後來陸續到期本息的償還情形，則無資料可稽[77]。

77　〈湖北省售予正金道勝銀行公債票款〉《民國外債檔案史料》第三冊，頁452；《北洋財政部公債司檔案，善後大借款卷》，轉引自中國人民銀行參事室編，《中國清代外債史資料》，頁677–678。以及，筆者，前揭書，頁106。

八、宣統二年安徽公債

眼見湖北公債奉准開辦，安徽巡撫朱家寶於宣統二年一月十六日（1910年2月25日）以財政常年入不敷出，加上添練新軍、崇陵工程、賑災撫卹、推行新政導致透支加劇等理由，援引直隸、湖北辦法，以每年藩庫雜款十四萬兩、牙釐局出口米釐十五萬兩，共二十九萬兩，作為還本付息的來源與擔保，並指定裕皖官錢局作

 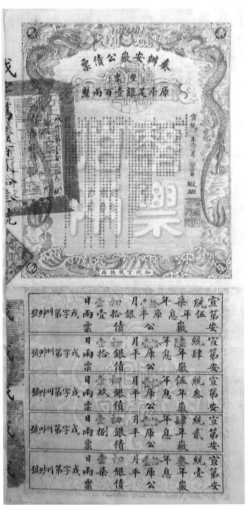

安徽公債丁種債票（左）與戊種債票（右），整票（大票）庫平足銀百兩。
名字軌債票，償還期限不同，息票數量有別，形成多元選擇的投資組合。

朱家寶。

為經募機關，奏請發行公債一百二十萬兩[78]，也獲批准。

安徽公債為期一至六年，年息自第一年的7% 累進至第六年的12%，並分為甲、乙、丙、丁、戊、己字軌六批發行，形同

提供利率、期限高低長短不同的六種投資組合，備償稅收與借款比例幾乎到達直隸公債水準，由布政使具名蓋印，有大、小票之分；大票百兩，小票十兩。

公債原訂分六期收銀，分別為宣統二年三月一日、四月一日、五月一日、六月一日、七月一日及八月一日（1910年9月4日），各收銀二十萬兩，完成募集。但，從存世的安徽公債債票看來，票面加蓋收銀日，乙、丙、丁、戊字軌的債票，分別為八月一日、九月一日、十月一日、十一月一日，未曾出現過的甲、己字軌債票可順序推測為七月一日（1910年8月5日）與十二月一日（1911年1月1日），均較原訂日期遲延了約四個月。

當時，安徽的經濟條件尚無法與直隸、湖北相比，結果僅售出十萬兩左右。但，顯然在發行公債之前，省方早有盤算，主要寄望於洋商的認購。果不其然，其餘債票於當年十月（1910年11月）募集期間裡，就由英商怡大洋行（Samuel & Company, Ltd.）購下。

安徽公債債票也分成大票小票，但存世僅見百兩面額大票，未見小票，與湖北公債恰好相反。發行後，公債本息一直未償付。

民國初年，怡大洋行不顧安徽公債是中國內債，透過英國使館進行外交交涉，

---

78 查皖省通年入款，向在五百萬兩上下，而出款在六百萬兩以外，歷年出入收支已不敷，嗣後添練陸軍，增認海軍經費、崇陵工程、益以冬春賑撫及咨議局、審判廳、勸業等經費，並九年預備事宜，一切用款均著重在一二年內即須支出，預計又歲需一百餘萬……皖省事繁款絀，計為援照直隸章程，並參酌湖北辦法，開募債票，以濟要需。茲經飭司通盤籌畫，歲就司局兩庫籌款，約可得銀二十九萬兩，既可貸公債銀一百二十萬兩，擬定大票每張庫平銀百兩，小票每張十兩，以六張為一套，按甲、乙、丙、丁、戊、己六字列號，分作六年還清。第一年按七釐付息，每年遞加一釐，加至第六年一分二釐為止，即以所籌之的款，備付逐年之本息。……（「度支部關於安徽巡撫奏請試辦公債奏摺」，1910年，《民國外債檔案史料》第三冊，頁504–507。）

迫使中國政府出面解決，這也成為外國政府介入中國內債處理的案例。雙方協議，自1914年起，安徽省每年撥銀三十萬兩，七成還本，三成付息；舊欠另按七釐複利計算，以為補償。安徽省為此，又先後在1914與1926年發行米商公債各三十萬兩，

至1926年3月，本金終於清償完畢。但利息與複利遲未償還，從1926年的八十三萬餘兩，累增至1932年的一百三十三萬兩，經國務院移交整理內外債整理委員會處理，其後未有下文[79]。

安徽公債票，招徠外資的企圖，也顯露在背面的英文章程上。

79　1933年5月26日，〈財政部公債司編制關於安徽省怡大洋行借款概況〉，《中華民國史檔案資料叢書：民國外債檔案資料》，第三冊，頁519。

九、宣統二年湖南公債

宣統二年七月十七日（1910年8月21日），湖南巡撫楊文鼎以積欠鉅款、省庫告竭、需款周轉，奏請援照直隸、湖北成案開辦公債，擬以相當比例的擔保，借款一百二十萬兩，因此提撥長寧縣水口山之鉛砂售利銀，每年二十六萬五千兩，另款儲存，以供還本付息之用，六年為期，指定湖南官錢局為經募機關。

當時，由於發行公債已成為籌措財源的捷徑，各省紛紛請辦，但中央也意識到募債彌補經費不足，而非用於生產事業，只會導致財政持續惡化，在安徽公債之後，原則上已不再同意地方開辦公債的請求。湖南舉債的目的，也是為了彌補經費不足，但仍於八月二日（1910年9月5日）破例獲准。這是因為戶部認為「該省當兵荒之後，財政萬分匱竭，勢處其難，不得不姑允所請」，湖南的米荒、缺餉等財政危機持續擴大，已到了不救不行的地步，因而讓湖南搭上直隸發行公債的末班順風車。

湖南發行一百二十萬兩公債，省方早知省內百姓無力應募，原打算直接與洋商進行交易，並不公開募集。但省內仕紳與諮議局深知外國認購公債的目的並不單純，意在取得對於水口山鉛鋅礦的控制權，群起反對。為了避免落人口實，省方特意拿出二十萬兩供本地紳商認購，結果僅售出十萬兩左右。其餘一百萬兩公債，仍朝計畫進行。

橫濱正金銀行率先於1911年1月10日與湖南官錢局簽訂一年期借款合約。為降低外界疑慮，借款五十萬兩洋例銀，年息八釐，以湖南公債作為擔保，並未觸及水口山礦權一事。但日人清楚湖南的財政狀況，勢必無法償還借款，到時再將礦權議題納入討論。結果，湖南官錢局果然到期無力還款，公債遭橫濱正金銀行扣留。民國以後，善後大借款成立，1913年6月17日，五十萬兩借款由五國銀行團代正金銀行扣除後，作抵之公債才歸還湖南省。

1911年8月19日，湖南礦務總局另與德商禮和洋行簽訂黑白鉛砂三萬噸訂購合同，定銀一百二十萬兩，簽字後，六週內交銀，每年七釐行息，後來留下借款七十萬兩未清，以公債作抵[80]。民國建立，合同改由湖南軍政府承受，1912年2月24日改議合同，總價改為一百萬兩，6月6日

---

80 金普森、潘國旗，〈論近代中國內外債的相互演變〉，浙江大學學報，2010年4月，頁3。

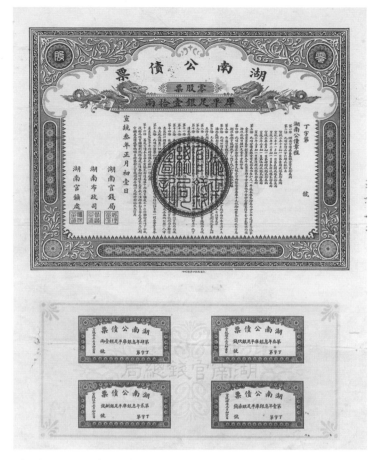

宣統三年湖南公債零股票

民國政府批准後，繼續履行[81]。禮和洋行持有之債票，可能在砂價折付定銀完畢後，收回銷毀。

湖南公債，債票存世稀少，可能是在本地售出十萬兩的部分，其餘應已回收銷毀。循直隸、湖北例，湖南債票分為十兩、百兩兩種面額，現今僅見零星零股票（十兩票，如附圖，上海陽明拍賣公司提供），至於整票（百兩票）則下落不明。

一九二〇年代，禮和洋行位於上海江西中路的大樓。

81 湖南礦務總局與德商禮和洋行訂購合同繕本，File No.B04011122300. b10260.1-1863. Japan Center for Asian Historical Records, National Archives of Japan.

十、宣統三年直隸二次公債

袁世凱開辦的直隸地方公債，在當地長期被奉為「正朔」，後繼者爭相模仿、接續辦理。宣統二年十月十一日（1910年11月23日），直隸公債償還完畢的前一年，陳夔龍接任直隸總督，為了籌措款項辦理新政，向朝廷奏請「接辦」直隸公債，並於三月二十六日（5月5日）獲得批准[82]。在此之前，陳夔龍於湖廣總督任內，就已仿照直隸辦法，發行過湖北公債，因此可謂是直隸公債的「鐵粉」。

所謂接辦，也就是「沿用既有公債辦法，繼續發行」之意。陳夔龍所辦的公債，又稱為「直隸二次公債」。陳夔龍對於先前直隸公債轉售日人的內情，應是知情，但對其發行辦法，仍照單全收、全盤複製，目的應是為了取得朝廷的援例同意。

直隸公債原先預籌還款來源之中的直隸（北洋）銀元局，已於1905年改隸戶部，少了銀元局餘利每年銀四十萬兩後，預籌的款從原先的一百二十萬兩減為八十萬兩，在借款年限、給息及其他條件不變的情形下，直隸二次公債的借款總額，按比例從四百八十萬兩降為三百二十萬兩。

直隸二次公債，訂於宣統三年四月一日（1911年4月29日）發行[83]，因國內興起鐵路國有風潮，時局不靖以致滯售。以當時情況，直隸政府大概很難找到洋商

---

82 直隸二次公債的內容，根據陳夔龍的奏摺，「……直省舉辦要政，籌款為難，擬請援案接辦公債票……查直隸從前因餉項竭蹶，籌備為難，曾於光緒三十年經前督臣袁世凱奏請試辦公債票，募集銀四百八十萬兩，並籌定按年備還的款一百二十萬兩，分六年歸還本息……原訂章程於保守信用、預防流弊之處，極為詳備。……現在辦理新政，需款浩繁，而此項原籌備還公債的款一百二十萬兩，除銀元餘利四十萬兩現已無著外，按年尚存的款八十萬兩。擬仍就此項原指之的款數目，查照前辦章程，於宣統三年再行接辦債票一次，募集銀三百二十萬兩……。」（《奏定接辦直隸公債票章程》）。

83 直隸二次公債《直隸省銀行廣告》，天津《大公報》1911年5月1日：本銀行遵奉北洋大臣奏准，代辦續募直隸公債，所有兌收銀兩暨一切辦法仍照上次公債成案辦理，除天津一埠由本銀行自行募收並直隸各廳縣檄委託各分設籌款處會同辦理外，其北京、上海、漢口等處募債事宜，應由駐京、駐滬、駐漢各分行經理，如願購公債票者，務於屆期之日內將銀送交各分行兌收，填發票據，倘逾此限，即將銀兩截歸下期，列收發票以歸畫一，而便稽核，現距四月一日發行票期不遠，願購者信務失臂交之，自後六月一日、八月一日兩期均以定期為限，絕不推展，欲閱詳細章程，請向分行索取可也，特此布告。

陳夔龍。

月一日（6月26日）與八月一日（9月22日），但顯然未能達到目標。

相對而言，交款神速則是清廷對於外債趨之若鶩的原因。在國外發行公債，從簽約到借款入帳，很少超過三個月。大型借款，如作為馬關條約賠款之用的1896年英德正借款一千六百萬英鎊公債，借款合同於4月1日簽訂，承銷銀行承諾最晚在5月6日將全部款項匯入指定銀行帳戶；1898年英德續借款一千六百萬英鎊公債，3月1日訂約，5月6日之前支付賠款所需金額，餘款則於6月6日支付。小型借款，如1895年瑞記借款一百萬英鎊，則是在簽約後三星期內付訖[85]。

認借，因此，根據紀錄，部分債票被省方質押，向直隸省銀行借銀八十萬兩，作為政費[84]。後來的還本付息情形並不清楚，至今也未見債票存世。

早期地方公債都面臨共通的問題，即欠缺公債市場與發行機制，必須仰賴官府強制配售或質押借款，而民間往往財力有限。有鑑於此，湖北、安徽、湖南早已暗中接洽洋商。

另一方面，從債票實物觀察，湖北、安徽、湖南公債均以分期按月的方式發行，各期交銀期間前後長達半年多，直隸公債更是長達八個月以上。直隸二次公債，有意縮短兩次收銀期限，分別訂於六

從獲准發行，到債票的印製完成，清代的幾筆地方公債大致都花了五到六個月，耗時甚久；另一方面，也可能是官方收銀後並不急著交票。直隸公債發行於1905年5月5日，因無債券或相關紀錄存世，無法確認交付日期，但1906年1月才拿債票向日本橫濱正金銀行質押借款，離發行已有半年；湖北公債於1909年10月26日獲准發行，債票則是遲至1910年5月9日後才印製完成；安徽公債於1910年2月25日獲准發行，首批交銀領票的日期則是等到1910年8月5日；湖南公債於1910

84 申艷廣，《民國時期直隸省銀行研究》，河北師範大學碩士論文，頁21，2011年3月11日。

85 《債款合同匯編》，北京，財政部公債司，1913。

年9月5日獲准發行，債票要到1911年1月
20日後才印製完成。按照最後交銀日期推
算，直隸二次公債在辛亥革命爆發之前，
債票可能還未印製完成。

　　對外公債，因債票的印製需要時間，
為了爭取時效，依慣例是先款後票，並由
承銷商發給認股憑證（臨時憑證），作為
兌換正式債券之用。為了保障投資權益，
方便持票人轉讓處分，債票印妥的時間不
會太長，一般在三、五週左右。清代公
債，借貸雙方地位不對等，無法以正常
投資看待，無論有無債票，都必須繳納
借銀，債票的交付並不積極，最後也未
必交付。

十一、宣統三年愛國公債

辛亥革命爆發後，為了挽救政權危機，宣統三年九月九日（1911年10月30日），度支部奏請募集「愛國公債」[86]獲准，章程經資政院議決與內閣核定後，於十一月一日（1911年12月20日）施行。

愛國公債的發行事宜，由度支部負責，大清銀行代理。債額以三千萬元為限，年息六釐，為期九年，前四年僅付息，後五年每年還本兩成，以度支部部庫為擔保。債券分為三種面額：五元券，三百萬張；一百元券，七萬五千張；一千元券，七萬五千張。

公債採強制認購，從王公貴族、封疆大吏到各級公職人員，只要年薪超過一千五百元，都有認購義務。按年俸高低分級，以年收入的2.5%到15%，作為認購額度。

但，即使已到垂死掙扎的關頭，愛國公債在朝中也未獲得熱烈回響，不少權貴、大臣隱匿財產，故意裝窮以逃避認購義務。有史料記載[87]，根據內閣調查，當

賣馬裝窮，躲避愛國公債的慶親王奕劻。

時朝中權貴私人存放於外國銀行的現銀，多達六千餘萬兩，卻紛紛裝窮。慶親王奕劻賣馬，前戶部尚書、軍機大臣那桐賣房，故作寒酸狀，成為清代愛國公債的最大諷刺，以及王朝覆滅前夕的官場現形記。

債票分兩期發行。第一期，自宣統三年十一月一日（1911年12月20日）起，至十二月底（1912年2月17日）止；第二期，自宣統四年一月一日（1912年2月18日）起，至二月底（1912年4月16日）

86　《度支部為募集公債及發行鈔票辦法事奏摺》，詳本書，附錄。

87　清‧佚名，《清稗瑣綴》，「拍賣—清廷未倒時，北京內閣發愛國公債票，應者寥寥，

奕劻賣馬，那賣宅，故作寒酸，求免擔負。實則諸親貴私財，寄頓外國銀行者，據內閣調查報告，現銀達六千餘萬。聚斂所得者如彼，乃裝窮如此，效明末諸臣拍賣破爛桌椅之手段，民安得不困？國安得不亡？」

止。第一期發行期間還未截止，因宣統宣布退位而停辦，共募得約一千兩百萬元，其中人民認購者，僅一百六十四萬六千七百九十元，且僅給收據，未發給債票[88]。

清朝的愛國公債，後來由民國政府繼承。袁世凱在就任中華民國臨時大總統後，下令接辦愛國公債，並於1912年5月31日制定了《愛國公債條例》，「所有宣統三年發出、實收，仍應照原案，俟債票印成，即行通告換領，與新收公債一律無異。」新政府承擔既有的愛國公債債務，並繼續發行新債票。原由人民認購之部分，換發新債票；前清王公貴族、文武官員強制認購部分，不予發給，改以另案處理[89]。

債票分四次發行，至1915年11月為止。1921年11月，北洋政府以七成現洋償還，並回收債票後結案，至今未見任一債票存世。

88　財政部財政年鑑編纂處，《財政年鑑》，頁1242，民國二十四年九月。

89　同上註。

第二篇
民國前期
（1912–1927）

北洋政府公債列表

債券名稱	發行日期	債款總額	面額	利率	用途	本息基金與擔保	實募金額	還本期限
民國元年軍需公債	1912.1-1916.8	1億元（分六次發行）	千、百、十、五	8%	臨時軍需、保衛治安	錢糧作抵，1921年改為整理內債基金	737萬多元	1925年8月還清
愛國公債	1912.5（接辦）-1915.11	3千萬元（分四次發行）	五、百、千兩	6%	經常軍需	部庫收入，1921年改為內債整理基金	約165萬元。不含前清部分約1,200萬元	1921年11月內債整理基金以7成銀元（原用京鈔）還清
民國元年六厘公債	1913.2-1920.6	2億元（分八次發行）	千、百、五十、十	6%	賠償寧漢商民損失，收買菸土、收買愛國、軍需兩公債及撥抵欠餉政費等	印花稅、契稅	約136,000,000萬元	1921年換發整理公債
民國三年內國公債	1914.8-1914.12	2,400萬元	萬、千、百、五十、十、後增五	6%	整理金融、補助國庫	鐵路收入與左右翼商稅擔保付息，京漢鐵路第四次抵押餘款擔保還本。後改以常關稅與停付德俄庚款為償債基金	2,492萬多元	1925年底償清
民國四年內國公債	1915.3-1922.4	2,400萬元	萬、千、百、十、五	6%	整理短期借款、補助國庫	未抵押之常關稅，張家口徵收局收入及山西釐金；後改以常關稅與停付德俄庚款為償債基金	2,583萬多元	1923年4月償清
民國五年內國公債	1916.3 1919.10 1922.3	2,000萬元	萬、千、百、十、五、後增一	6%	政費及收回新華儲蓄票	菸酒公賣收入，1921年改由內債整理基金付息，三、四年公債償清後，改以基金還本。	775萬元	1921年內債整理基金改訂償期。1928年9月償清。
民國七年短期公債	1918.5-1918.10	4,800萬元	萬、千、百、十	6%	收回中交兩航京鈔，償還兩行欠款予補助兩行準備金	緩付庚款	4,700萬多元	1922年底償清
民國七年長期公債	1918.5-1918.10	4,500萬元	萬、千、百、十	6%	收回中交兩航京鈔，償還兩行欠款予補助兩行準備金	付息部撥、還本五十里外常關收入。	3,540萬多元	1921年後改以公債整理基金付息，五年公債償清後以其基金還本。1936年換發統一丁種債票
民國八年七釐公債	1919.2	5,600萬元	萬、千、百、十、五	7%	補助預算不足	未經抵押之貨物稅	3,400萬元	1921年換發整理公債
整理金融短期公債	1920.10	6,000萬元	萬、千、百、十	6%	抽回中交兩行停兌之京鈔及清理借款	關餘。1921年改為內債整理基金	全部	1928年底償清
民國九年賑災公債	1921.1-1922.1	400萬元	萬、千、百、十、五	7%	賑濟華北五省旱災	各省貨物稅及加徵常關稅一成賑捐	216萬多元	部分償還

整理公債六釐債票	1921.5	54,392,228元	萬、千、百、十、一	6%	收換民國元年六釐公債債票	整理內債基金	全部	1936年換發統一公債戊種債票
元年公債整理債票	1921.6	12,150,000元	萬、千、百	6%	四折收換民國元年六釐公債	菸酒收入每年155萬元付息，整理內債完畢，以其基金還本	全部	未償還
整理公債七釐債票	1921.6	1,360萬元	千、百、十、五、一	7%	收換民國八年七釐公債債票	整理內債基金	全部	1936年換發統一公債戊種債票
八年公債整理債票	1921.6	880萬元	萬、千、百	7%	四折收換民國八年公債	菸酒收入每年65萬元付息，整理內債完畢，以其基金還本	121萬多元	未償還
特種鹽餘庫券（一四庫券）	1922.1	1,400萬元	萬	15%	舊曆年關軍政費	鹽餘	全部	部分償還
償還內外短債八釐公債（九六公債）	1922.2	56,391,300元（內債部分）	千、百、十	8%	抵還鹽餘借款	鹽餘，關稅值百抽五後由新增關餘撥充基金	全部	大多未償還
四年公債特種債票	1922.4	280萬元		6%	收回部分抵押在外三、四年公債及金融公債額外債票	三、四年公債基金	全部	1928年4月償清
財政部特種庫券	1922.2	1,400萬元		月息1.5%		銀行團撥回鹽餘	全部	
十一年八釐短期公債	1922.9	1,000萬元	萬、千、百	8%	中央軍政費	停付俄國庚款	全部	1927年底償清
十二年八釐特種庫券（使領庫券）	1923.12	500萬元	萬、千	8%	使領館經費	停付俄國庚款	全部	1930年5月償清
十三年八釐特種庫券（教育庫券）	1924.6	100萬元	萬、千	8%	教育經費	停付俄國庚款	全部	1930年11月償清
德國庚款餘額擔保庫券（四二庫券）	1924.10	420萬元	預約券：十萬、五千庫券：萬、千	8%	中央行政費及京畿地方治安維持費	停付俄國庚款	全部	1927年9月償清
交通部借換券	1925.6	800萬元	千	8%	調換償還舊欠	路、電、郵三項餘利		
十四年八釐公債	1925.8	1,500萬元	萬、千、百	8%	中央緊急政費及使領館經費	停付俄國庚款	全部	1935年年底償清
十五年春節特種庫券	1926.1	800萬元	萬、千	8%	節關經費	關餘	全部	1936年換發統一戊種債票
北京銀行公會臨時治安借款債券	1926.5	200萬元	萬、千	8%	臨時治安緊急經費	停付俄國庚款	全部	1936年換發統一甲種債票

十五年秋節特種庫券	1926.9	300 萬元	萬、千	8%	秋節軍政各費	關餘	全部	未償還
奧國賠款擔保二四庫券	1926.12	240 萬元	萬、千	8%	新舊年關政費	停付奧國庚款	全部	1939 年償清

北洋政府公債

民國建立不久，北洋政府接掌政權，繼承了前清的「愛國公債」及南京臨時政府的「民國元年軍需公債」，透過成立內國公債局、制定證券交易所法等相關法令、提供公債交易誘因等手段，使中國證券交易走向制度化，並讓民國三、四兩年發行的內國公債募集迭創佳績。

但公債市場的榮景，隨著民國五年袁世凱稱帝失敗、猝逝，迅速走向衰敗。由於政局混亂，財政日益惡化，到了後來，公債難以募得資金，發行目的多為以債還債或抵押借款之用。

隨著財政收入的抵押殆盡，無法提供確實擔保，北洋政府轉而發行許多金額小、作為特定支付手段、無需公開發行的無確實擔保庫券。除了部分以關稅、鹽稅擔保，並由總稅務司與銀行團保管的公債，得以獲得償還外，北洋時期的各種公債、庫券，大多無法清償。

一、北洋前期（1912 - 1920）

1、元年軍需公債

辛亥革命爆發後，戰事不斷擴大，為了籌措軍費，清廷與南京臨時政府都在各自控制的區域發行公債，分別是愛國公債與軍需公債，這兩種公債的發行期間大部分重疊。隨著南北議和、清帝退位、袁世凱就任民國大總統，互屬敵對陣營的這兩種公債，均由袁氏政府接手。

軍需公債，是南京臨時政府送請參議院通過，臨時總統批准後，於1912年1月8日開始發行，這是民國開國後首次發行的國內公債，也是臨時政府期間的唯一一次。

根據南京臨時政府頒布的「中華民國軍需公債章程」，公債專供臨時軍需及保衛治安之用，金額為一億元，採不記名式，債票兩面中英文並陳。面額有五元、十元、一百元、一千元四種，由財政部按票面十足發行，分派各省財政司募集，並以各省財政司所設公債處及其他代理處作為發行與經理機構。

公債年息八釐，附有息票十二張，每年2月2日及8月2日付息一次，為期六年，發行後第二年起，分五年還清。以國家稅收擔保，包含將來廢除釐金之後改徵的新稅。

債票由臨時大總統孫文、副總統黎元洪與財政總長陳錦濤簽章。債票有兩套

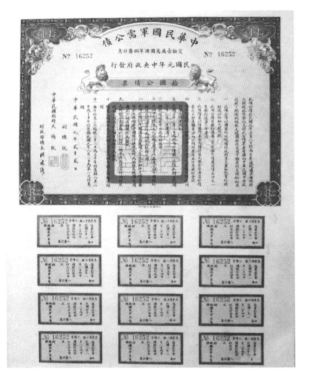

民元軍需公債十元票（左）與五元票（右）。

不同的設計：一套是上海集成公司設計印製，為十元與一千元票所採用；一套為上海商務印書館設計印製，五元與一百元票採用。

各面額之中，以五元票最多，十元票次之，一百元票再次之，一千元票最少，僅零星數張。發行對象不以本國人為限，外國人亦可認購。以英鎊認購者，每百元兌換九英鎊的匯率計算，但必須在預約收據及債票上註明並蓋章，以便未來用英鎊還本付息。

民元軍需公債百元券。

軍需公債，仿效西方國家作法，債票未印製完成前，提前開放預購。認購人必須在一星期內繳付認購債款的四分之一，其餘四分之三則限三個月內繳清。對於認購人，先發給預約收據（臨時憑證），待債券印製完成後，再向財政部換發正式債票。

因處於非常時期，公債並無銀行承銷，只能責成各省都督分頭募集。後來，各省共領走債票三百三十萬元，不是賤價出售，就是抵發軍餉，並未循正常途徑募集。例如貴州省領取債票十萬元，其中八萬元是以對折賣給巴黎和蘭銀行（La Banque de Paris et des Pays-Bas）。安徽省領取五十萬元，大多是以七到八折的價格在上海市面出售。陝西領取三十萬元債券，本也要賣出，卻因市價低落而作罷。

後來，南京留守黃興也領取債票六百餘萬元，作為向洋商、銀行借款的擔保品。3月初，還爆發各省軍隊以購械為由，集體到臨時政府財政部索討債票的情形。其他還有湖北、浙江，則乾脆自行發行公債，自闢財源。真正募集而來的，只有臨時政府出售的二十萬元左右[1]。財政窘迫，無疑已是倉促成軍的南方革命陣營的最大難題。

臨時政府本也寄望於海外發行，因此派遣湯壽潛、何永亨等人前往南洋與日本，向華僑勸募，但由於期間甚短，成果甚微。

南北議和後，袁世凱政府概括承受了尚在募集中的軍需公債，但認為軍需公債以高於行情的8%年息，吸引民眾認購，如今全國已統一，沒有繼續募集的必要，有意停辦，餘票銷毀。不過，遲未執行，正式停辦已是1916年8月之事。

對於軍需公債部分債票在南京臨時政府時期被賤賣，袁世凱政府成立後即進行追查。一方面，以內債價格過低，將加劇外債價格的下跌，造成國家損失，最終仍需由人民承擔之理由，下令禁止隨意折扣出售；另一方面，也調查各省領取債票的情形，積極管理軍需公債的交易。

1912年8月14日公布「財政部為上海各洋行賤價收買軍需公債制定制止辦法」，上海市場未售出的債票數目與未成交價格，都必須回報，由財政部與各洋行直接議定價格，成交之後，統一訂在北京交割。另外，為了防範洋商私下收購後隱匿不報，北洋政府財政部進一步規定債票必須經核准，並將號碼登載於政府公報，始生效力。

在袁世凱政府任內，至1916年8月為止，軍需公債又發行了約兩百七十四萬

1　《南京臨時政府收支報告書》。

1914年袁世凱政府在比利時發行「民元軍需公債特種債券」，發給認購人的臨時憑證。

元。這並不包括中途叫停、由比利時迪思銀行（Banque de Reports, de Fonds Publics & de Dépôts）於1914年在布魯塞爾與安德沃普所發行的「民國元年軍需公債特種債券」，總額五十萬零四英鎊[2]。

據統計，軍需公債總共發行了七百三十七萬餘元。認購熱潮集中在南京臨時政府時期的1912年1月份，達到四百六十三萬餘元[3]，超過總額的62%。

由於預約收據至1月28日才開始在上海分發，正式債票甚至尚未製版完成，這時的認購者，都是在沒有債票，甚至連預約收據都沒有的情況下，慷慨解囊，因此大多是對於革命抱持極大熱忱、不計回報的真正支持者。後來，南北議和，清室退位，軍需公債的訴求，失所附麗，人潮隨之退散，認購情形大不如前。

除第一期利息在認購時預先付給外，以後各期本息均由北洋政府支付。其間，雖幾度發生遲延，但仍在加計利息後，於較原訂時程晚了七年的1925年8月清償完畢[4]。

2　筆者，《算舊帳－歷數早期中國對外債券》，頁81–83。

3　王宗培，《逐年債券發行數明細表》。

4　劉曉泉，《民國元年軍需公債初探》。

軍需公債發行時間雖短，經認購者有限，但分發各省與庫存數量均不少，因此至今仍有不少未發行票存世。

2、元年六釐公債

袁世凱上任後所面對最棘手的問題，非財政莫屬。除了維持國家機器運作外，也必須償還前朝遺留下來的龐大債務，但，中央政府的收入卻因地方割據而呈現萎縮，龐大的財政赤字，只能舉債應付。

民初外債的談判，因五國銀行團（英、法、德、俄、日，美國於1913年3月退出）要求的條件苛刻而陷入膠著。北洋政府只好設法在國內發行公債。

北洋政府發行最早的一筆公債是「民國元年六釐公債」，作法與日本明治五年（1872）發行的新、舊公債極為類似，都是借款規模很大的長期公債，主要是作為抵償舊債之用，並且都未對外公開發行。

民元六釐公債千元票[5]。

---

5   Image courtesy of Booneshares, Belgium.

依據發行章程，民國元年六釐公債的獲准發行的總金額高達兩億元，是南京臨時政府軍需公債發行額的兩倍，但這個數字是授權財政總長分期募集的總額，可各別決定每期募債金額、價格等，藉著發行條件的彈性調整，在反映國內金融市場狀況下，合理取得資金，不過，發行價格不得低於九二折。後來，這個額度使用不到七成。

債票面額分十、五十、一百、一千元四種，年息六釐，期限長達三十五年，前五年僅付息，五年後分三十年抽籤還本，以印花稅、契稅作為擔保。

北洋政府知道國內的經濟情況，難以提供大型借款，因此對於發行內債並不積極，尤其是償還公債；真正屬意的，仍是舉借外債。因此，雖然元年六釐公債於1912年12月25日就已獲參議院決議通過，但一直等到翌年2月20日，總統才批准公布施行。元年六釐公債發行辦法公布後不久，因善後大借款於4月26日簽字成立，發行時間也就繼續順延。

1913年3月，元年六釐公債票進入發行作業階段，開始印製。由於主要用以抵償各項舊欠，如辛亥革命期間南京、漢口商民的損失，愛國、軍需公債的償還，抵付欠餉及軍政費用等，大量債票被直接交付債權人，並不在市場募集，但可在市場交易。至1921年2月為止，發出的債票面值為一億三千五百九十八萬五百七十元，但利息僅發過兩、三次，本金則從未償還，債票市價不斷下跌，僅至票面的兩到四折[6]。

民國十（1921）年年底，在銀行界的要求下，北洋政府對於元年六釐公債進行整理，以各項稅收每年兩千四百萬元，撥交總稅務司做為償債基金，以新債換舊債；發行整理債票，換回元年六釐公債。不過，持票人必須接受損失，每舊債一百元只能換取新債四十元，至於不願調換者，自當年起，分十年抽籤還本。然而，此一公債進行整理的原因，就在於北洋政府無法還本付息，如果選擇不調換，希望十年之內抽籤還本，持票人只能自求多福了。

雖曾大量作為抵償各種債務之用，也因未按時還本付息而受市場冷落，但元年六釐債票本尊至今幾近絕跡，其主因，應與後來的整理案有關；元年六釐公債已被整理債票調換殆盡。

6　民國十年（1921）三月十三日的《財政部整理內國公債詳細辦法呈大總統文》，「至民國十年二月止，實際發行一萬三千五百九十八萬五百七十元……已領過利息兩、三期，目下市價均已低至二折以內。茲擬另發六釐新債票，每舊元年債票百元得換新債票四十元，餘可類推，其不願者聽，並自本年起即行抽籤還本，分十年還清。」

2012年一張千元面值的元年六釐公債票現身於比利時的拍賣會，為前所未見，當時引起市場注目，最後以一萬一千八百五十歐元的高價拍出。

3、三年內國公債

1913年4月，善後大借款成立後，仍無法填補北洋政府的巨大財政缺口，借款到了年底就已所剩無幾。又因受到五國銀行團的約束，北洋政府無法自由向外借款，加上1914年歐戰爆發，歐洲各國自顧不暇，資金不再流向亞洲，重新思考後，

袁世凱決定轉向國內發行公債。

記取直隸地方公債的經驗，北洋政府改進辦法，發行了「民國三年內國公債」，開啟了中國中央政府發行經常性國內公債之序幕。年底，推出中國第一部的「證券交易所法」，為懸缺已久的集中交易所，提供了申設的法律依據，為日後的公債、股票市場的發展鋪路[7]。

7　參閱本書，第四篇，〈民國的證券市場與交易所〉一節，與趙萬一，《證券法學》，中國法制出版社，2006年。

民三內國公債十元票正、背面。

除了沿襲指定的款作為償還本息基金、專款存儲之外，財政部下設「內國公債局」，成為公債發行、勸募和付息還本等事宜的專責與主管機關，總理由總統府祕書長兼財政部次長梁士詒擔任。

有鑑於軍需、元年兩公債的本息基金信用薄弱，市場反應不佳，公債局特別網羅中外銀行界人士，包括中國銀行總裁薩福懋、總稅務司安格聯（Francis Aglen）、副稅務司包羅（Cecil Arthur Verner Bowra）、中法銀行經理賽利爾（Cyrill Aspero）、保商銀行經理涇恩等人擔任內國公債局董事，以昭公信，也表達對於來自銀行、商業各界投資的重視。

公債局同時仿效對外借款之作法，由海關總稅務司保管關稅，並將償債基金儲存於外國銀行。海關總稅務司安格聯同時獲任公債局協理，有關公債款項出納事務，除董事會總理簽字外，還必須由安格聯副署。公債還本，應由財政部、交通部備妥的款，撥交公債局指定的外國銀行存儲。

此舉，雖引來媚外及財政權旁落的疵議，但由於對外公債多以關稅擔保，開始發行內債後，是否損及對外公債擔保的優先權，一向是外國政府關切的重點。新作法，有平息疑慮及爭取民眾信任的作用。

第三任海關總稅務司安格聯。

民三內國公債，追加的五元票。

民國三年（1914）八月三日，民國三年內國公債發行，債額一千六百萬元，債票分為萬元、千元、百元、五十元、十元五種面額，後來因小額認購踴躍，部分十元券改印五元券。實收九四折，年息六釐，為期十二年，前三年只給息不還本，第四年起分九年抽籤還本。利息，先由財政部、交通部籌足一年九十六萬元，撥存公債局指定的外國銀行，以後每月撥交八萬元以供付息之用。本金，則以京漢鐵路第四次抵押餘利每年兩百八十萬元作為還本來源與擔保。還本付息經手機關，為中國、交通銀行總分各行與各關稅務司。

為了確保公債發行成功，公債價格按票面八八折實收，第一期認購者除了原有利息外，加給一年利息。對於響應各省財政廳的募集者，公債局也仿效西方國家，提供佣金，吸引國內外銀行與金融機構包銷或承銷，也引來國內證券商的興趣。

在北洋政府鼎力策畫下，民國三年內國公債認購情形非常踴躍，公債總額由一千六百萬元提高為兩千四百萬元，尚且不足。至募集截止日，共湧入兩千四百九十二萬六千一百一十元的認購金額，這是當時中國內債的前所未有的佳績。該公債本息，日後亦全數照章於1925年還清。

4、四年內國公債

1915年2月9日，北洋政府乘勝追擊，在三年公債的基礎上略事調整，推出四年公債。消息一出，再度吸引踴躍認購，並造成空前熱銷。

四年公債，債額兩千四百萬元，年息六釐，為期八年；前兩年只付息，第三年起分六年抽籤還本。發行萬元、千元、百元、十元與五元券共五種。總稅務司則取得公債本息的管理權，辦法規定，財政部應籌足一年利息一百四十四萬元，撥交總稅務司，存在中國、交通兩銀行，並須再按月撥款十二萬元交總稅務司，存在上述兩銀行，以備到期利息之用；本金方面，則以全國未經抵押債款之常關稅款及張家口徵收局收入，加上山西省釐金共四百九十萬元為擔保。不過，由於國內稅收難以核實管理，後來又變更擔保來源，改以德、奧、俄庚款擔保。歐戰期間，北洋政府對德奧宣戰，對德奧兩國自1917年月起停付庚款，並於1919年經巴黎和會正式予以廢止，每年結餘約兩百八十八萬元，連同俄國革命後所放棄之庚款[8]，經轉交總稅務司，改作擔保與清償三、四年公債之用。

8　筆者，《算舊帳—歷數早期中國對外債券》，〈俄國庚款變現公債〉（1902），頁90–91，與〈關於德奧庚款改還內國公債〉，頁96。

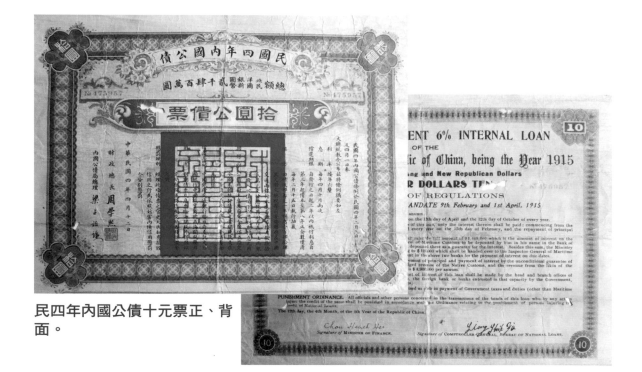

民四年內國公債十元票正、背面。

四年公債，實收九十，但取消了三年公債有關第一期認購者的一個月利息獎勵。公債承銷業務，除了原有的中國、交通兩家銀行外，並開放外國銀行參與募集，英商匯豐亦加入承銷，涵蓋的市場更為擴大，更加吸引外資的興趣。

結果，四年公債認購成績更勝以往，實際募得兩千五百八十三萬兩千九百六十五元，創下北洋時期政府公債的最佳成績。該公債本息之償付，有部分曾發生遲延，但仍於1923年4月全數還清。

民國十一年（1922），北洋政府以四年公債保留票（Reserve Stock）向銀行抵押借款，有兩百八十萬元無力收回。由於不在原訂發行辦法中，因而不受保管基金擔保。經財政部與總稅務司協商後，這批公債由總稅務司加蓋戳記，並稱作「四年特種公債」，另以三、四年公債基金之利息作為擔保[9]。

三、四年兩次公債，是當時北洋政府非常罕見本息全數付訖的特例。因已清償完畢，債票回收銷毀，少有保留下來。

9　財政部財政年鑑編纂處，《財政年鑑》，頁1243，民國二十四年九月。

四年公債預售收條，回收數額大幅超越目標。

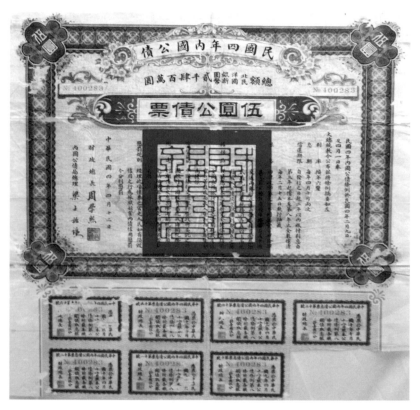

四年內國公債五元票。

5、五年內國公債

在袁世凱及其派系的積極運作下，1915年12月22日參議院通過洪憲帝制，將民國五年（1916）從元旦起改制為洪憲元年。後來，在各方撻伐下，袁世凱被迫於3月22日宣布取銷帝制。

在這段歷時三個月的帝制運動過程中，原本已通過發行的「中華民國五年陸釐內國公債」，被迫更名為「洪憲元年陸釐內國公債」，並於1916年3月10日公布，但不到兩星期，袁氏稱帝失敗，公債名稱又改回原名，不過卻在債票上留下蛛絲馬跡。債票開頭的「中華民國五年陸釐內國公債條例於三月十日奉教令公布……」的文字，不尋常的以「教令」取代了先前所使用的「大總統令」。所謂的「教令」，泛指國家元首之命令，雖然也包含總統在內，但如此使用的真正原因，卻是因為袁世凱當時是以洪憲皇帝的身分下令，而非總統，所以在文字上如此交代。這筆公債，因此成了袁世凱稱帝緣起緣滅的最佳見證。

（1）五年公債票

五年公債，債額兩千萬元，年息六釐，為期四年。第一年只付息，第二年起分三年、每年兩次抽籤還本。九五實收，認購者如於三個月內繳款，可享一釐獎金，成為九四實收。債券分為萬元、千元、百元、十元、五元共五種。利息，由財政部按月備款十萬元，由公債局轉交總稅務司，再撥交指定銀行儲存，並指定每年全國菸酒公賣收入一千一百六十八萬元專款，同時作為公債本息的擔保。

帝制運動造成政局紛擾，使得五年公債的募集變得困難，袁世凱於6月6日猝逝後，政情動盪加劇，情況更為惡化。五年公債償付本息的來源，不如三、四年公債明確，市場已存有疑慮。此時，又爆發北洋政府大量超貸，導致中、交兩行準備不足以致停兌的事件，不僅投資人信心盡失，兩行因信用重挫，也無法繼續經銷五年公債，只好改由各省財政廳接手募集，後來又傳出各省截留債款不願匯解中央的消息。

五年公債發行三個月後，僅募得三十萬餘元。財政部只好分派各省額度，強制

五年公債票，十元票。

認購。但由於北洋政府的號令僅及於部分省分，至1916年底，在僅募得七百七十五萬五千一百二十元後，宣布募債停止。民國七年又因新華銀行發行有獎儲蓄票，逾期未兌付，北洋政府負有擔保責任，因此以五年公債其餘未發行票一千兩百餘萬元投入市場，作為整理該債務之用[10]。

隨著五年公債的慘敗，北洋政府內債僅維持了兩年多的榮景。北洋政府財政部因此決定不再發行經常性的年度公債，並

在三、四年公債清償完畢後，解散內國公債局，將其業務併入財政部。

（2）五年公債八年票

五年公債，依據章程規定，第一年只付息，自民國六年（1917）九月起，除了付息外，每年三月、九月分六次抽籤還本，應於民國九年（1920）三月止完成清償。但，時至民國八年（1919）十月，已過了五期，全未還本，利息則大多未付。眼見九年三月清償本金最後期限逼近，北洋政府財政部只好宣布，將公債還本期限

10 財政部財政年鑑編纂處，《財政年鑑》，頁1243，民國二十四年九月。

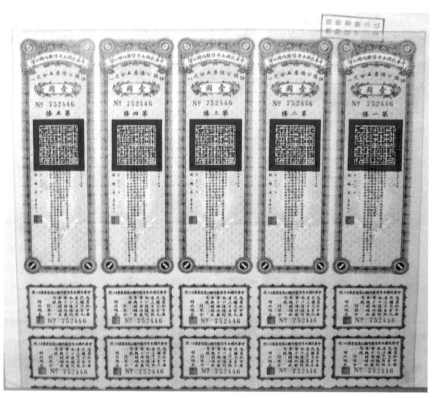

五年公債八年票，五元分則票。

展延兩年半，期限改為自九年三月起到十一年九月止，仍每半年還本一次，分六次償清，年息六釐照付。為此，印製了八年新票，與五年舊券進行調換。

（3）五年公債十一年票

民國十年（1921）三月十三日，《財政部整理內國公債詳細辦法呈大總統文》「……五年公債，原訂債額兩千萬元，除已抽一次，計一百二十四萬二千四百十元外，尚餘債額一千八百七十五萬七千五百九十元。」眼見換發八年票後，還本進度

依舊嚴重落後，到期勢必無法清償，只好又一次宣布換票展延。「原訂自民國六年起，分三年、六期抽完，現已誤期五年，擬重訂抽籤還本期限。即自民國十五年後，分三年、六期抽籤……。」因此，又印製了十一年新票，換回八年票。

未換發新券的舊券，逾期作廢。換成十一年新票，就必須接受展延至1926年起，分三年、六次抽籤還本的條件。五年公債，經過兩度展期、兩次換票，不少債票沒來得及調換，因而失效。

由於作為本息來源的菸酒公賣收入提

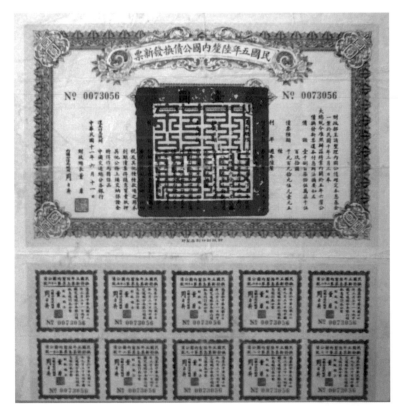

五年公債十一年票，
一元票。

98

撥不確實，1921年改以內債整理基金兩千四百萬元項下先行付息，待三、四年公債陸續償清後，才以其結餘基金，即常關稅與停付德俄庚款等繼續還本，至1928年9月終告償清。

五年公債發行後，六年內歷經多次展延、換票，反映出北洋政府財政的惡化及公債募集越來越艱難。因此，日後的公債大多難以公開發行、募集資金，大量債票直接用以抵債、借款擔保，折價出售，或作為支付工具。

6、七年短期公債

中國、交通兩銀行因北洋政府欠款而無法兌付，所發行之京鈔無法兌付，鈔價大落，為償還欠款、整理京鈔，北洋政府以緩付庚款為擔保，發行七年短期公債四千八百萬元，年息6%，五年期，全由中交兩行承銷。

因以庚款作為擔保，也就是來自總稅務司保管下的關稅，較有保障，加上期限又短，頗受市場歡迎，因此大致完銷，後來也全數獲得償還。

7、七年長期公債

由於北洋政府對中、交兩行墊借款項已達九千餘萬元，七年短期公債不足以償還，為了彌補差額，北洋政府再以常關收

入為擔保，發行七年長期公債四千五百萬元，年息同為6%，十年期。

因常關稅收擔保，信用不佳，償還期限又長，條件較七年短債遜色不少，因此出現滯銷，本息亦未按期償還，七年長債，隨後於1921年改以內債整理基金項下付息，本金來源則須候至五年公債償清後，以其結餘基金繼續還本。北洋政權垮台後，國民政府於1936年換償統一公債丁種債票。

8、八年七釐公債

八年七釐公債，債額五千六百萬元，期限長達二十年，前五年僅付息，以未經抵押的貨物稅作為擔保，受張勳政變及段祺瑞廢法等事件影響，募集困難，因此多以債票搭放各機關與議會經費，約僅發行三千四百萬元，其餘作為借款抵押[11]，市價與元年六釐公債連袂跌至票面兩折左右。1921年，進行整理，換發「整理公債七釐債票」與「八年公債整理債票」。[12]

9、九年整理金融公債

因七年長期公債募集結果不佳，公債

11　賈士毅，《國債與金融》，商務印書館，1930年，頁20–21。

12　〈財政部整理內債之呈文〉，《東方雜誌》，1921年，十八卷第八期。

99

銷售時又給予高額折扣[13]使得所得未能完全回收市面京鈔，北洋政府決定再以關餘為擔保，發行九年整理金融公債。

債額六千萬元，年息6%，五年期。其中三千六百萬元作為收買京鈔之用；其餘二千四百萬元作為北洋政府償債之用[14]。後來由於擔保不足，1921年改以內債整理基金項下償還本息，至1928年底還清。

10、九年賑災公債

民國九年（1920），直魯豫晉陝五省發生大旱災，兩千萬人受災，造成五十萬人死亡。北洋政府於同年10月5日在設立賑務處，附設於總務部，主管全國賑災事務；賑務處督辦，由內務總長張志潭兼任。

北洋政府因此發行了唯一一次有關災難救助的公債——「九年賑災公債」。除此之外，還採取了一連串措施，包括加徵捐稅、扣薪助賑、舉辦義賑獎券及賑災借款等，以籌集賑款。

10月11日起，交通部所屬機關經收之鐵路客票、電報、電話、郵政各費均酌收賑捐。12月1日起，財政部於各省貨物稅、常關稅項下，除正稅外，附徵一成賑捐，為期一年。北洋政府同時向各國要求，海關稅率由五釐增至五釐半，以附加稅作為賑款，每年約有六、七百萬元，獲得英、美、法、日、意、比等國支持[15]。

在扣薪助賑方面，財政、司法、內務等部各機關，連續三個月官俸兩成應搭國庫券，因此財政部在九年特別發行了專為搭放俸給之用的國庫券；司法、內務兩部又同時核扣現洋兩成，作為賑災用途。

內務部與財政部共同設立「辦理義賑獎券處」，發行義賑獎券正副兩種，通行全國，盈餘充作賑款。義賑正副券自10月25日同時發行。

這些措施之中，雖以增加稅捐效益最大，但徵收作業相當耗時，賑災之事卻刻不容緩。因此經內務總長張志潭與財務總長周自齊會商，12月決定以各省貨物稅、常關稅附徵的一成賑捐為擔保，發行賑災公債四百萬元，年息七釐，自第二年起分兩年四次還本。

---

13 七年短期公債銷售較佳，折扣仍高達78.05%，九年整理金融公債發行折扣更高，為64.42%。參閱：洪鋼，《財政史研究》第三輯，中央財經大學中國財政史研究所編，2012年。

14 賈士毅，《國債與金融》，商務印書館，1930年，頁20–21。

---

15 陳凌，《1920年華北五省旱災與賑務研究》，山東師範大學碩士學位論文，2006年。

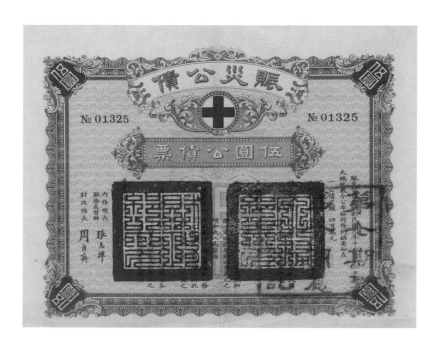

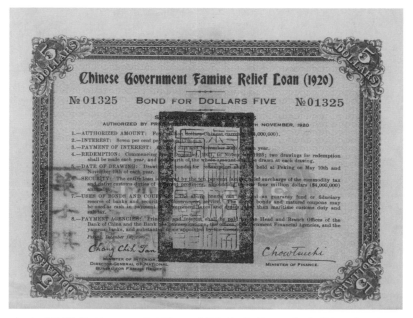

九年賑災公債，五元票。（圖片來源：上海陽明拍賣公司）

定期國庫券

一、此項庫券
之用

一、此項庫券概不記名倘有遺失或燬滅
等事不得請求註發補發

一、此項庫券額面定為一元五元十元
十元四種

一、此項庫券不給利息

一、此項庫券以民國九年一月至六月為
發行之期每月發行一次

一、每次所發庫券均旬發行之日起扣足

一、一年為償還之期

一、此項庫券還本委託中國交通兩銀行
經理之

一、此項庫券得隨意買賣抵押及作其他
公務上担保品之用

民國九年，財政部發行的國庫券，背後註明「專為搭放各級機關職員俸給之用」。

有鑑於公債募集仍需要相當時日，無法配合賑災急需，北洋政府又於1921年1月19日再以關稅附加稅為擔保，向英美法日四國借款四百萬元，年息八釐，期限一年。經商討後，四國同意均攤借款，但附加稅仍需匯交總稅務司保管，另，中國賑災官員的貪汙腐敗行為被西方報紙披露後，各國深恐借款未能用於賑災之上[16]，因此不顧北洋政府的反對，堅持將借款交由華洋義賑會，不交財政部。

賑災公債於1921年1月12日正式發行，由於天災方歇，直皖戰爭才剛告一段落，社會經濟仍在恢復中，貨物、常關兩稅加徵一成賑捐的擔保是否充分，外界仍存疑慮，反應並不熱烈，僅募集到兩百一十六萬元，後來僅支付部分本息，其他則果真未再償還。

11、十年農商部實業證券

民國九年間，北洋政府成立農商銀行，發展農商經濟。登記資本額一千萬元，分為十萬股，每股一百元，官商各半，分階段招募。

16　西方報紙對於中國賑災的評論，「中國政府為賑濟災民，業已籌得數種鉅款……亦有災黎未享得實惠者，徒富一般貪官汙吏而已……所收入各款糜費甚多，而對於真正災黎反無實施，殊可浩嘆。」（1921年3月23日大公報）

官股的部分，是由有獎實業債券局分期發行債券，第一期債額五百萬元，其中32%作為抽籤獎金，招徠民眾認購。債券有十、一百、五百元三種面額，未中籤者換發相同面額的實業證券，其餘債款則充作農商銀行資本。實業證券可享有年息3%，在農商銀行成立後，按年度決算結果，分配紅利。從整體辦法，不難看到前清富籤勸業公債的背影。

這種政策的延續性，類似於袁世凱當初發行的直隸公債；只不過，這兩種公債都受到梁啟超的譏評，「舉債而民莫應也，有農工商部式之公債，實則賭博也」、「袁世凱式之公債，則遞增息率以誘民，遣其負擔後，供一時之揮霍也」[17]。

與先前富籤公債不同的是，這次明確的將債款導向銀行的資本投資，因此除了有獎債券，還出現了實業證券，作為股權憑證，比起富籤，是一明顯的進步。

民國十年（1921），農商部有獎實業債券局發行的「第一期實業證券」十元券，由未中籤的實業債券所換發。

17　梁啓超，〈論直隸湖北安徽之地方公債〉與〈讀農工商部籌借勸業富籤公債摺書後〉，《飲冰室合集（三）文集》21：93–106與25（上）：26–34。

二、十年公債整理案（1912）

截至1920年底，除三、四年公債與七年短期公債外，北洋政府的歷次公債均無法確實還本付息，累計金額超過三億一千五百萬元[18]，造成公債價格不斷下跌。在銀行界的要求下，北洋政府出面整理，指撥常關、海關、菸酒稅等稅收[19]，每年共約兩千四百萬元，成立內債整理基金，由總稅務司保管。

整理的公債，包含「元年軍需公債」、「元年六釐公債」、「愛國公債」、「五年公債」、「七年長期公債」、「八年七釐公債」及「九年整理金融公債」。除七年長期公債及整理金融公債兩種，仍照原條例辦理外，其他則共用內債整理基金，各別新訂還本付息辦法，以減債、緩付等方式，減少政府債務，恢復履行公債義務。其中：

元年軍需公債，原發行七百三十七萬一千一百五十元，已抽還四百萬元，尚餘三百三十七萬一千一百五十元。原訂每次抽還五分之一，每次一百六十八萬五千五百七十五元，尚餘兩次，改自本年起分四年四次抽完。

愛國公債，原發行一百六十四萬六千六百一十九元。已抽還一百三十二萬元，尚餘還本銀三十二萬六千七百九十元。此項公債原以京鈔計算，改以七成現洋計算，即於本年內如數還清。

五年公債，原發行兩千萬元，已抽還一百二十四萬兩千四百一十元，尚餘一千八百七十五萬七千五百九十元。原訂自1917年起分三年六期抽完，擬重訂抽籤還本期限，改自1926年後，分三年六期抽籤。因三年公債將於1925年還清。即以三、四年公債所指撥之本息基金，轉充五年公債使用。

七年長期公債，因自1929年起抽籤還本，屆時五年公債已償清，可繼續沿用三、四年公債本息基金。因此，仍照原條例辦理，不予更動。

九年整理金融公債，仍照原條辦理。

各公債中，僅元年六釐公債與八年七釐公債兩種，因市價過低，折價換發整理債票。又因兩種公債有正式發行與抵押債

---

18 孫建國，〈論近代債信缺失與民國政府債信維護〉。

19 包含常關、海關關稅除已償付其他公債本息外之餘款，每年一千四百萬元，不足之數，由鹽餘補充之；以及菸酒稅項下，每年一千萬元，不足之數，由交通事業餘利，每月撥出五十萬補充之，每年共計兩千四百萬元。

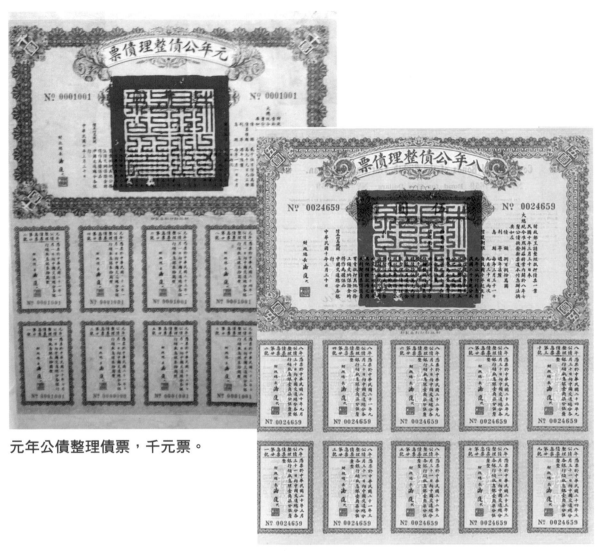

元年公債整理債票，千元票。

八年公債整理債券，五元票。

票兩種用途，故各別發行兩種整理債票。元年六釐公債，有整理公債六釐債票與元年公債整理債票兩種；八年七釐公債，則有整理公債七釐債票與八年公債整理債票兩種。

1、整理公債六釐債票

債額五千四百三十九萬兩千兩百二十八元，年息6%，十年期，用以收回流通在外的「元年六釐公債」一億一千三百五十一萬八千零五百七十元，由內債整

理基金償付。

1932年2月再經國民政府整理，延展償付期限付，變更基金來源。年息仍為6%，償還期限延至1947年，改以關稅月撥八百六十萬元成立之內債基金償付本息。

至二十五年（1936）一月止，尚欠本金三千一百九十八萬兩千六百三十七元，換償統公債一戊種債票。

2、元年公債整理債票

債額兩千五百六十萬元，年息6%，償期十五年，以四折收回抵押於各銀行及借撥各機關的「元年六釐公債」，即每一百元的元年公債兌換四十元整理債票。先以菸酒收入每月一百五十五萬元付息，本金則待「整理六釐公債」還清，騰出內債整理基金，再行償付。

共發出債票一千兩百一十五萬元，本息均未按辦法償付，國民政府成立後，也未予整理。

3、整理公債七釐債票

債額一千三百六十萬元，年息7%，十年期，用以收回流通在外的「八年七釐公債」，本息由內債整理案基金償付。

1932年2月再經國民政府整理，減息

緩付，變更基金。年息改為6%，償還期限延至1947年，改以關稅月撥八百六十萬元成立之內債基金償付本息。

至1936年1月止，尚欠本金五百五十二萬一千六百元，換償統一公債戊種債票。

4、八年公債整理債票

債額八百八十萬元，年息7%，十五年期，以四折收回抵押於各銀行及借撥各機關的「八年七釐公債」。先以菸酒收入每月六十五萬元付息，本金則待十年後「整理七釐公債」還清，騰出內債整理基金，再行償付。

此債票共發出一百二十一萬元，本息均未按辦法償付，國民政府成立後，也未予整理。

三、北洋後期（1922－1928）

1、十一年償還內外短債八釐債券

民國十一年（1922），歷來以國內外各種用鹽餘為擔保的短期借款，總額高達九千六百萬，每月應付本息七百多萬元，已超過可支配的鹽餘數額，債權銀行揚言拒絕承作以鹽餘作為擔保的借款，北洋政府不得已出面整理借款，2月11日，發行「償還內外短債八釐債券」，債額九千六百萬元，因此又稱為「九六公債」，以償還所有使用鹽餘作為擔保的內外短期債款。

公債年息八釐，每半年付息一次，1923年起分六年半清償，每年抽籤還

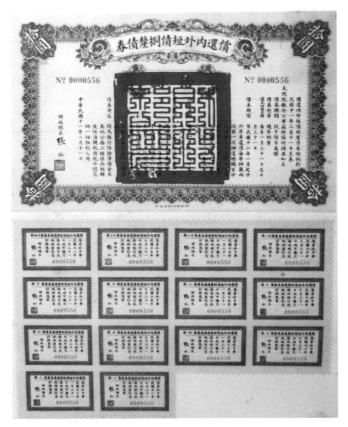

九六公債，十元票。

本兩次，第一次中籤率4％，第二至第五次7％，第六至第九次8％，第十至第十三次9％，至1929年全部還本。債票有十、一百、一千元三種面額，由於涉及外債，券面中英文對照，由財政總長張弧代表簽字用印。

公債發行時，原以鹽餘撥充償還基金，但因鹽餘多被各省截留，似有實無。1923年秋，財政部長張弧決定將值百抽五的關餘，加入基金來源，但相對於既有的公債，不具優先權，如有餘額，才作為九六公債基金之用。

各借款折價後換發公債，折價比例因債權人而異。中國與交通兩家國家銀行，條件最優，借款九折計價；外債與其他銀行，以八四折計價抵付，其中的外債，債權人主要是日本企業，有日本興業銀行、中日實業株式會社、中華匯業銀行、合名會社大倉組、東亞興業株式會社、朝鮮銀行、興亞公司等；其他內債，條件最差，按六三折配發債票。實行後，引起國內反對。

1922年3月1日為止，應付日本債權銀行鹽餘借款，折合三千兩百七十四四千一百七十二點五八元，按八四折以債票抵付。票面加蓋「日金」戳記。自1922年3月份起，由正金銀行從每月發還的鹽餘項下扣款，作為本息清償基金。

1923年，公債的市價始終在三折以下，卻以八四折作價，一般債權人的實質損失過半。

另外，以鹽餘撥充償還基金，僅日債真正實施，內債部分，未曾落實，造成差別待遇。

九六公債，因各省鹽餘多被截留，財政困窘，於1926年後本息悉數停付。日債部分，果因有償債基金的加持，獲付較多次本息；共付過九次利息、三次本金；內債部分，則僅有一次付息紀錄，本金則從未償還。國民政府成立後，並未承受此一公債。

北洋政府長期依靠借債維持運作，到了十年後，可供擔保的稅收逐漸耗盡，限制了公債的發行。可供作擔保的稅收，是在總稅務司與外國銀行團監管下的關、鹽兩稅，扣除債、賠各款後的餘額，只能由有限的公債循環接替使用。後來的幾種公債、庫券多屬此時期中有確實擔保者，且無不以俄國退還庚款、停付德奧庚款及以關稅撥付的民國十年內債整理基金兩千四百萬元的餘額，循環使用作為基金，由於是在總稅務司保管下，多由其代向銀行以債券抵押借款，並且不對外公開募集。

2、十一年財政部特種庫券

1922年2月，財政部發行特種庫券，每張面額萬元，債額一千四百萬元，月息

15%，十九個月期。以銀行團撥回鹽餘做為擔保，利息於發券時預先扣付。

3、十一年八釐短期公債

十一年（1922），秋節將至，政費無著，指定緩付俄國庚款為基金，撥交總稅務司保管，發行十一年八釐短期公債，債額一千萬元，年息8%，五年期。全數於1927年底償清。

4、十二年八釐特種庫券

十二年（1923）駐外使領經費積欠甚鉅，以停付俄國庚款撥付十一年八釐短債之結餘款為本息基金，交由總稅務司保管，發行十二年八釐特種庫券，又稱為「使領庫券」。債額五百萬元，年息8%，九年期，持向銀行抵押借款。全數於1930年5月還清。

5、十二年秋節支付券

北洋政府發行「九六公債」前夕，為了減少反對阻力，財政部出面與鹽餘借款有關的國內債權團商討，隨後雙方簽訂合同，約定「財部允於此次債券未還清以前，遵照大總統批令，不再以鹽餘抵借款項，本團行號亦不得承受政府以鹽餘作抵之借款……」、「財部如向外銀團商允發

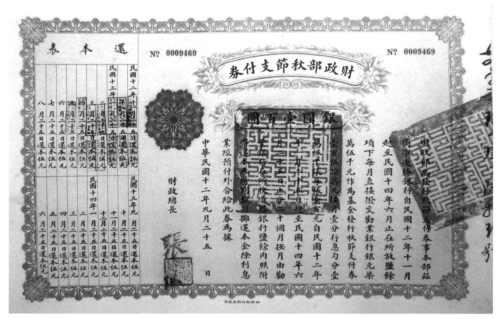

十二年秋節支付券，百元券。

行鹽餘公債時，此項債券應先與本團商訂贖回此項債券辦法」[20]，這是為了避免財政部使用已不足償債的鹽餘，再向外抵押借款；另外，倘若財政部決定為外國債權團發行任何以鹽餘做為擔保的公債，必須先償還國內債權團的九六公債。

不過，已經山窮水盡的北洋政府，不只無法按照九六公債的辦法撥交鹽餘償債，連中央機關的軍政費用也都籌不出，只好臨時發行庫券應急。民國十二年（1923）九月二十五日，秋節將至，北洋政府的薪餉、辦公費用再度告急，「秋節支付券」因此應運而生。

十二年秋節支付券，是北洋時期所發行的各式特種庫券之一，其他則有崇文門津浦貨捐特種庫券、特種菸酒庫券、上海造幣廠特種庫券、特種鹽餘庫券、第二次發特種鹽餘庫券、有利兌換券、有利流通券、特別流通券等[21]。

秋節支付券，發行額一百五十萬元，月息一分，分為一百元券共一萬五千張，每券連續二十個月，每月支付五元，共一百元，月息先發放。財政部，自十二年十一月起至十四年六月止，共二十個月，每月從鹽餘項下撥出七萬五千元作為基金，並由俄國道勝銀行保管。

支付券本身的設計也頗為特殊，這是財政部為了避免違反有關不發行鹽餘公債之承諾所做的安排。

根據先前財政部與國內債權團的約定，前債未清之前，財政部無法再以鹽餘借款，或發行公債、庫券。此一支付券，雖以鹽餘作為基金，卻是直接支付特定受款人，並未公開發行，因此並不算是公債或庫券。發行支付券，是政府動用稅款的行為，屬於政府權力，並不涉及借款，國內債權團也只能忍氣吞聲了。

支付券，最後只支付了六期半，四十八萬七千五百元，其餘十三期半，共一百零一萬兩千五百元未再支付[22]。

6、十三年八釐特種庫券

1924年，教育部為撥充國立八校經費，以停付俄國庚款餘款為基金，由總稅務司保管，發行十三年八釐特種庫券，又稱為「教育庫券」，債額一百萬元，償期八年半，持向銀行抵押借款，至1930年11月償清。

20　〈發行償還內外短債八釐債券財政部與鹽餘借款聯合團暨鹽餘有關各銀行號簽訂合同〉，見千家駒，《舊中國公債史資料》，頁79–80。

21　參閱《財政部經管無確實擔保內債說明書》，頁6。

22　《國內外債券彙編》，北京證券交易所，民國十四年。頁63–64。

7、十三年德國庚款餘額擔保庫券

1924年，為籌措近畿治安經費，以德國庚款扣除四年特種公債、五年公債利息之餘款為基金，交由總稅務司保管，並發行十三年德國庚款餘額擔保庫券，債款四百二十萬元，年息8%，三年期，持向銀行借款。1927年9月全數償清。

8、十四年八釐公債

1925年，為籌付中央緊急政費及使領經費，發行債額一千五百萬元，九年半期。以德國庚款餘額為基金，因基金有不敷償還之虞，財政部又另籌三百萬元備付前五期利息，這是北洋政府所發行有確實擔保的最後一筆國內公債，償債基金由總稅務司保管。全數於1935年年底還清。

9、十四年交通部借換券

北洋交通部主管路政、電信與郵政，分別在國內大量借款，其中有未發行公債的借墊款，也有發行公債或庫券的形式，

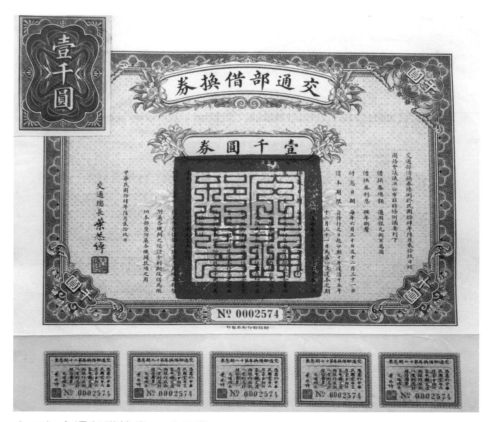

十四年交通部借換券，千元券。

但交通部轄下尚有無法歸屬以上三大部門認列的債務。這些債務多為國內銀行的短期債務，債期長短不一，利率有別，交通總長葉恭綽上任後，出面進行整理。

1925年6月29日，交通部借換券發行。此一借換券，主要是作為整理債務之用。交通部已先行出面與中國、交通、懋業、金城及匯業五大債權銀行商討，達成協議，整合不同借款的還款條件，全部改以借換券，化繁為簡，以債換債。

借換券，總額八百萬元，以其中六百萬元抵償借款，其餘兩百萬元由中國、交通、金城、懋業、匯業五家銀行承銷[23]。年息八釐，由於主要用於償還五大銀行借款，面額較大，僅分千元與百元兩種，分十年抽籤還款，以路、電、郵三項盈餘作為償債基金。

僅付息三次，本金全未償還，也未在國民政府整理之列。

10、十五年春節特種庫券

1926年，年關將近，政費無著，遂發行十五年春節特種庫券。債額八百萬元，年息8％，八二折發行，以1921年整理

---

23 《國內外債券彙編》，北京證券交易所，民國十四年。頁63–64。

內債基金兩千四百萬元之餘款為本息基金，前兩年僅付息，自1928年起，分四年全數還清。

1932年2月經國民政府整理，年息改為六釐，本息均改由關稅月撥八百六十萬元之內債基金劃撥，償還期限重訂為1948年1月還清。

至1936年1月止，仍欠本金八百萬元，換償統一公債戊種債票。

11、十五年臨時治安借款債券

北京銀行公會依據1926年5月11日與財政部簽訂「臨時治安借款合同」之規定而發行。

債額兩百萬元，年息8％，十年期，前九年僅付息。以十四年公債清償後之德國庚款餘額償付本息，按券面六折償還北京銀行公會債權團借款一百二十萬元，作為償還北京銀行公會所墊借臨時治安經費之用。

1932年2月經國民政府整理，年息改為6％，改以關稅月撥八百六十萬元之內債基金撥付，償還期限重訂為1939年1月還清。

1936年2月，改以統一公債甲種債票換償。

12、十五年奧國賠款擔保二四庫券

1926年，為籌措年關政費所發行。債額兩百四十萬元，年息8%，八二實收，十年半期，以停付奧國庚款為本息基金。

1932年2月經國民政府整理，年息改為六釐，本息改以關稅月撥八百六十萬元之內債整理基金撥付，償還期限重訂為1939年12月還清。

至1936年1月止，尚欠一百四十六萬四千元，全數換償統一公債乙種債票。

13、十五年秋節特種庫券

1926年，秋節將屆，為籌措軍政各費所發行。債額三百萬元，年息8%，八八實收，五年期，以關餘擔保。

發行後，本息並未償付，國民政府亦未進行整理。

特種與普通庫券列表

	庫券名稱	發行日期	發行金額	未償還
特種	崇文門津浦貨捐特種庫券	1921.1	6,000,000	3,750,000
	上海造幣廠特種庫券	1921.3	2,500,000	120,00
	有利兌換券	1922.10	2,000,000	1,861,157
	有利流通券	1923.2	2,000,000	2,000,000
	特種菸酒庫券	1921.2	900,000	
	特別流通券	1923.6	3,000,000	3,000,000
	秋節支付券	1923.9	1,500,000	1.050,000
	第一次特種鹽餘庫券	1920.6	3,500,000	0
	第二次特種鹽餘庫券	1920.9	3,500,000	0
	第三次特種鹽餘庫券	1920.12	4,800,000	0
	第四次特種鹽餘庫券	1921.1	3,500,000	0
	第六次特種鹽餘庫券	1922.8	600,000	0
	第七次特種鹽餘庫券	1923.5	600,000	600,000
	第八次特種鹽餘庫券	1923.6	7,000,000	7,000,000

前阿爾泰銷款庫券	1916.5	379,740	231,260
公府工程尾款庫券	1916.11	71,827	5,000
稽勳局馮自由庫券	1916.11	8,086,940	7,000
開灤局煤價庫券	1917.9	180,000	180,000
開灤局煤價庫券	1918.1	100,000	50,000
大沽造船所船價庫券	1918.3	700,291	580,291
福州造船所船價庫券	1918.3	522,480	522,480
江南造船所船價庫券	1918.3	413,280	343,280
印刷局印價庫券	1919.7	50,298	50,298
德縣兵工廠經費庫券	1919.7	200,000	150,000
軍餉搭放定期有利庫券	1919.9；1920.7-9—11-12；1921.2,8	7,517,833	5,935,115
湖北修堤經費庫券	1919.12	100,000	100,000
官俸搭發定期庫券	1920.9-12;1921.3-8	2,242,428	2,133,278
同濟學校庫券	1920.1	200,000	200,000
上海兵工廠庫券	1920.2	40,000	40,000
海軍經費庫券	1920.6	200,000	200,000
山東籌修黃河岸堤經費庫券	1920.9	200,000	200,000
印刷局印價庫券	1920.9	127,000	127,000
官俸扣充賑捐庫券	1920.10-12	380,868	340,868
蒙古王公年俸庫券	1920.12	186,736	186,736
漢陽兵工廠庫券	1921.1	500,000	500,000
南京造幣廠庫券	1921.1	300,000	300,000
漢陽兵工廠庫券	1921.3	100,000	100,000
漢陽兵工廠庫券	1921.4	200,000	200,000
中央醫院補助經費券	1921.6	600,000	600,000
鄂省收復施鶴七屬經費庫券	1921.6	1,000,000	1,000,000
海濱公益會庫券	1921.7	122,400	122,400
接收青島市政府用款庫券	1924.9	81,018	81,018
農商銀行官股庫券	1921.7	200,000	200,000
海軍經常專案各費庫券	1922.7	1,000,000	1,000,000
交通部庫券	1922.10	600,000	600,000
發各機關換回大中銀行存單庫券	1923.6	940,000	940,000
北京電車庫券	1923.10	43,750	43,750
塔爾巴哈台餉銀庫券	1916.12	384,677	171,677
前漢口兵站載運局經費庫券	1917.1;1918.8;1919.9	120,000	59,000
前第一軍第九師銷款庫券	1918.6	226,000	100,000
奉軍欠餉庫券	1918.11	2,671,627	571,627
川軍餉項庫券	1919.8	350,000	350,000

黑龍江墊支國防經費庫券	1920.1	200,000	150,000
熱河軍費庫券	1920.2	300,000	300,000
福建臨時軍費庫券	1920.2	60,000	60,000
甘肅防剿經費庫券	1920.5	200,000	200,000
陝西墊支川軍軍費庫券	1920.6	250,000	20,000
清內務府優待經費庫券	1920.6	7,968,870	4,598,870
福建陸軍第十四混成旅軍餉庫券	1920.9	150,000	150,000
陸軍第十一師庫券	1920.11	50,000	50,000
江西軍費庫券	1920.12	200,000	200,000
熱河毅軍軍費庫券	1921.1	70,000	70,000
陸軍第二十師庫券	1921.1	10,000	10,000
陸軍第八師軍費庫券	1921.3	80,000	80,000
陸軍第八混成旅軍餉庫券	1921.3	200,000	200,000
陸軍第五混成旅軍餉庫券	1921.4	10,000	10,000
察區各軍及中央第四旅欠餉庫券	1923.5	400,000	400,000
奉軍服裝等費庫券	1918.11	1,090,361	500,000
鄂省軍費庫券	1919.12;1920.12	500,000	500,000
四省經略使署經費庫券	1919.8	2,290,000	1,410,000
湖南督軍軍費庫券	1920.2	400,000	400,000
四省經略使後方服裝費庫券	1920.6	30,000	20,000
張都統援軍汽車經費	1920.12	68,000	68,000
福建軍費庫券	1921.6	1,000,000	1,000,000
湖北軍費庫券	1921.1	2,000,000	2,000,000
廣西省庫券	1921.1	5,000,000	920,000
西南善後款項庫券	1921.4,6	2,000,000	1,900,000
江西軍費庫券	1921.6	1,000,000	1,000,000
龍華廠國庫券	1913.2	1,360,000	1,360,000
搭放俸給國庫券	1913.8-10	870,000	0
遼東通訊社庫券	1914.2	80,000	80,000
陸章建造官房欠付工料價庫券	1914.2	20,000	20,000
新華儲蓄票	1914.10	10,000,000	0
南京臨時政府借廣肇幫款庫券	1915.7	444,444	0
交通銀行庫券	1916	680,088	0
平市官錢局欠商務印書館錢票印價庫券	1916	89,010	0
海軍部欠開灤局煤價庫券	1916	175,000	175,000
商務印書館實業債券印價債券	1916	13,750	00
西北邊防籌餉處餉銀庫券	1918.11	1,200,000	

資料來源：潘國旗，「北洋政府發行國庫證券、有獎公債和儲蓄票簡表」，《近代中國國內公債研究》，頁 226-230。

四、北洋時期特種與普通庫券

　　由於借款擔保難覓，北洋政府為求突破，改以發行各種「無確實擔保庫券」代替。根據國民政府承受北洋政府債務時，所給予的定義與分類，所謂「無確實擔保庫券」，就是指僅以政府信用或關稅以外的稅收作為擔保的庫券，因其擔保，具有不確定性，也欠缺執行力之故。

　　這些無確實擔保的庫券，發行期間，約介於1914年至1923年間，有普通與特種之分，普通庫券僅作為政府的支付工具，並不對外募集資金，占各庫券的絕大多數，如下列「十年（1921）鄂省收復施鶴七屬經費庫券」即是；特種庫券，又分為兩大類別，一為有利兌換券、有利流通券、特別流通券等與鈔票性質近似者，如下列「八年至十一年（1919–1922）有利國庫券」，即是；另一是崇文門津浦貨捐特種庫券、特種菸酒庫券、上海造幣廠特種庫券、特種鹽餘庫券及秋節支付券等與

九年定期有利國庫券，五元、一元、中元券。

公債性質雷同者，如前面已提及的「十二年（1923）秋節支付券」，即是[24]。儘管無擔保庫券種類繁多，但大多僅於特定場合使用，並不對外公開發行，因此影響層面較一般公債為小。除了部分作鈔票使用的流通券、兌換券留存較多，均甚少流傳下來。

1、八年至十一年有利國庫券

1919年至1922年之間，北洋政府發行

了有一種年息六釐、每期六個月的「有利國庫券」。雖有庫券之名，實質上卻較接近鈔票；因以百姓為對象，為了方便流通轉讓，發行五元、一元、半元的小面額，總額兩百萬元，實際上，是當成鈔票使用。到了1922年10月，這些國庫券先後到期，仍約有一百八十六萬元未獲兌現[25]。

2、十二年有利流通券

發行償還內外短債八釐債券（九六

---

24 「財政部經管無確實擔保內債各表計算總說明」，轉引自千家駒，前揭書，頁103。

25 潘國旗，《近代中國國內公債研究（1840-1926）》。

十二年有利流通券，五元券，黏貼在息票聯上。

息票聯背面，發息說明。

公債）之前，1922年1月13日，北洋政府與中國、交通、鹽業、金城等三十一家本國銀行、銀號在京舉行會議，因政府借款遠超過鹽餘額數倍，決議各銀行、銀號，停止接受政府以鹽餘作為擔保借款，政府並承諾倘若同意為外國銀行團發行鹽餘公債，則應優先與本國銀行團商訂贖回九六公債辦法。自此之後，由於無法再取得鹽餘借款，北洋政府於是先後發行有利兌換券、有利流通券、秋節支付券及特別流通券，總額共約一千一百五十萬元，交由平市官錢局備兌，並由鹽務署會同步軍統領衙門、京師員警廳、京師總商會共組董事會，監督兌本付息及保管基金等事宜。各券雖均宣稱以鹽餘為抵，但鹽餘早已抵押殆盡，相關債權多已失去優先性，被列為無擔保庫券。

這些流通券、兌換券，一方面具有鈔票性質，投入市場參與；另則亦屬短期債券，但由於各券大多無法償付本息，引起市面緊張。財政部只好進行整理，規定持券人如要兌本領息，須向平市官錢局申請息票聯，上面記載有發息辦法。即使如此，絕大多數仍因無本息來源，最後未能償付。

3、十年鄂省收復施鶴七屬經費庫券

北洋政府財政部於民國十年（1921）六月三十日發行過一種國庫券，註明用途為「發給鄂省收復施鶴七屬善後賑撫款項」，總額一百萬元，這是一種典型的無確實擔保庫券，目前所見，僅一萬銀元面額一種。施鶴七屬，地處鄂西，清代設有

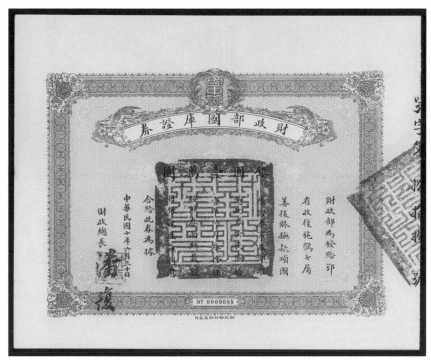

鄂省收復施鶴七屬經費庫券，萬元券。

施南府，治恩施，下有鶴峰、宣恩、咸豐、來鳳、利川和建始六縣，民國後廢府為縣。此庫券的發行背景未見紀錄，但從發行時間可以推測，應與「驅王自治」所爆發的湘鄂、川鄂戰役有關。

根據1922年7月28日《孔庚關於北軍旅長趙榮華襲擊施南鄂軍藍文蔚請飭歸原防致黎元洪電》的記載[26]，1921年間，直系吳佩孚以趙榮華部為前沿，與援鄂川軍展開施鶴七屬的爭奪戰，後來取得勝利。趙部克復七屬，具有鞏固施南戰場、防堵川軍入鄂與湘軍合流、保衛武漢等戰略意義，這應是北洋政府緊急發行此一庫券，發給經費的原因，這也是北洋後期發行庫券的類型之一。

26　1922年7月28日《孔庚關於北軍旅長趙榮華襲擊施南鄂軍藍文蔚請飭歸原防致黎元洪電》記載，「……去歲吾鄂驅王自治，藍司令先鋒銳進，返旆施南，驅逐北軍，綏定七屬。川軍援鄂，復隨攻宜昌。迨棄戰言和，互結盟約，藍部退駐施南，與北軍劃疆而守，兩不侵略……」，轉引自蔡小軍，〈中國最大面額的軍用庫券—『鄂省收復施鶴七屬經費庫券』之初探〉。

省公債列表

江蘇

	名稱	條件	募集結果	償還情形
1912	江蘇公債	100 萬元，7%，五年期	約 21 萬元	未償清
1921	增比公債	200 萬元，12%，五年期	185 萬元	1927年1月尚欠約 40 萬元未償還
1922	江蘇省國家分金庫災歉善後公債	700 萬元，10%，國稅下之貨物稅擔保，五年期	不詳	第一年還本付息後，因戰亂停付
1924	江蘇省兌換券	100 萬元，搭放軍政各費	94 萬餘元	未償清

浙江

	名稱	條件	募集結果	償還情形
1912	浙軍政府愛國公債	500 萬元，7%	約 50 萬元	已償還
1920	財政廳第一次定期借款	150 萬元，12%	不詳	不詳
1922	財政廳第二次定期借款	200 萬元，12%	不詳	不詳
1923	財政廳第三次定期借款	150 萬元，12%	不詳	不詳
1924	財政廳第四次定期借款	200 萬元，12%	不詳	不詳
1924	浙江省善後公債	300 萬元，10%	不詳	不詳
1926	浙江省整理舊欠公債	360 萬元，10%	不詳	不詳

安徽

	名稱	條件	募集結果	償還情形
1913	安徽米商公債	漕平銀 30 萬兩，5%，三年期	全數（1917 年）	尚欠 277,037 兩，折合銀元 374,374 元
1914	安徽地方短期公債	40 萬元，2%-5%，四年期	元票 359,295 元，元票 499,000 元	償清。以回收編驗中華銀行紙幣號碼抽籤還本，不另發債票
1919	安徽省八釐短期公債	100 萬元，8%，四年期	僅於軍費及行政經費兩項內搭放 510,185 元，未對外募集。	截至 1930 年 5 月，尚欠 185,000 餘元
1921	安徽賑災短期公債	60 萬元，12%，三年期	100,790 元	截至 1930 年 5 月尚欠 22,000 元
1921-1925	金庫證券	1921：30 萬元，15%，四月期 1922：65 萬元，6%，四月期 1923：60 萬元，6%，四月期 1924：30 萬元 1925：60 萬元	1921：89,960 元 1922：不詳 1923：446,521 元 1924：全數 1925：全數	截至 1930 年 5 月為止 1921 年：不詳 1922 年：尚欠 8,710 元 1923 年：尚欠 2,095 元 1924 年：尚欠 100,200 元 1925 年：尚欠 3,960 元
1926	安徽省鹽餘庫券	40 萬元，12%	全數	尚欠 318,384 元
1926	安徽米商公債	30 萬兩，8%，五年期	242,714 兩	截至 1932 年償還 10,581 兩

江西

	名稱	條件	募集結果	償還情形
1912	民國元年江西地方公債	不詳，十二年期	23 萬元	1914 年曾償還部分，其餘以民國十四年江西地方公債換償
1915	幣制公債	400 萬元，7%，七年期	360 萬元	1937 年 6 月還清
1916	短期公債	1916 年 6 月發行，285,913 元，5%，1916 年 9 月再發行，195,000 千元，4%，1917 年，又發行兩次，共 46 萬餘元，2.5%，以後 1918-1922 年每年均發行兩次，債額增至 100 萬元，年息增至 5%	不詳	均已還清
1918	金庫證券	每月發行 20 萬元，共四個月，80 萬元，8%	搭發機關欠薪	尚欠 60 餘萬元，以民國十年公債換償
1921	民國十年江西地方公債	800 萬元，12%。六年期	不詳	以整理金融庫券換回
1925	江西有利流通券	160 萬元，8%，2 月起分三個月發行，年底到期	不詳	以十四年地方公債換償
1925	民國十四年江西地方公債	800 萬元，10%，六年期	為整理元年地方公債、十年短期公債、軍用手票、有利流通券等	以整理金融庫券換償

湖南

	名稱	條件	募集結果	償還情形
1912	民國元年籌餉公債	500 萬元，4%，1918 年起算十年期	380 萬餘元	未償還
1917	地方有獎債券	500 萬元，7%，1921 年起算十年期	30 萬餘元	不詳
1919	湖南定期有利金庫券	300 萬元，6%，一年期	152 萬多元	不詳
1922	湖南省陸地價債券	80 萬元，6%，三年期	20 萬元	不詳

湖北

	名稱	條件	募集結果	償還情形
1921	民國十年湖北地方公債	200 萬元，10%，1914 年起算三年期	不詳	不詳

廣東

	名稱	條件	募集結果	償還情形
1912	民國元年廣東地方勸業有獎公債	1000 萬，8%（半數作為獎金），十年期	432 萬多元	尚欠約 410 萬元
1919	民國八年廣東省維持紙幣八釐短期公債	150 萬元，8%	48 萬多元	尚欠 42 萬多元
1921	民國十年廣東地方善後內國公債	500 萬元，8%，1924 年起兩年半還清	238 萬多元	未還清
1923	廣東省金庫券	600 萬元，無擔保	未售出	
1925	廣東省政府短期軍庫券	不超過當月金庫收入總額之半。6%，一月期。由中央銀行還本。	不詳	不詳

福建

	名稱	條件	募集結果	償還情形
1912	南洋軍務公債	不詳。本金1元，到期付息1元，四年期	30萬多元	不詳
1918	軍需公債	100萬元，6%，五年期	10萬9917元	不詳
1919	民國八年內國公債	1,218,100元，7%，二十年期	89萬7千元	不詳
1920	金庫有利證券	100萬元，12%，十五月期	87萬9千元	未償還
1925	軍用短期證券	80萬元，10%，三年期	不詳	未償還

河南

	名稱	條件	募集結果	償還情形
1923	河南省公債	120萬元，6%，十年期	不詳	不詳
1925	河南省整理金融公債	不詳	不詳	不詳
1927	河南省地方公債	不詳	不詳	不詳

河北

	名稱	條件	募集結果	償還情形
1917	直隸三次公債	120萬元，7-12%，六年期	不詳	未償還
1920	直隸賑災公債	120萬元，12%，十年期	116萬4千元	未償還
1921	直隸四次公債	300萬元，10-17.5%，六年期	不詳	未償還
1923	直隸興利公債	100萬元，12%，十年期	不詳	未償還
1925	直隸五次公債	300萬元，10-17.5%，六年期	153萬元	未償還
1926	直隸六次公債	600萬元，8%，1930年起算，五年期	不詳	未償還
1926	直隸興利二期公債	110萬元，10%，十年期	不詳	未償還
1926	直隸善後短期公債	400萬元、8%，三年期	不詳	未償還
1926	直隸善後長期公債	600萬元、8%，六年期	不詳	未償還

山西

	名稱	條件	募集結果	償還情形
1927	山西省六厘善後公債	不詳，年息6%，十二年期	不詳	不詳

陝西

	名稱	條件	募集結果	償還情形
1917	中華民國六年陝西地方公債	200萬兩，6%	不詳	不詳

甘肅

	名稱	條件	募集結果	償還情形
1919	甘肅省七釐短期公債	70萬兩，7%，第二年起算五年期	6萬7千兩	以民國十六年整理金融有獎公債收回，以及公債抵交，共收回約59萬兩
1920	甘肅省金庫有息證券	40萬兩，6%，十年期	39萬6千多兩	收回33.7萬兩
1927	甘肅省整理金融有獎公債	300萬元，7%，每年抽籤以息給獎，第四至第六年分三年還本	不詳	未償還

五、省公債

民國建立後，中央與地方一直未能成功統合，尤其在五年（1916）以後，政局紛擾多變，各省財政不受中央監督，地方公債均自由募集。各省所募集公債，種類繁多，有為軍需、周轉、償債、災歉等各種原因而發行，利率、期限、擔保等條件不盡相同。由於經濟條件普遍落後，公債難以推銷，必須依靠派募，但多數仍無法募得預定債額，因此常以債票強迫境內金融機構認借。

由於各省公債募集相關資料繁雜，且多已零散不全，難以做到全面性與完整性的歸納研究。此外，公債債票實物有許多已無法覓得，僅能針對這些有限的資料，近距離觀察研究。

1、元年湖南籌餉公債

1912年3月，袁世凱在北京接任臨時大總統後，南京留守黃興為解決財政問

元年湖南籌餉公債，千元券。

題，於4月29日通電提議勸募國民捐。事實上，在南北議和之前，黃興擔任南京臨時政府的陸軍總長時，為了籌措軍費，就已極力鼓吹各省募集國民捐。這次為了擴大勸募，特別成立「國民捐總會」，公舉孫中山為總理、黃興為協理、沈幼蘭為幹事長，獲得不少國民黨人的支持。

湖南軍政府，也是國民捐的擁護者，都督譚延闓以實際行動響應黃興的主張，在省內募集國民捐，由於不敷所需，1912年下半，又發行「湖南籌餉公債」，總額五百萬元，年息四釐。債票分成五、十、五十、一百、五百與一千元六種面額。預計自1918年起，分十年償還本金，發行章程註明是為補給本省籌餉局募收之國民捐所發行。這段文字所牽動的正是當時中國的公債與國民捐的籌款路線之爭。

國民捐總會成立時，黃興也曾致電北京袁總統與參議院，希望獲得中央的提倡與支持，但袁氏正忙於舉措外債，對於國民捐之事，並無太大興趣，甚至還潑了一盆冷水[27]。1912年6月30日，袁世凱以臨時大總統的名義，下達嚴禁強迫勒捐的一紙命令：

---

27 李雲漢，〈黃克強先生年譜〉，頁279。

譚延闓。

元年湖南籌餉公債，五元券。

「民國建設經緯萬端，而財政困難達於極點，於是，仁人志士思欲合全國之力共相維持，遂發起國民捐之議。忠義激發可敬可嘉，凡具愛國熱心者，忍痛割愛以謀公益，乃發軔未久，流弊頗滋，間有好事之流，動託美名，陰行逼勒，實為倡議諸人所不及料。本大總統既受國民委託，愧未能培養元氣，若復聽閭閻驚擾，而不為之所問，心何以自安？查臨時約法定有保護人民財產之條，若非自願樂捐，斷無侵犯自由之理，當此凋敝之餘，乃以餉項支絀貽累民間撫衷循省，怒焉如搗，為此申告全國人民，如有強迫勒捐情事，應由各地方長官指交司法衙門，各按本律辦理，其即一律曉諭俾眾。咸知。」

對於國民捐，民初政界有支持，也有反對。於此就有必要先行了解，什麼是國民捐？

國民捐，最早出現在光緒三十一年（1905），由北京報紙《京話日報》的創辦人彭翼仲所發起，是一種帶著愛國主義色彩的自救行動。彭氏憂心於庚子事變後的賠款四・五億兩，分三十九年償還，年息4%，本息相權，利上加利，金額將以數倍計，財政沉痾，預料又將向百姓收捐解決，過程中還有官吏的侵吞中飽，屆時必是一場浩劫。與其等到無力負擔，抗捐造反，還不如人民當下攜手捐輸，協助國家清償外債，才能避免這種後果，因此號召民眾主動捐輸。不過，到了1908年4月，僅募得四十一萬三千餘兩，相對於賠款，僅杯水車薪。

國民捐運動，曾在當時引發廣泛討論，也有各種不同的詮釋。例如黃興即倡議「發行不兌換券，以救目前之急，並實行國民捐，以為後盾」、「實施國民捐所收之款，即可作為不兌換券預備金」，不過，黃興的國民捐，卻帶有強制性，財產超過五百元或薪水超過十元，都應捐出十分之一[28]；黎元洪則早在1910年即主張以國民捐來解決外債[29]；1914年，在日本統治下的台灣，年僅二十三歲的蔣渭水也曾在醫學校發起國民捐，支持中國革命[30]。

不過，也有人呼籲理性面對現實，對於國民捐不要抱太大期望。梁啟超就直言，國民捐，不能強迫，否則與課稅無異。國民捐，必須訴諸愛國心；當民窮財盡時，愛國心也會有限度，能募集到的金額必然不多，不應為了小錢而擾民[31]。

28　《黃興集》，頁200。

29　《民國經世文編》，財政六，頁66-67。

30　戴月芳，《蔣渭水 vs.林獻堂：兩位臺灣民族運動先驅》，頁289。

31　梁啟超，《飲冰室合集・集外文》下冊，頁1323-1324。

袁世凱的財經幕僚周自齊也認為，借外債固然危險，但國民捐與內債都只能作為輔助，無法輕易取代外債[32]。這應該相當程度的說明，為何袁世凱不願附和黃興主張的理由。

長期以來，中國一直存在著稅捐在徵收過程中被大量侵奪虛耗的問題，國民捐的創始人彭翼仲同樣也看到這個問題，但認為這是國民捐運動立意的一部分，並且是可以避免的。只不過，一旦無法阻止官方介入，國民捐便逐漸失去自發性的民眾運動性質，成為政府正式或經常性的預算收入，就如同清代捐輸，實際上是一種附加稅，原本要避免的問題仍然發生；湖南由國民捐再到籌餉公債，實際上都由省方主導，明顯就是一例。國民捐的名義被假借濫用，所在多有。

袁世凱命令中所提到「間有好事之流，動託美名，陰行逼勒，實為倡議諸人所不及料……」未必是藉口，某種程度也反映出國民捐的問題。

湖南募集國民捐的情形，不得而知。但，從籌餉公債章程可知，湖南是採取先（國民）捐後（籌餉）債的募集方式，先由國民籌餉局募捐，未達預定目標，才以發行籌餉公債彌補，但，這種作法，不免有二度剝削之嫌。籌餉公債，最後募得了三百八十萬零八百元[33]，從債票上大多蓋有湘潭、茶陵、衡陽等地名的情形來看，這是在各地實施攤派、強制認購的結果。

2、元年廣東勸業有獎公債

1912年（民國元年）年底，廣東當局發行勸業有獎公債，總額一千萬元（當地通用毫銀），指定作為生利事業之用，如改良廣州街市建築、整頓大沙頭及政府所經營的各項實業，以全省地方稅收作為擔保[34]。債票分二、五、十元共三種面額，樣式相同，且均帶有防偽的浮水印設計，顯示「廣東公債」字樣。這是民國第一次發行的有獎公債，也可說是「廣東版」的「富籤實業公債」。宣統元年（1909），前清農工商部奏請發行「富籤實業公債」，募集三百萬元，以興辦農工商礦等實業；「富籤實業公債」也就是「有獎勸業公債」的意思。

當年，為了提振買氣，農工商部建議仿歐西之例，發行有獎公債，以募集債款之三成，作為抽獎之用，中獎率一成。又，為避免被冠上賭博之名，其餘九成未

32　周自齊，《致各省論外債國民捐之利弊》。

33　萬必軒，《地方公債》，頁28。大東書局，1948 年。

34　左治生，〈中國財政歷史資料選編〉（第十一輯《北洋部分》），1987。

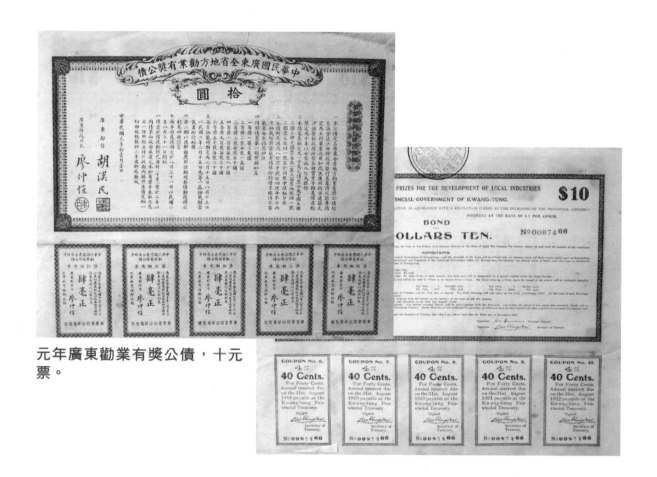

元年廣東勸業有獎公債，十元票。

中獎者，仍給年息2%，借期六十年期滿後還本。但此一提議，仍遭受許多攻擊，被視為不過是另一種賭局而已，終被朝廷否決而胎死腹中。事隔三年，雖已改朝換代，農工商部的構想，仍被廣東省所實現。

廣東省以有獎公債，籌集實業基金，且半數利息用於抽獎之用，未中獎者仍可享有其餘半數利息及期滿還本，這是前清農工商部所主張「利息富籤」的概念。廣東勸業有獎公債，年息八釐，半數留作抽獎之用，抽中者，有獎金；未抽中，得四釐年息，並於十年後期滿還本。

一如彩票辦法，廣東勸業有獎公債，以市井小民為訴求，面額不超過十元。在編號上，只有十元票才有個別的編號，五元票兩張、兩元票五張共用一號，均有粵都胡漢民、財政司長廖仲愷署名。

當時的廣東，博彩風氣盛行已久，入境問俗，民國元年廣東省政府發行有獎公債募款，未如農工商部遭到太多批評反

對，順利發行。但有獎公債，究竟難與彩
票相比，實際僅發行四百三十二萬餘元。
後來，本息大多未償還，累計積欠五百三
十五萬七千兩百一十元[35]。

3、民初四川省六釐地方公債

存世有一種署名「四川省巡按使署」
發行的「四川省六釐地方公債證」，面額
銀三十圓，無紀年，正面印有一對民初五
色國旗及嘉禾綴飾的債票，其確實年代與
發行背景均不清楚。

巡按使署，是債票透露的第一個重
要線索。1914年5月，北洋政府頒布「省
官制」，改各省民政長為「巡按使」，行
政公署亦改稱「巡按使署」，四川巡按使
署隨即於1914年5月23日成立。袁世凱死
後，黎元洪繼任大總統，後來在1916年7
月6日，四川巡按使署取消。所以，這張
由四川巡按使署署名的公債，發行時間應
是在1914年5月23日到1916年7月6日間，
而這將是目前所知，四川所發行最早的公
債。

這兩年多期間，四川經歷過陳廷傑、
陳宧、黃國瑄、劉體乾與蔡鍔等五任巡按
使。不過，債票上的章程第一條，「四川

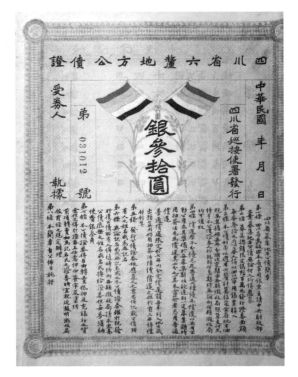

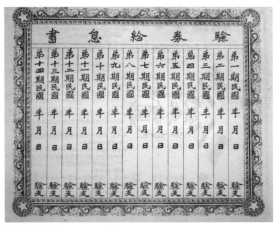

民初四川省六釐地方公債，銀三十元
票。

35　廣東省財政廳，《廣東省財政紀實》（四），
　　1989。

陳宧。

省為收回本省軍用銀票，呈請中央財政部立案募集地方公債」，又提供了另一條線索——此一公債的發行，與回收民元四川軍政府大量印發的銀票有關。

四川軍用銀票，是在民國建立後，四川銀行於1912年2月開始印發；面額分一元、五元兩種，票面記載日期為黃帝紀元四千六百有九年十二月造。依據《軍用銀票通行章程》規定，第一次發行三百萬元，一年後才能兌換銀元。不過，到了1912年底，銀票停止發行，一年兌換期限未滿，銀票的發行量就已暴增至一千五百萬元。期限屆滿後，四川銀行無力兌現，川省金融秩序陷入混亂。一直到1914年，四川當局才謀求整理及收回辦法，在鹽稅項下按稅款十成，搭收軍票三成，但仍未能解決問題。

1915年，陳宧到川後，銀票價格已跌至票面三、四成，特呈准中央政府，改組濬川源銀行，併入四川銀行，並分別向重慶中國銀行與濬川源兩家銀行各別借鈔四百萬元與兩百萬元，以六百萬元充作換鈔準備，成立回收軍用銀票局，收回軍用銀票。經由換鈔、鹽稅搭收等手段，至1916年春，已回收銀票的大部分，約計一千一百四十萬元。隨後，因袁世凱稱帝，護國戰爭爆發，川省捲入戰事，收回軍用銀票至此停辦[36]。

因此，這張公債票，顯然是出自陳宧擔任巡按使任內，即1915年5月21日到1916年4月14日間所發行無疑；公債章程所記載的，正是陳宧呈准中央所採用的回收銀票方案。債額六百萬元，對應著重慶中國銀行與濬川源銀行所提供相同數額的回收銀票準備金，是為了償還或抵押之用。章程亦規定，公債募集至一定金額時，其中半數抽籤還本，其餘則於七年期限償還，前三年僅付息。但三十銀元的面額來看，可能是用以換回借款與鈔票，屬於償債或整理公債的性質，並未公開發行，絕少流傳在外。

36　潘連貴，〈大漢四川軍政府軍用銀票小史〉與柏文，〈大漢四川軍政府軍用銀票〉，《台北集幣會刊》總第十一期　。

4、六年雲南護國公債

1913年10月起，唐繼堯受袁世凱任命為雲南都督，自此，長期主滇。1915年12月22日，袁世凱宣布稱帝，唐氏起而反對，聯合蔡鍔，宣布雲南獨立，另成立軍政府，掀起護國運動，對北洋政府發動戰爭，成功迫使袁世凱撤銷帝制。

護國運動期間，雲南曾發行護國公債籌措經費。原計畫發行兩期，第一期在1916年初，總額一千萬元，債票實物至今並未出現，募集結果不詳。第二期在1917

唐繼堯。

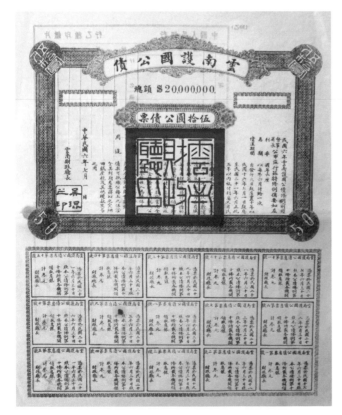

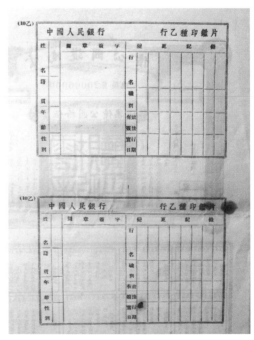

雲南護國公債，五十元未發行。背面被中國人民銀行用來印製印鑑片表單。

年7月1日，原應募集兩千萬元，因目的已達成，而停止發行，卻有部分未發行票被保留下來。

根據債票上的記載，第二期公債總金額兩千萬元，年息六釐，以全省釐金、牲屠稅、菸酒稅與公買賣收入作為本息擔保，並以省財政廳名義發行，富滇銀行經理。發行後十年內（1917年7月–1927年6月）不給息、不還本，第十一年起五年內（1927年7月–1932年6月）只給息，第十六年起分十年（1932年7月–1942年6月）抽籤還本；第一期公債債票，未曾出現過，其內容，推測與第二期大致雷同。期限長達二十六年，發行後的前十年，公債處於休眠狀態，百姓被迫放棄利息，也不能還本，這種情形在早期中國公債中相當少見。

這是一張五十元未發行票，被中國人民銀行當作廢紙，以空白背面印製印鑑片表單而流出；存世還有其他大小面額的債票，也是類似情形。這些珍貴史料可能已存放庫房多年，因為二次利用的關係得以重見天日。

5、六年陝西六釐地方公債

陳樹藩，是北洋時期割據一方的軍閥。清末北洋保定速成學堂畢業後，返回陝西發展，辛亥革命期間，加入同盟會。北洋政府成立後，在陝西快速竄起，後被

陳樹藩。

任命為陝西督軍與省長。這個職位，原屬另一軍閥陸建章，1916年3月，陳樹藩時任陝北鎮守使兼渭北剿匪總司令，其部屬在戰役中俘虜了陸建章之子，陳樹藩才以人質換得陝西督軍的位置。

在袁世凱稱帝、張勳復辟及隨後北洋政權的爭奪，陳樹藩成為各方拉攏的對象，地位更形穩固。最後，陳樹藩依靠了皖系段祺瑞。

根據方志的記載[37]，陳樹藩治理陝西期間，橫徵暴斂，作法粗魯，像極電影裡軍閥的誇張形象。例如為了籌集軍費，

---

37 〈陳樹藩傳〉，《陝西省志·人物志》（中冊），頁147-148，陝西人民出版社，2005年12月版，與雷和平，《民國陝西之民國七年大事記》。

六年陝西地方公債，五兩分則票。

下令在各縣府門口設置「騾櫃」，對往來牲畜向飼養戶收費；又，指派西安警備司令張丹屏，在西安設立該省第一家小型供電廠，西安因此有了電力照明，但一般百姓卻無福享用，用戶只有開元寺旁的妓院及少數有錢的商戶。不久，因電廠設備損壞，無力修復，西安又回到黑暗時代。最離譜的是，種植鴉片向來是陳氏當政時的重要財源，後來因輿論攻擊而有所顧忌，改借禁菸名義，四處敲詐。1917年，一面派遣禁菸委員在境內取締，並槍斃了十幾個菸農，關牢者不計其數，私下則收錢了事。一年後，陳又改弦易轍，對農民發放菸種，改任禁菸委員為放種委員。

陳樹藩的荒誕行徑，也出現在其公債上。1917年12月，陝西宣布發行「民國六年陝西六釐地方公債」，總額兩百萬兩。第二年，債票面世，為則票形式，每張五則，每則一兩，可合購或分購，方便攤派。票面有段關於公債還本付息擔保的文字記載，「以全省軍政學法各界每月扣薪為還本的款，以新增商稅為付息的款」，為了籌措還本基金，省方軍公教人員的薪資竟被用作擔保；倘若省方無錢，便由全省軍公教人員扣薪還債。這種作法，前所未見！

這筆公債後來在陝西無法募足款項，1918年省府轉向日商東亞興業株式會社以公債抵押借款三百萬日圓。借款到期

後，果真無法還清而出現危機，1920年還是北洋政府出面解圍，承受債務[38]，陝西軍公教人員的薪水才被保了下來。

1920年，隨著皖系在直皖戰爭的失利，陳樹藩失去靠山，終於被驅離陝西。

6、六年直隸三次公債

1917年，是前清直隸總督陳夔龍的二次公債原訂清償結案之年，曹錕時任直

隸督軍，以災變頻傳，疫病、洪水肆虐，為賑濟災民為由，申請發行「直隸三次公

曹錕。

---

38 筆者，〈對外賒借與償債的內債〉，《算舊帳－歷數早期中國對外債券》，頁108-109。

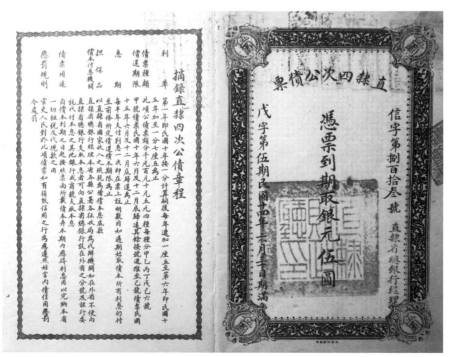

六年陝西地方公債，五兩分則票。

債」，獲財政部核准。直隸公債的傳承，因此也從清代跨越到民國，頗耐人尋味。

三次公債，以直隸每年經收之國稅雜款擔保備付，借款一百二十萬元，債券分甲乙丙丁戊己六種字軌，依序為一至六年其債票，第一年年息七釐，以後每年遞增一釐，至最後一年增至一分兩釐；第一年利息從所繳債款中預扣。發行滿一年後，按字軌順序還本，每年六、十二月底償還一種，直隸省銀行為經募機關。

但，三次公債已非自籌的款擔保，而是改用經收國稅之中的雜稅代替。這種沒有明確稅收作為擔保的作法，已喪失直隸公債的根本精神，與用以建立信用的基礎。

三次公債的發行與償還狀況均無進一步記載，至今也無債票出現。

7、十年直隸四次公債

1920年年底，直隸政府又因戰亂紛擾，社會、經濟破敗不堪，督軍曹錕與省長曹銳（曹錕弟），以軍事善後之緊急需要為由，未待三次公債到期，再辦四次公債。

四次公債，於1921年1月發行，仍以直隸省銀行為經募機關，債款總額三百萬元，期限不超過六年，分甲乙丙丁戊己六種字軌，分別為一年至六年期債票。發行

滿一年後，按字軌順序還本，每年六、十二月底償還一種，每次還本二十五萬元，應於1926年底還清，以全省統稅為擔保。與三次公債的情形相同，未自籌稅源，改以全省經收的國稅之中的統稅擔保，但稅額未明。這次的利息，較先前三次公債大幅提高，第一年年息一分（10%），以後逐年遞增一釐五毫（1.5%），最後一年增至一分七釐五毫（17.5%）。發行期滿，僅募得一百六十萬元。

因省方的要求，直隸省銀行又續募至1922年3月2日才募足[39]。公債發行後，省方在1922年6月與1924年12月曾兩次以庫款不足為由，延緩還本一年，但1925年2月起，就未再還本付息，在此之前僅還本一百二十五萬元[40]。

8、十四年直隸五次公債

直隸以驟遭水患，財政透支為由，又於1925年開辦五次公債。由於時值北洋政府晚期，政局混亂，五次公債的發行期間，直隸已三易其主。正式發行日期雖為1925年1月，但從章程有關「凡自十三年九月及九月以後交款者，截至年底止，

39　筆者，《算舊帳—歷數早期中國對外債券》頁105，與申艷廣，前揭書，頁22。

40　〈民國二十二年度特種及地方公債統計〉，《一年來之中國公債》，浙江興業銀行編印，1933年。

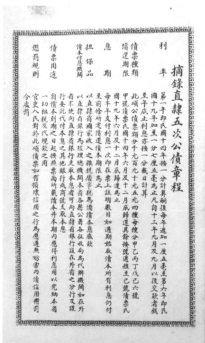

十四年發行的直隸五次公債，十元票。

利息亦按一分截日計算」的記載可知，從1924年9月起已開始預售，當時，直隸仍在曹錕人馬王承斌主政之下，但一場軍閥混戰卻正要開始。

1924年9月中，二次直奉戰爭爆發。10月23日，直系馮玉祥倒戈，改稱國民軍，回師北京發動政變，軟禁總統曹錕，並將清室逐出紫禁城。1925年1月，五次公債正式發行之際，在奉軍張作霖的支持下，直隸督辦兼任省長改由李景林擔任。但到了12月，第二次利息預定發放日之前，李景林與馮玉祥爭奪地盤失利，已被驅離天津，直隸督辦改由國民軍副司令孫岳兼任。1926年3月，國民軍又被奉系的直魯聯軍所擊敗，隨後褚玉璞擔任直隸軍務督辦與直隸省長。

五次公債，借款三百萬元，為期六年，利息與前次相同，第一年年息一分（預購期間也以一分計息），以後每年遞增一釐五毫，最後一年增至一分七釐五毫。以經收國稅之雜款、屠宰稅為擔保，直隸省銀行為經募機關。債票樣式，與四次公債基本相同。

債票由直隸省銀行與開灤礦物局分別包銷一百八十萬元與一百二十萬元，結果

僅售出一百五十三萬元，其餘均由兩家承擔。由於局勢混亂，五次公債至1925年12月第四期利息之後，本息即未再支付。

9、十五年直隸六次公債

褚玉樸入主直隸期間，1926年11月，繼直隸善後長、短期公債之後，再發行六次公債，總額六百萬元，年息八釐。1930年6月起，分五年十次，每半年抽籤還款，1934年12月全數償清。指定井陘礦務收入每年應歸本省之部分擔保，如有不足時，另由省庫別項收入如數補充。

由於直隸省銀行不堪連年掏空，已宣告清算[41]，因此改設直隸公債局，作為經募機關。六次公債與善後長短債三種，除了強制各銀行認購或抵銷借款外[42]，只能搜刮平民百姓，手法是按各縣地丁數目分派，每地丁一兩攤公債銀兩元三角，三項公債計三倍於地丁全年應徵數目。由於公債到期可作為繳納省內各項租稅之用，直

---

41 1927年冬，直隸省銀行停業。經清查庫存公債，已無任何直隸善後長、短期公債，或直隸六次公債。參閱「關於清理舊直隸省銀行問題與偽河北省政府、鹽業銀行等及其所屬直行清理處間的呈文、訓令、簽呈即往來信函」，天津檔案館館藏檔案，J169–1–001513，轉引：申艷廣，前揭書，頁25。

42 申艷廣，前揭書，頁22。

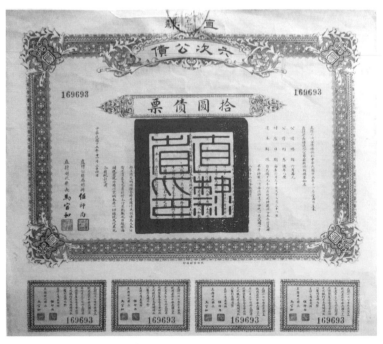

最後的直隸六次公債，十元票。

隸六次公債發行條例後又進行修正，改印一元票，以供搭配繳納房捐[43]。

後來，褚玉璞所發行的直隸六次公債及善後長短期等公債，本息全未清償，而褚則早已敗走，無人負責。

歷次直隸公債，有每下愈況的趨勢。二次公債，除了等比例縮小借款與擔保規模外，可謂真正的翻版；自三次公債後，預籌的款，僅指定擔保稅目，無確定金額。指定的稅目，又全屬本省經收的國稅，已原意盡失，四、五次公債，大幅提高利息，第一年年息從七釐調升至一分，以後每年增額從一釐增至一‧五釐，問題更加嚴重。到了六次公債，除了自銘「六次」一詞，藉以表明在歷次直隸公債的排序外，內容與最初辦法已相去甚遠。隨後，國民政府完成北伐，直隸公債傳奇，終告結束。

10、十五年直隸善後長、短期公債

直隸官辦金融機構──直隸省銀行，因不堪長期被迫墊款與承購公債，流失大量現金，導致鈔票停兌，瀕臨破產。因此，褚玉璞於1926年6月，在天津另設直隸善後公債局，經募公債。

---

43 《北平世界日報》，1927年2月9日，「直隸六次公債條例之修正一部份改印一元票，為搭配房捐之用。」

十五年直隸善後長、短期公債，十元票。

6月24日，同時發行善後短期公債與善後長期公債。善後短債，債額四百萬元，三年期（發行之際，又宣布遞延還本付息時程半年）；善後長債，債額六百萬元，六年期，年息均為八釐，均以統稅、雜稅與契稅為擔保，並以直隸鹽稅協款作為第二擔保。兩公債於發行後，均從未償付本息。

廣州護法軍政府。

11、六年護法軍政府軍事內國公債

護國運動，隨著袁世凱宣布撤銷帝制與過世，才告一段落，因張勳發動政變、段祺瑞廢棄臨時約法，革命黨人又掀起另一次「護法運動」，誓言保護約法。

黎元洪繼任總統後，在對德奧宣戰的議題上，與主戰的國務總理段祺瑞意見相左，爭執越演越烈。1917年5月23日，段祺瑞被免職，隨即策動各省督軍獨立。為了解決政治危機，長江巡閱使張勳藉著調停名義，率軍入京，發動政變，於7月1日宣布復辟，迎宣統重新即位，黎元洪被迫逃亡。孫中山因此號召國會議員與革命黨人南下廣州，發動護法運動，並獲得原護國軍班底的西南各省軍閥支持。

7月12日，段祺瑞率兵驅逐張勳，歷時僅十二天的復辟宣告失敗。接管北京後，段祺瑞自組臨時參議會，以臨時執政名義接掌政權，悍拒恢復臨時約法與重啟國會，也不准黎元洪回任。為了聲討段氏非法政權，1917年9月10日，護法軍政府成立，孫中山就任大元帥。

孫中山上任後，任命廖仲愷為財政總長。9月26日，經非常國會決議通過，護法軍政府頒布「軍事內國公債令」募集公債五千萬元，年息八釐，為期六年，每年付息兩次，前兩年只付息，第三年起分四年抽籤還本。由財政部委託中外銀行、本國殷實商號支付本息，債券分為一千元、一百元、十元、五元等面額。除海關稅外，得用以完納一切租稅及代其他各種現款之用。軍政府並成立軍事公債局，負責公債的發行及募集，各省、縣設立分局與支局，每支局至少應募集五千元。外洋各埠，比照各省縣設立分、支局。

公債金額高達五千萬元，除了在內部引發不小的反彈外，倉促成軍，未能擁有真正效忠的武力，勢力範圍侷限在廣東及西南省分的護法軍政府，招募如此龐大的公債，也面臨極高的難度。

募債的過程中，軍政府腹背受敵，除了北洋政府的攻訐外，內部的矛盾亦開始浮現。軍政府即使在南方陣營裡也欠缺主控權，以致處處受制於地方勢力，債票的運送必須化整為零，行前須有途經省分同意，給予放行並提供保護。公債的募集，因各省配合度不佳而困難重重，債款甚至遭到扣留。因此，軍政府財政部的收入，反而以華僑捐款及截留鹽稅為大宗。

國內募集，曾嘗試從南方往外延伸，如湖北、上海與東北各省；海外募集，則分別前往南洋、美洲、日本、港澳各埠向華僑勸募，不過卻受到北洋政府的抵制。

此時，南北的敵對，不僅是政治與軍事上，公債發行的正當性與合法性，也成為彼此攻擊焦點。北洋政府視軍事內國公債為非法，予以抨擊與抵制，發布通告稱「大總統以孫文現在廣東，以中華民國軍政府名義發行公債，辱國害民，莫此為甚，決計頒布明令，通告國人以免被其所騙」，責成各地方政府進行驅逐與取締。後來，一則有關戴季陶在上海將一千萬元債票以三折低價出售予日商的消息，經報紙披露[44]，北洋政府立即致電，包括日本在內的外國駐華使館，轉知人民勿認購該公債。在外交封殺下，南方公債更加求售無門。

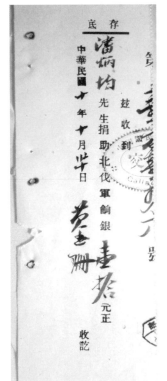

祕魯中國國民黨介休交通部1921年10月籌餉捐款存根。

中國國民黨於民國五年（1916）10月10日在南美祕魯成立了介休埠（Callao）交通部。廣州黃花崗烈士紀功坊，於1921年完工，紀功坊一百四十四塊獻石，堆疊成兩面九層，其中第四層正面左起第一塊獻石，正鐫刻著這個名字。1921年10月1日，二次護法期間，該部也參加組織利馬北伐籌餉會，協力助餉。[45]

44　1918年1月14日，《大公報》。

45　〈本部沿革史〉，《醒報 — 中國國民黨介休分部成立40週年紀念專刊》，1946年10月10日。

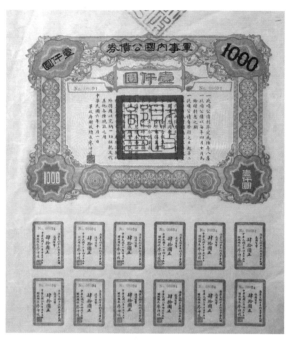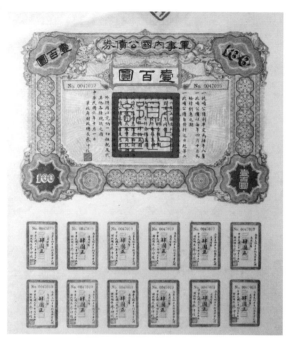

六年護法軍政府發行軍事內國公債，百元、千元票。

這時正值北洋政府為了歸還中國、交通兩行借款，發行七年六釐短期公債之際，護法軍政府也大力指摘北洋政府擅發巨債，圖利中交兩行，黑幕重重，未經國會議決等，通電要求取消發行[46]。但北洋政府在國際間獲得普遍承認，根本不受此宣傳影響；另一方面，日本正持續提供的「西原借款」，使得原本搖搖欲墜的財政，因此獲得轉機。

相對的，南方陣營卻起了內訌。大元帥孫中山力主武力北伐，唐繼堯、陸榮廷等西南實力派軍閥，則主張南北議和，有意與提議和平統一的直系領袖馮國璋合組聯合政；因意見相左，軍政府的北伐計畫為之中輟。1918年1月，唐繼堯、陸榮廷等人進一步串聯反戰勢力成立「中華民國護法各省聯合會」，加速議和腳步，軍政府也逐漸為滇系、桂系人馬所把持。眼見勢不可為，1918年5月，孫中山憤而辭職，離開廣州。

46　1918年3月18日，〈取銷北京非法政府擅定七年內國公債條例及發行辦法議決案〉，《軍政府公報》第五十九號（民國七年三月十九日），收錄於《國父全集》第九冊，頁330–331。

12、九年福建省金庫有利證券

李厚基。

九年福建省金庫有利證券，百元券。

北洋皖系軍閥李厚基，自1913至1922年的九年期間把持福建，因此，成為護法戰爭期間，北洋政府對抗南方反抗勢力的重要部署。

李厚基入閩後不久，身兼督軍、省長，集軍政大權於一身，為籌集軍費，費盡心思搜刮。1917至1922年期間，仿鑄廣東毫洋，與淞滬護軍使署訂立合同，行銷上海一帶，並由廈門外銷南洋各埠，獲有數千萬元暴利。在省內，則設立福建銀行，印發紙鈔；並預收兩年丁糧正稅，迫令農民改種罌粟，實施包稅，廣徵財源。1918年6月，發行軍需公債一百萬元，五年期，年息6%，但募集情形不佳，僅得一百零九千九百一十七元；因此，1920年改發行福建省金庫有利證券

一百萬元，這是一種十五個月期的短期公債，年息高達12%，在勒派搜刮、軟硬兼施下，終於有較大斬獲，募得八十七萬九千兩百元。

即使四處聚斂，但由於軍費浩繁，仍入不敷出，李厚基再向閩台及日本各地富商大肆借款，並以全省礦產作抵，向北京中華匯業借款兩百萬元，以致財政糜爛不堪。當1922年李厚基被逐出福建後，福建銀行隨即破產倒閉，各項鈔債求償無門[47]。

---

47 福建省委員會文史資料研究委員會，《福建文史資料》第九輯，頁1–23。1985年7月。

13、十年廣東地方善後公債

孫中山離開廣州後，護法軍政府在桂系的主導下，與北洋直系接觸。1920年雙方約定，直系在北京驅逐皖系段祺瑞，桂系清除孫中山在廣東的勢力，因此分別爆發了直皖戰爭與粵桂戰爭。結果，直系在北方贏得勝利；桂系在南方卻受到重挫，被驅離廣東。打敗桂系的關鍵人物，就是陳炯明。

護法軍政府中，有一支效忠孫中山的部隊，原是廣東省警衛軍，改編後由陳炯明率領，1917年12月以援閩護法粵軍之名，攻入福建，與福建都督李厚基部隊作戰，此後長駐閩南一帶。1920年8月，廣州軍政府派沈鴻英率兵攻打福建，由於軍政府正由桂系陸榮廷所控制，對其所作所為，粵人多所不滿。陳炯明聯合另一親孫中山的許崇智部隊藉機反攻，並以粵人治粵的口號，獲得熱烈響應，順利將桂系勢力逐出廣東，陸榮廷宣布解散軍政府。11月，陳炯明就任廣東省長後，隨即迎接孫中山自上海回廣東，護法運動再起。

廣東地方善後內國公債，是陳炯明返

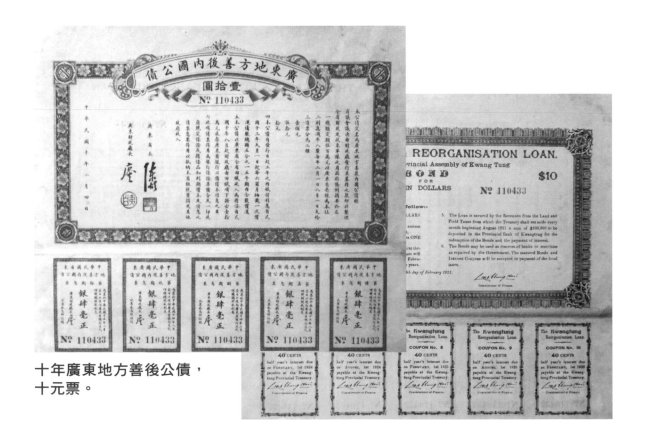

十年廣東地方善後公債，
十元票。

陳炯明。

粵後，以省長身分簽字發行的公債，由省財政廳承辦，廳長廖仲愷亦於票面簽名。發行日期為民國十年（1921）二月四日。除了籌集第二次護法運動的經費外，「善後」之名，就是為了重建廣東財政經濟各方面的戰後秩序。由於粵軍返粵餉需增加，當時又遭逢實業銀行倒閉、廣東省銀行經理捲款潛逃等事件，導致金融恐慌，因此募集公債[48]。因侷限粵地一隅，公債與僑胞捐款便成為第二次護法運動最重要的經費來源[49]。

債額五百萬元，分為十、五十元、一百元三種面額，以廣東毫銀為本位，年息八釐，每年二月一日、八月一日支付。

前三年內只付息，第四年起，分五次還本，每半年抽籤還本一次，以全省田賦作為償還本息的來源與擔保。為此，自民國十年八月起，財政廳從每期田賦中撥出十萬元，存放廣東省銀行備償。債票可作為銀行保證準備金、政府規定的保證或擔保品，到期的債票、息票得抵納本省租稅、釐捐及其他政府收入。結果募得兩百三十八萬多元。

返回廣州後的孫中山宣布重組護法軍政府，恢復非常國會，繼續護法運動。開始「第二次護法」。四月，非常國會通過決議，取消軍政府，改組中華民國政府，選舉孫中山為「大總統」。陳炯明獲任陸軍總長、內政總長、粵軍總司令兼廣東省長，在新政府具有舉足輕重的地位。但陳炯明厭倦繼續征戰，主張聯省自治，反對孫中山堅持武力北伐統一中國的路線，矛盾衝突越演越烈，最後走向反叛一途。廣東又陷入多年紛擾之中，此一公債持續未獲償還。

48　萬必軒，《地方公債》，頁36，大東書局，1948。

49　武雲，《近代廣東省地方政府債務及啟示》。

14、十年湖北地方公債

民國十年（1921）初，湖北官府向省垣各界發布了一份告示，因「財政困難，餉需不繼，欠而又欠，越積越多」，發行民國十年公債兩百萬元，年息一分，自第三年起還本，至第六年全數還清，以財政部武昌造幣廠餘利為抵償本息之用。因農曆年關將屆，「指盼餉款，急如星火」，請商民「為地方計，為身家計，允宜勉力認購，募集巨資，以度難關，而維危局」。

這份告示，也出現在當時所發行的公債票背面。此一公債，由督軍王占元與省長夏壽康聯名發布，名為「民國十年湖北地方公債」，這也是目前所知，湖北省在民國時期所發行最早的一筆。為了借錢救急，如此低姿態、訴苦懇求的口吻，在當時公債中相當少見。

王占元，長期在北洋軍旅發展，早年因參與武力鎮壓辛亥革命與二次革命，屢獲陞遷。袁世凱死後，被任命為湖北督軍，成為北洋軍閥的要角之一。告示之中，有關「頻歲以來，川湘用兵，師旅雲集，駐鄂軍隊為數尤多」的說法，是指護法運動期間，王占元因屬直系，對川、湘大小戰事不斷，耗費大量軍費。尤其直皖戰爭後，1920年7月，王占元收繳了皖系長江上游總司令吳光新的部隊後給養兵員大增，需款尤鉅。但，王占元督鄂期間，

王占元。

橫徵暴斂，濫發鈔票，屢屢剋扣兵餉，此次缺餉問題嚴重，部隊瀕臨失控的地步。王占元只好急發公債，向地方告借。

這筆公債發行年份為民國十年，債券未進一步註明時間。但告示表明要借錢發餉以度年關（西曆2月7日），所以發行時間應該是在1921年1月底左右。發行方法，係分派所屬勸募[50]，存世不少債票加蓋有當地銀行印記，如漢口懋業銀行等，由此看來，應有部分是強迫銀行認購或質押借款。到了6月間，接連爆發兵變，其中又以武昌兵變最為慘烈，社會秩序因之大亂[51]。

50　《湖北省志·財政》，「1921年有王占元督鄂時，因欠軍餉過多，由湖北發行地方公債兩百萬元，分派所屬勸募，以供軍需。」

51　陳潤清，〈武昌兵變親歷記〉，《武漢文史資料》第二輯，1983。

十年湖北地方公債，五元票。

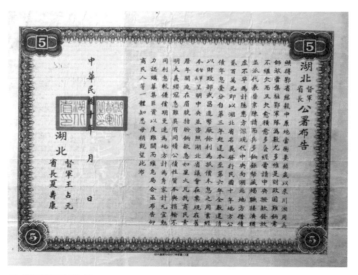

公債背面的告示。

本省反對勢力李書城、蔣作賓等與湖南省趙恆惕軍隊，乘機聯手「驅王自治」，鄂軍節節失利。1921年8月，北洋政府索性將王占元免職，改派蕭耀南接替。

15、十四年江西地方公債

民國時期，中央與地方政府因無力償還公債，時常以舊公債換發新公債；如此一來，不僅舊欠一筆勾銷，也美化了信用紀錄。

許多早期公債，處於一再借新還舊的循環之中，新公債調換舊公債後，再度因無法償還，又被更新的公債調換。雖然舊債號稱已償還，實則只是被遞延，仍舊懸欠著。這個過程中，有多種公債被發行，但隨後被調換收回，也造成公債種類雖多，卻少有債票留存。

江西曾發行過民國元年江西地方公債、十年短期公債、江西有利流通券與軍鈔等，都無法依約償還或兌現，後來就發行民國十四年江西地方公債，以一筆新債同時換償多筆舊債，並且索性增加借款數額，除了還債，多出的部分則作為他用。

北洋後期，江西先後成為奉軍與孫傳芳部隊的勢力範圍後，在1926年年底國民革命軍克復江西前，十四年江西地方公債已停止償還多時，到了1928年1月，新政府另發行江西省整理金融庫券，供作還債之用，收回十四年地方公債。後來，江西省整理金融庫券的本息償還也不正常，原訂償還期限為1930年，拖欠至1935年才償還完畢。

十四年江西地方公債，一元票。

16、十五年山東國庫善後公債

民國軍閥張宗昌，早年東北馬賊出身，後來投入行伍，輾轉上海陳其美、北洋馮國璋、東北張作霖等陣營。1925年，在張作霖的支持下，張宗昌入主山東，自任山東保安司令；因手段殘酷、橫徵暴斂，又嗜吃狗肉，被戲稱為「狗肉將軍」。

張宗昌。

1926年8月，張宗昌下令發行「山東國家分金庫軍事善後公債」，簡稱「山東國庫善後公債」。發行目的、發行辦法並未詳述，公債以「軍事善後」命名，雖應

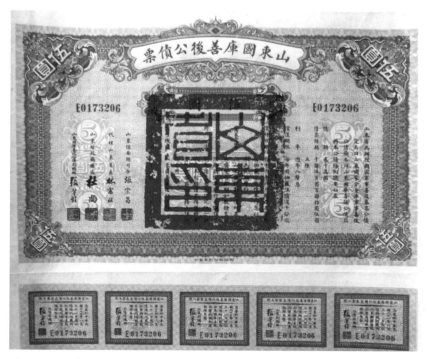

十五年山東國庫善後公債，五元票。

與同年4月剛結束與國民軍戰事之後的整頓與重建有關；當時張宗昌部取得勝利，進占北京。但，1926年7月，國民革命軍已誓師北伐，先後擊敗孫傳芳與吳佩孚部隊，張宗昌則是下一個目標，債款應是用於對國民革命軍的備戰上。

此一公債，總額兩千萬元，債券分為千元、五百元、百元、十元、五元五種面額，年息八釐，發行滿一年後，分十年抽籤還本。山東各界幾乎遭搜刮一空，仍無法應付。

值得注意的是，張宗昌進駐山東後，就以各種名目大肆增稅，並且截留中央稅款，赤裸裸地將原屬中央的鹽稅，指定為公債償還基金。但，此舉已明顯違反了1913年4月22日北洋政府與五國銀行團所簽訂的善後大借款合同。根據該合同第四款規定，直隸、山東、河南、江蘇等省的鹽稅應優先作為借款的擔保[52]，但到了後期地方軍閥各行其是，北洋政府已無力管控。

山東國庫善後公債發行後，名為勸募，實則強派，除了在省內，也提供其他奉系軍閥做為銀行借款的抵押品。褚玉璞主冀期間，1926年8月，即曾以山東國庫善後公債作為抵押，向鹽業、金城、大陸與中南等銀行（通稱為北四行）借款八十萬元，因無意還款贖回公債，約定改為交付未來直隸發行的公債（按：指「直隸六次公債」，11月發行）作為償還[53]。

隨著國民革命軍的逼近，1927年3月初，張宗昌又與孫傳芳以安國軍總司令部的名義，訓令上海銀行公會與錢業公會，藉口討伐共產黨，籌措餉需。擬以二五附稅作抵，發行庫券一千萬元，分十個月還清，強迫上海各銀行、錢業及商號分別攤認[54]。由於張宗昌的種種劣跡，早已廣為人知，上海銀錢等會虛與委蛇，無意配合。當月，上海即被國民革命軍攻克。

這筆公債，本息分毫未付。隨著張宗昌於1928年被國民革命軍逐出山東，債票也成為廢紙。

17、十六年山西公債

閻錫山，人稱山西王，自辛亥革命起，統治山西長達三十八年。閻氏主政期間，山西提倡水利、農桑、禁菸、天足、剪髮等，開辦煤礦、冶金、軍火、紡織、火柴、造幣等各項輕重工業，更是全國首先提倡

52　筆者，《算舊帳－歷數早期中國對外債券》，債券譯文：※1913年兩千五百萬英鎊善後大借款公債。頁162-164。

53　申艷廣，《民國時期直隸省銀行研究》，河北師範大學碩士論文，2011年3月11日。

54　張秀莉，〈上海銀行公會和1927年的政局風潮〉，《檔案與史學》，2003年第一期。

閻錫山。

1924年間，在美國紅十字會的捐助下，被稱為世外桃源的太原府境內又一道路完成。當時山西在閻錫山的治理下，號稱為「模範省」。

國民義務教育的省分，為此廣設學校，由各級政府籌集教育基金，子女上學是義務，違反者，父母會被處罰。在烽火綿延的民國期間，山西曾被中外媒體譽為模範省，與其他省分殘破落後的情形，大不相同[55]。但也有批評認為，閻氏以「保境安民」之名，推行軍國主義的獨裁統治；又由於連年征戰，軍隊擴編，閻錫山向紳商大舉借款，並以各種名目增稅，使得商業金融一向發達的山西，越發貧窮[56]。

借款與增稅，是當時常用的手段。民國十四年，閻錫山決定在房租捐之外，全面開徵房屋稅，卻引來省民不滿，有學生發動罷課反對，最後閻錫山出乎意外地取消成令，並還下了一道罪己令，數落了自己施政的不是，以及一道寬恕令，承諾豁免抗議學生的責任[57]。這是其身段與性格極富彈性的一面。

第二次直奉戰爭期間（1924年9月–11月），閻錫山與皖系段祺瑞、奉系張作霖結盟，對抗直系吳佩孚。這場戰爭，由於直系將領馮玉祥倒戈，回師發動北京政變，直系大敗，吳佩孚逃亡，曹錕總統下

55　"Has China Found A Moses? -How Far Can "Tu-Chun"Yen Model Governor Lead His People Out of the Wilderwest?", April 1, 1923, Asia Magazine, pp.295-298.

56　王樹森，《山西王閻錫山》，上海人民出版社，2010。

57　香港通訊：民國十四年太原的一次學潮簡記，見山西文獻，第七期，頁61。

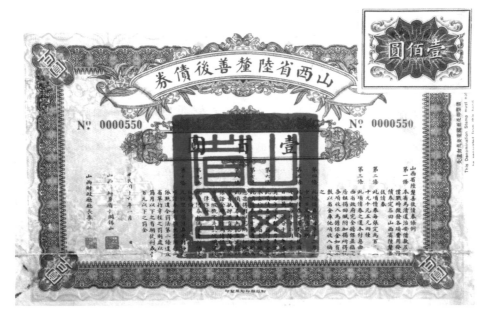

十六年山西省六釐善後公債，百元票。

臺，馮玉祥、張作霖與段祺瑞組成聯合政府，由段祺瑞擔任臨時執政，而閻錫山則繼續安然統治山西。

不久後的1926年初，吳佩孚與張作霖重修舊好，閻錫山則因馮玉祥自組國民軍，不斷往山西擴張而深感不滿。因此，吳、張、閻三方決定合作，共同對付馮玉祥。經過三個多月的激戰，馮玉祥大敗，出走莫斯科。國民軍被逐出山西，閻錫山更將晉軍的勢力推向綏遠地區，並收編了當地大批國民軍部隊。

1926年7月，國民政府在廣州誓師北伐，閻錫山靜觀其變。但長期征戰，軍隊擴編，加上借款到期未償，解決當下的財政問題已是刻不容緩。閻錫山治理山西期間習於借款，卻未曾發行過的公債，到後來也不得不破例。1927年1月，發行了山西省六釐善後公債。

根據發行條例，債款是用於還清治安借款與補償暫時徵發的各項費用，因此債票多數是直接支付或發放商號、錢莊、票號等，以債還債，其餘才由百姓認購。自發行第二年起，分十二年還本。以本省房租捐、田賦附加稅等為擔保。頗為特殊的是，公債未定總額。

公債發行不久，1927年6月，閻錫山決定易幟加入國民革命軍，而早在1926年9月，馮玉祥就已從莫斯科回中國，在五

原誓師先一步加入北伐行列，閻、馮又成為革命同志，張作霖則是共同討伐的對象。這是一段分分合合、變幻莫測的歷史。山西公債發行後，募集與償還狀況均未見記載，不過，此公債債票散落在外的數量不少，可能未能償還完畢。

18、十五、十六年廣東國民政府有獎公債

1925年3月12日，孫中山先生病逝，同一時間，滇桂粵聯軍與黃埔校軍完成了第一次東征，擊敗陳炯明；7月1日，國民政府於廣州成立，整編各部隊為國民革命軍；9月，繼續第二次東征，年底陳炯明在粵勢力基本肅清。1926年3月，兩廣統一；7月，國民革命軍開始北伐。為了支持革命大業，1926到1927年期間，廣東國民政府三度發行有獎公債，成為極重要的經費來源。

有獎公債首次發行前夕，財政部發表了一份告民眾書，「……現國民政府係與人民合作之政府，鑑於民生疲敝、實業不振，非急規定以興辦各種實業，則不足以資抵禦帝國主義者之侵略，挽國家於危亡……」同時，也說明相關規畫，「在政府則集合鉅款，興辦實業，開國家之永久財源，在個人則儲積餘資，希望鉅獎，啟民眾無窮之利路」、「特設有獎公債局經理其事，並由中央銀行負完全責任，務以信用為主」、「發行有獎公債，純為興辦

廣東國民政府所在地（1926年底，改為廣東省政府）。

各種實業，以謀國民之利益，並不移作別用」、「以國家各種收入撥交中央銀行，為還款給獎之擔保，並由中央銀行負完全責任」、「公債利息，全數充提獎金」、「政府以債款興辦實業，每年利益提出兩成，充作此項獎票之特別獎金」等[58]。在這些公開說明中，隱匿了有獎公債的真實用途，改以興辦實業建設代替。

三次有獎公債的發行辦法，所揭示的用途，均與廣東的重大建設與經濟措施有關，但實際卻是用於北伐軍費，這應是出自策略考量。當時百姓可能早已厭倦內戰，期待推動建設，繁榮經濟發展。

58　千家駒，前揭書，頁 133–134。

（1）第一次有獎公債（1926）

1926年2月，國民政府財政部有獎公債發行條例通過，5月1日正式發行。債額訂為五百萬元，分成五元票一百萬張。明訂公債係為改進國民經濟及興辦造幣廠、士敏土廠、製彈廠、其他應興辦之實業而發行。

以國家稅收撥交中央銀行為還本給獎之擔保，並由中央銀行負完全責任。成立有獎公債局作為經募機關。分三期還本，每十個月為一期，第一期，每月還2%；第二期，每月還3%；第三期，每月還5%，屆期由財政部抽籤決定。債票由國民政府委員會主席汪兆銘與財政部長宋子文簽章。

十五年廣東國民政府有獎公債，五元票。

十五年廣東國民政府第二次有獎公債，五元票。

當時，國民政府成立不久，強調與人民合作，興辦實業，抵禦外侮的訴求，有獎公債發行初期尚可獲得民眾支持，但熱潮退卻後，仍不免於攤派。除了要求廣州四大公會協助勸募推銷之外，財政部也下令，三個月期間，軍、政、教育機關人員及軍官薪俸一律搭發有獎公債三成，最終幾乎完銷，售出四百九十九萬四千一百六十元[59]。

（2）第二次有獎公債（1926）

第二次有獎公債，隨即於三個月後的1926年8月1日發行，總額一千萬元，用於開闢黃埔港，以國家收入擔保，中央銀行負責，債票仍由汪兆銘與宋子文簽章。由於距上次公債發行僅三個月，金額又倍增，募集更加困難。為了攤派的需要，部分五元債票，被改為五張一元的聯票；另外，有五百萬元改送往湘鄂地區派銷[60]。

募集方式，自由認購與強制攤派併行，公務機關、民間商會、社團、商會均分配有募集額度。此外，除廣州、佛山、江門外，所有各屬城鎮商埠的租賃者，須以一個月租金認購公債，並准以債券與收條交業主充當租金，月租不滿五元或不動產價值不到五百元者，才免於認購。

9月，配合需要，又增加發行五百萬元，第二次有獎公債已累計發行一千五百萬元[61]。但，當時廣東國民政府已預徵了下一年度的田賦外，6月又緊急推出半年期庫券，九百萬元，接踵而來的各種稅課、公債，一再成為百姓負擔，以致認購情形並不踴躍，因此再度祭出搭配薪俸發放的辦法，公務員薪資搭發庫券一到三成不等[62]，結果共募得九百九十七萬兩千八百元。

（3）第三次有獎公債（1927）

第三次有獎公債，發行於1927年8月1日，總額五百萬元，用於償還1925年津貼罷工委員會及維持工友生活，改以廣東二五附稅（粵海關附加2.5%稅收）擔保，中央銀行負責，債票改由財政部長古應芬簽章。亦採勸募與攤派併行，結果售出四百

---

59 高東輝，〈國民政府財政部有獎債券考述〉，《中國錢幣》2016年第3期。頁10-18。

60 同上。

61 吳景平，〈宋子文廣東理財述評〉，中國社會科學院近代史研究所。

62 國民政府財政部令，總字第五二九號：「……自五月份起，凡在政府服務人員薪俸搭發國庫券案，決議照下列改正案通過。（一）一百元至兩百元搭一成；（二）兩百元至三百元搭一成五；（三）三百元至四百元搭兩成；（四）四百元以上搭三成等因。除分行外，合行令仰該局即便遵照辦理，並轉飭所屬一體知照……。」摘自《中華民國史檔案資料彙編》第四輯。

十六年廣東國民政府第三次有獎公債，五元票。

三十七萬一千五百五十元。

國民政府發行的三次有獎公債，以抽獎代替利息，將募集對象鎖定在一般民眾，因此面額較小，均為五元，第二次甚至發行了五張一元的聯票。第一、三次有獎公債均為五百萬元，債票數量都是百萬張；第二次有獎公債一千五百萬元，甚至突破三百萬張，總數遠遠超過歷來任何一次的內外債，存世數量至今仍多。

1928年7月，三次公債總計償還五百萬元之外，其餘則一直積欠未還[63]，至1933年，三次公債均已屆還本期限。根據廣東省政府的檔案顯示，三次公債積欠本息累計為一千九百餘萬元，分別為一次

有獎公債三百八十四萬九千元、二次九百零五萬八千元與三次六百八十五萬兩千八百元[64]，此後，未見解決，至今仍還懸欠著。

19、十六年武漢國民政府整理湖北財政公債

為整理湖北財政及救濟商民因軍閥勒借債款所受之財政困難，於1927年1月1日發行。債額一千五百萬元，年息4%。指定湖北出產運銷二五特稅為利息基金，待「整理湖北金融公債」還本後，繼續作為本公債還本基金。十一年期，前六年只付息，後五年抽籤還本。

63　「國民政府在粵漢所發債銀整理案」，參閱：千家駒，前揭書。

64　廣東省財政處，《廣東省財政紀實》，1933。

20、十六年武漢國民政府整理湖北金融公債

為撥充中央銀行湖北分行預備基金、收回湖北官錢局舊票及清理國民政府新債並抵借現金等，於1927年1月1日發行。債額兩千萬元，年息8%，三年期。指定湖北官錢局全部財產為還本基金，以湖北出產運銷二五特稅為利息基金，實募六百零九萬零七十四元。

此公債發行的主要用途之一，為收回湖北官錢局舊票，以解決此一懸宕已久的問題。從1918年起，湖北官錢局因管理不善與市場改用銀元計價等原因，官票遭擠兌，未兌現紙幣約七千五百萬串，地方舊債不下千餘萬元。北洋政府因此成立湖北產業委員會經理該局產業，到了1922年，官錢局資產卻被挪作代墊中央軍費之用，金額多達一千九百八十餘萬元，瀕於破產。但，金融公債實際發行的六百餘萬元中，所得款項又多為中央挪用，用於收換官錢局舊票者僅四十九萬五千六百四十八元，多數舊票仍無法回收。因此，多了新公債，舊有債務卻並未因此消滅[65]。

後來，北伐結束後，南京國民政府另發行「十九年關稅公債」，部分債款即作為償還此公債之用。

21、十六年武漢國民政府國庫券

1916年1月25日由中央銀行漢口分行代國庫發行。債額九百萬元，分三個月，每月發行三百萬元，年息6%，六個月期；隨後又續發四百三十九萬元。總計流入市面之庫券八百五十九萬九千零五十三元[66]。

國庫券的目的，原擬軍事進展於直魯豫陝四省境內通用，而非指定在漢口發行，後因計畫改變，改令將此項庫券在漢口全數發行，流通市面，與現金一律行使，政府機關人員薪俸也搭發國庫券[67]。

到期後，武漢國民政府無力收回，市價低折，幾成廢紙。武漢國民政府提出以國庫券每元折價一角繳交房捐收回的作法，一經推行，即遭遇極大反彈而作罷，庫券因此長期懸欠未決。

65　湖北財政月刊，1928年2月（12）：8，1929年1月（9）：9。轉引自：馮兵，〈民國時期中央與地方之間的無奈妥協—以湖北官錢局產業爭奪為中心的考察〉，《武漢科技大學學報》，十三卷第二期，2011年4月。

66　全國財政會議彙編，審查報告（四），頁39–40。轉引自千家駒，前揭書，頁143–144。

67　民國十六年五月二十日，總字第五二九號，財政部令，參閱《中華民國史檔案資料彙編》第四輯。

十六年武漢國民政府國庫券，一、五、十元券。

第三篇

民國後期

（1928–1949）

國民政府公債列表

	名稱	條件	面額	用途	本息基金與擔保	備註
1926	廣州國民政府財政部有獎公債	500 萬元，每月抽獎，三十個月期	五元	造幣廠、士敏土廠、製彈廠、其他應興辦事業	國家收入	
1926	財政部第二次有獎公債	1,500 萬元，每月抽獎，三十個月期	五元	開闢黃埔港	國家收入	
1927	整理湖北財政公債	1,500 萬元，4%，十年期	萬、千、百元	整理湖北財政、救濟商民因軍閥勒借債款所受之財政困難	利息以湖北出產運銷二五特稅為基金。金融公債還本後，繼續擔保本公債還本基金	
1927	整理湖北金融公債	2,000 萬元，8%，七年期	萬、千、百、十元	收回湖北官錢局舊票、折價歸還國民政府新債，折價抵借現金，並撥充中央銀行湖北分行預備基金	還本基金：湖北官錢局財產。付息基金：湖北出產運銷特稅	
1927	國民政府國庫券	900 萬元分三次三個月發行，6%，六個月期	十、五、一元	補助國庫、調劑金融	無	
1927	財政部第三次有獎公債	500 萬元，每月抽獎，三十個月期	五元	償還 1925 年津貼罷工委員會及維持工友生活	廣東二五附稅	
1927	江海關二五附稅國庫券	3,000 萬元，7%，兩年半期	萬、千、百元	臨時軍需	江海關二五附稅	
1927	續發江海關二五附稅國庫券	4,000 萬元，8%，兩年期	萬、千、百、十元	年度軍需政費預算不足，歸還短期借款	提撥江海關二五附稅之奢侈稅出口稅與江蘇郵包稅付息，以二五附稅另撥本息基金	
1928	捲菸稅國庫券	1,600 萬元，8%，兩年半期	萬、千、百、十元	國民政府預算不敷之用	捲菸統稅	
1928	軍需公債	1,000 萬元，8%，十年期	萬、千、百、十元	軍需不足	印花稅收入	1936 年換發統一公債丙種債票
1928	第二期軍需公債	400 萬元，8%，十年期	萬、千、百、十元	軍需不足	印花稅收入	1936 年換發統一公債丙種債票
1928	善後短期公債	4,000 萬元，8%，五年期	萬、千、百、十元	完成統一全國需用	煤油特稅	
1928	津海關二五附稅國庫券	800 萬元，8%，三年期	萬、千、百、十元	預算不足及籌付臨時需要	津海關二五附稅	
1928	建設公債	5 億元，8%，二十年期	萬、千、百、十元	裁遣安置軍隊、擴充全國教育、建築鐵路、疏濬河道、墾荒開礦、築堤闢埠、維持金融等建設事業，暨籌付善後用	本息基金由關稅充提，並以中央各種特稅及交通收入擔保	
1928	十七年金融短期公債	3,000 萬元，8%，七年期	萬、千、百、十元	建設金融事業	關稅內德國退還賠款（除應付十四年公債及治安債券外）	至1946年12月止，尚欠本金 1,575 萬元，1949 年 3 月提前加倍償還

1928	十七年金融長期公債	4,500 萬元，2%，二十五年期	萬、千、百、十元	整理漢口中央銀行鈔票、在漢所借支中國交通銀行鈔票	關餘	1948 年 9 月和 1949 年 3 月兩度增加償還倍數，提前償還。
1929	十八年賑災公債	1,000 萬元，8%，十年期	萬、千、百、十、五元	拯救各省災黎	關稅增加收入項下照撥	1936 年換發統一公債丙種債票
1929	十八年裁兵公債	5,000 萬元，8%，十年期	萬、千、百、十、五元	實行裁兵及抵補編遣期內預算不敷	關稅增加收入項下照撥	1936 年換發統一公債丙種債票
1929	續發捲菸稅國庫券	400 萬元，8%，三年期	萬、千、百、十元	國民政府預算不敷之用	捲煙統稅餘款	
1929	疏濬河北省海河工程短期公債	400 萬元，月息8%，十年期	萬、千元	疏濬河北省海河工程及收用土地等費用	津海關值百抽五項下附徵8%	
1929	十八年關稅庫券	4,000 萬元，7%，五年期	萬、千、百、十元	整理稅款及抵補整理稅款期內不敷之用	關稅增加收入項下指撥	1936 年換發統一公債甲種債票
1929	十八年編遣庫券	7,000 萬元，7%，九年期	千、百、十元	編遣實施會議所訂之編遣費，及編遣期間軍費不敷之用	關稅增加收入項下撥付	1936 年換發統一公債丙種債票
1930	鐵道部收回廣東粵漢鐵路公債	2,000 萬元，2%，二十五年期	百、四十、四元	收換廣東粵漢鐵路民有股票之用	廣東粵漢鐵路餘利	
1930	十九年電氣事業長期公債	150 萬元，6%，十五年期	千、百、十元	建設委員會為收辦戚墅電廠事業	以首都及戚墅兩電廠現有地基房屋機器，及兩廠營業盈餘為擔保，每月兩廠營業收入為基金	至 1937 年底止，尚欠本金 76.5 萬元
1930	十九年電氣事業短期公債	250 萬元，8%，八年期	千、百、十、五元	建設委員會為擴充首都及戚墅電廠事業	以首都及戚墅兩電廠現有地基房屋機器，及兩廠營業盈餘為擔保，每月兩廠營業收入為基金	還清
1930	十九年關稅公債	2,000 萬元，8%，十年期	萬、千、百元	整理中央與湖北省舊欠、換回國民政府十六年整理湖北金融債票	關稅增加收入項下照撥	1936 年換發統一公債丁種債票
1930	十九年交通部電政公債	1,000 萬元，8%，十年期	萬、千、百、十、五元	整理及擴充電報、電話、無線電	國際電報費收入作為還本付息基金	
1930	十九年捲菸稅庫券（二四庫券）	400 萬元，8%，三年期	萬、千、百、十、五元	國庫週轉之用	捲煙統稅撥付先前庫券後之餘款	1936 年換發統一公債乙種債票
1930	十九年關稅短期庫券	8,000 萬元，8%，五年期	萬、千、百、十元	調濟金融財政	關稅增加收入項下指撥	1936 年換發統一公債丁種債票
1930	十九年善後短期庫券	5,000 萬元，8%，五年期	萬、千、百、十元	善後之用	關稅增加收入項下照撥	1936 年換發統一公債乙種債票
1930	二十年捲菸庫券	6,000 萬元，7%，七年期	萬、千、百、十元	辦理善後，週轉國庫	捲煙統稅除撥付十八年三月、十九年四月基金外	1936 年換發統一公債乙種債票

1931	二十年江浙絲業公債（特准財政部與實業部發行）	800萬元（實發600萬元），8%，七年期	萬、千、百、十元	獎勵生絲出口改良絲廠機器，改良蠶桑	江海關於江浙兩省黃白絲復徵出口稅。	七年期。1936年換發統一公債丙種債票
1931	二十年關稅短期庫券	8,000萬元，8%，八年期	五千、千、百、十元	週轉國庫之用	關稅增加收入項下照撥	1936年換發統一公債丙種債票
1931	二十年統稅短期庫券	8,000萬元，8%，六年期	五千、千、百、十元	補充國庫	捲菸稅餘款及棉紗、麥粉等稅	1936年換發統一公債丙種債票
1931	二十年鹽稅短期庫券	8,000萬元，8%，六年期	五千、千、百、十元	補充國庫	鹽稅	1936年換發統一公債丙種債票
1931	二十年賑災公債	8,000萬元，8%，十年期，原分兩期，僅發行第一期3,000萬元	千、百、十元	拯救各省災民	國稅項下指定基金撥充	1936年換發統一公債丁種債票
1931	二十年金融短期公債	8,000萬元，8%，七年半期	五千、五百、五十元	調劑金融	庚款德國部分項下	1936年換發統一公債丙種債票
1933	二十二年愛國庫券（北平政務委員會奉國府特准發行）	2,000萬元，5%，三年半期	萬、千、百、十元	鞏固國防	捲菸稅款	1936年換發統一公債甲種債票
1933	二十二年續發電氣事業公債	600萬元，6%，十五年期	萬、千元	擴充首都及戚墅堰兩電廠暨建設淮南電廠事業	首都及戚墅堰兩電廠現有地基房屋機器及兩廠營業盈餘(1919年1月長短期電氣事業公債與借英庚款優先償還)，暨完成後之淮南電廠地基房屋機器營業盈餘為擔保	
1933	二十二年華北救濟戰區短期公債	400萬元，6%，五年期	萬、千、百元	華北救濟戰區	展限續徵之長蘆鹽稅附加農田水利基金	1936年換發統一公債甲種債票。換發前已償還完畢
1933	二十二年關稅庫券	1億元，5%，十二年期	萬、千、百、十元	週轉國庫	關稅增加收入	1936年換發統一公債戊種債票
1934	二十三年關稅庫券	1億元，5%，六年期	萬、千、百元	償還銀行積欠、安定金融	關稅收入	1936年換發統一公債乙種債票
1934	二十三年玉萍鐵路公債	1,200萬元，6%，八年期	萬、千、百元	修築玉萍鐵路之用	中央撥充江西地方鹽附捐每年193萬元	1943年5月還清
1934	二十三年第一期鐵路建設公債	1,200萬元，6%，八年期	千、五百、百元	專充玉萍鐵路（江西玉山至萍鄉）之用	鐵道部直轄國有鐵路餘利	至1946年底，尚欠本金825萬元
1934	二十三年關稅公債	1億元，6%，十一年期		換回銷毀二十三年關稅庫券庫券	庫券面額原有基金移充，不敷之數由新增關稅補足	1936年換發統一公債丁種債票
1934	二十三年意庚款憑證	4,400萬元，8%，十五年期		銀行墊款，未公告、流通市場	意退庚款擔保	1936年換發統一公債丁種債票

1935	二十四年俄退庚款憑證	120,000,000 元，6%，十一年期		銀行墊款，未公告、流通市場	俄退庚款擔保	1936 年換發統一公債丁種債票
1935	二十四年統稅憑證	120,000,000 元，6%，十一年期		銀行墊款，未公告、流通市場	統稅擔保	
1935	二十四年金融公債	1 億元，6%，十年期	五千、千、百元	充實銀行基金、撥還墊款、鞏固金融、便利救濟工商業	新增關稅	1936 年換發統一公債丁種債票
1935	二十四年四川善後公債	7,000 萬元，6%，九年期	萬、千、百、十元	督促四川剿匪、辦理善後建設事業、整理債務	中央徵收四川部分鹽稅補助金為基金	1944 年 6 月還清
1935	二十四年整理四川金融庫券	3,000 萬元，5%，五年期	五千、千、百元	整理四川金融、便利剿匪進行	中央所收四川部分統稅及印花菸酒稅為基金	1936 年換發統一公債乙種債票
1935	二十四年電政公債	1,000 萬元，6%，七年半期	五千、千、百元	整理及擴充電報電話及無線電	交通部國際報費為基金（除中英庚款董事會借款本息、郵匯局代理收付透支之款及按月結帳找款之外）	1946 年底止，尚欠本金 670 萬元
1935	二十四年水災工賑公債	2,000 萬元，6%，十二年期	千、百、十元	救濟水災、辦理工賑	國庫撥存救災準備金	1936 年換發統一公債戊種債票
1936	二十五年統一公債	甲 1.5 億元，十二年期；乙 1.5 億元，十五年期；丙 3.5 億元，十八年期；丁 5.5 億元，二十一年期；戊 2.6 億元，二十四年期。6%	五千、千、百、十元	換償舊有各種債券	關稅扣除撥付賠款外債所餘稅款	至 1946 年底止，尚欠本金 9 億 8234 萬元。1949 年 3 月提前加倍償還
1936	二十五年復興公債	340,000,000 元，6%，二十四年期	五千、千、百元	完成法幣政策、健全金融組織、扶助生產建設、平衡國庫收支、撥存平準債市基金	關稅（除賠款外債、十七年金融公債、二十五年統一公債外之餘款）	至 1946 年底止，尚欠本金 2 億 8,152 萬元。1949 年 3 月提前加倍償還
1936	第二期鐵路建設公債	2,700 萬元，6%，九年半期	萬、千元	玉萍鐵路南萍段之用	鐵道部直轄國有鐵路餘利作為基金	至 1946 年底止，尚欠本金 2,314 萬 5 千元
1936	第三期鐵路建設公債	120,000,000 元（分三次，每次 4 千萬），6%，二十二年期	千、五百、百元	興築湘黔川貴等幹路，及補助平綏、正太、隴海、膠濟等路展長路線	興築延長各新路之餘利，及國有其他各路原應還債務以外之餘利為基金	至 1946 年底止，尚欠本金 7,650 萬元
1936	二十五年四川善後公債	1,500 萬元，6%，十五年期	萬、千、百元	完成四川剿匪工作，辦理善後建設事業	中央徵收四川鹽稅撥給補助金，及中央徵收四川部分菸酒稅撥給補助金，四川省政府於營業稅撥解部分	至 1946 年底止，尚欠本金 630 萬元。1949 年 3 月提前加倍償還
1936	二十六年京贛鐵路建設公債	1,400 萬元，6%，10 年期	千、五百元	展築自宣城至貴溪鐵路	借用完成粵漢鐵路借款自 1937 至 1946 年止歸還中英庚款之本金，及京贛鐵路開始營業後之收入	
1936	二十五年整理廣東金融公債	120,000,000 元，4%，三十年期	萬、千、百、十元	整理廣東金融，充實毫券準備	徵收粵區統稅指撥	至 1946 年底止，尚欠本金 8,400 萬元。1949 年 3 月提前加倍償還

1937	二十六年救國公債	5 億元，4%，三十年期	萬、千、百、五十、十、五元	軍政費用	國庫收入	至 1946 年底止，尚欠本金 4 億 8,257 萬 2,082 元。1949 年 3 月提前加倍償還
1937	二十六年整理廣西金融公債	1,700 萬元，4%	萬、千、百、十元	整理廣西金融，充實桂鈔準備	廣西經徵中央鹽稅年撥 20 萬元	至 1946 年底止，尚欠本金 1,252 萬 3,334 元。1949 年 3 月提前加倍償還
1937	二十六年闢濬廣東省港河工程美金公債	200 萬美元，6%，十六年期	五千、千、百元	為廣東黃埔闢港及疏濬珠江後河工程	粵海關附徵百分之五進口稅撥充	至 1946 年底止，尚欠本金美金 188 萬元
1937	二十六年粵省鐵路建設公債	270 萬英鎊，6%，三十年期	百、五十英鎊	建設廣州至梅縣鐵路經費，如有餘款，撥作建設海南鐵路之用	付息：粵區增收鹽稅，不敷則由財政部撥補，還本：廣梅鐵路營業進款，不足則由鐵道部撥補	
1937	二十六年短期國庫券	5 億元，6%，十二個月期	萬、五千、千元	調劑國庫收支	無	至 1946 年底止，本金全數未還
1938	二十七年國防公債	5 億元，6%，三十年期。實募 3,311 萬元	萬、五千、千、百、十元	抗戰軍需	所得稅全部收入	至 1946 年底止，已還本 2,688 萬 5,651 元。1949 年 3 月提前加倍償還
1938	二十七年金公債	關金 1 億單位，1,000 萬英鎊，5,000 萬元美金，5%。實募：關金 110 萬元，英金 132,340 鎊，美金 4,624,180 元	關金：萬、千、百、五十、十單位 英鎊：千、百、五十、十、五鎊 美金：五千、千、百、五十、十、五元	換償金本位外幣、外匯以充救國之用	鹽稅	關金債票 1949 年 3 月提前加倍償還 美金、英金債票 1949 年 6 月換償三十八年整理美金公債乙種債票
1938	二十七年賑濟公債	第一期 3,000 萬元（總額 1 億元），4%。	萬、五千、千、百、十元	賑濟災民	中央救災準備金與國庫收入	至 1946 年底止，已還本金 50 萬 8,600 元。1949 年 3 月提前加倍償還
1938	二十七年湘桂鐵路南鎮段借款庫券	144,000 英鎊，7%，每十五年期。	英金 10 鎊	償還鐵路借款	以鹽餘、南鎮鐵路路產與收入、廣西礦產及其他國稅作為擔保	
1939	二十八年建設公債	6 億元分兩期，6%	萬元	籌措建設事業經費	國營事業與其他事業營利與鹽稅加徵	至 1946 年底止，兩期共已還本 1,444 萬元
1939	二十八年軍需公債	6 億元分兩期，6%	萬、五千、千、百元	充實軍需	統稅與菸酒稅	至 1946 年底止，還本 1559 萬 6,470 元。第二期 1949 年 3 月提前加倍償還
1939	二十八年短期國庫券	4 億元		調劑國庫收支		

1940	二十九年軍需公債	12 億元分兩期，6%。	萬、五千、千、百、五十、三十、二十、十元	充實軍需	國庫收入	至 1946 年底止，已還本 1,016 萬4,490 元。第一期1949 年 3 月提前加倍償還
1940	二十九年建設金公債	英金 1,000 萬鎊，美金 5,000 萬元，5%。實募：英金 719,994 鎊，美金 1,828,000 元	第一期：英金：千、百、五十、十、五鎊 美金：五千、千、百、五十、十、五元 第二期：英金：千鎊 美金：五千元	充實建設事業經費	國庫收入	至 1946 年底止，已還本金：英金：11 萬 473 鎊美金：88 萬 4,918 元。第一期 1949 年 6月換償三十八年整理美金公債丙種債票
1941	三十年建設公債	12 億元分三期，6%	第一、二期：萬 第三期：十萬	充實建設事業經費	國庫收入	至 1946 年底止，三期共已還本1,120 萬元
1941	三十年軍需公債	12 億元分三期，6%	第一期：十萬、萬、千、百、二十、十元 第二期：五千元 第三期：萬元	充實軍需	國庫收入	至 1946 年底止，三期共已還本1,114 萬 1,188元。第一期 1949年 3 月提前加倍償還
1941	航空救國券	500 萬美元，無息，抗戰勝利後五年。實募：4,043,255 美元	百、五十、十、五美元	購買飛機推廣航空教育	國庫收入	至 2012 年底止，全數未還
1941	三十年糧食庫券	稻穀 6,762,252 石，小麥 598,451 包，5%	一、五市斗，一、五、十、百市石	收購糧食支付代價	田賦徵收糧食實物	至 1946 年底止，已還本息稻穀6,694,630 石、小麥 592,466 包
1941	三十年滇緬鐵路金公債	1,000 萬美元，5%	千、百、五十、十、五元	修築滇緬鐵路經費	滇緬鐵路盈利、國庫收入	
1942	三十一年第一期土地債券	1 億元，6%，十五年期	五千、千、五百、百、五十元	中國農民銀行收購、徵收土地與各種放款	農民銀行兼辦土地金融處全部資產與放款取得之土地抵押權	
1942	民國三十一年糧食庫券	稻穀 10,463,198 石，小麥 1,209,110 包，5%	一、二、五市斗、一、五、十、百市石	收購糧食支付代價	田賦徵收糧食實物	至 1946 年底止，已還本息稻穀9,038,363 石、小麥 931,014 包
1942	三十一年同盟勝利美金公債	美金 1 億元，4%，十年期。實募 9,980萬美元	二十、五十、百、五百、五千美元	平衡預算，吸收游資	美國 5 億元貸款	至 1946 年底止，已還本金 1,562萬 9,200 美元。1949 年 6 月換償三十八年整理美金公債乙種債票
1942	三十一年同盟勝利公債	10 億元，6%，十年期。實募 6 億 965 萬元	百、五百、千、五千、萬、十萬元	平衡預算，吸收游資	英國貸款 5,000 萬英鎊	至 1946 年底止，已還本金 6,896 萬3,850 元。1949年 3 月提前加倍償還

1943	三十二年同盟勝利公債	30 億元，6%，二十年期。實募 12 億 5,545 萬元	十萬、五千、千、五百、二百	平衡預算，吸收游資	國庫收入	至 1946 年底止，已還本金 1 億 2 千萬元。1949 年 3 月提前加倍償還
1943	三十二年整理省債公債	1 億 7,500 萬元，6%	元。萬、千、百元	整理換償各省舊有債券	國庫收入	至 1946 年底止，已還本金 1,334 萬 8 千元。1949 年 3 月提前加倍償還
1943	三十二年糧食庫券	稻穀 2,313 萬石，小麥 155 萬市石，5%	一、二、五市斗、一、五、十、百市石	收購糧食支付代價	田賦徵收糧食實物	
1944	三十三年同盟勝利公債	50 億元，6%，三十年期。實募 9 億 2,608 萬元	十萬、五萬、一萬、五千、一千、五百、二百元	平衡預算，吸收游資	國庫收入	1949 年 3 月提前加倍償還
1944	三十三年四川省征借糧食臨時收據	糧食 1,200 萬市石，5%。三十八年起分五年償還	一、二、五市升；一、二、五市斗；一、五、十市石	供應軍糧、民食		
1946/9	三十五年第二期土地債券	3 億元，6%，七年期	二萬、一萬、五千元	中國農民銀行收購、徵收土地與各種放款	農民銀行兼辦土地金融處全部資產與放款取得之土地抵押權	
1946/10	三十五年綏靖區土地債券	稻穀或小麥，4%，無定額。十五年期。		各縣徵收非法分配土地之補償地價	土地放領後承領人的抵押土地及其每年所繳之地價	
1946/10	增發三十一年同盟勝利美金公債	4 億美元，4%，十年期。實募 8,000 萬美元。	五千、千、五百、百、五十、二十元	軍費	美國貸款 5 億元項下撥付基金	
1947/4/10	三十六年短期庫券（第一、二期）	兩期各 1 億 5 千萬美元，20%，三年期	五千、千、五百、百、五十、十元	穩定金融，鼓勵儲蓄	國營生產事業及接收敵偽產業中指定若干單位	1949 年 6 月換償三十八年整理美金公債甲種債票
1947/4/10	三十六年美金公債（第一、二期）	每期各 5 千萬美元，6%，十年期。實募：第一期：23,337,750 美元；第二期：29,736,050 美元	五千、千、五百、百、五十元	充實外匯基金，調劑對外貿易	國民政府中央銀行外匯基金項下	
1948	三十七年第三期土地債券	10%，金額不詳，五年期	二十五萬、五十萬、百萬、兩百萬元	中國農民銀行收購、徵收土地與各種放款	農民銀行兼辦土地金融處全部資產與放款取得之土地抵押權	
1948/12	三十七年短期國庫券	15%，無定額，一到三個月期	五千、千、五百、百、五十元	調節金融，吸收游資	國庫稅收	
1948/10	三十七年整理公債	金圓 5 億 2 千 3 百萬元，5%，甲種債票五年，乙種債票十年，丙種債票二十年	金圓萬、千、百、五十、十、五、一元	整理調換舊有各種外幣債券	國庫收入	未發行

1949/4	三十八年整理美金公債	1億3千6百萬美元，5%，甲種債票十年，乙種債票十五年，丙種債票二十五年	美金五千、千、百、五十、十、五元	整理調換舊有各種外幣債券	國庫收入	
1949/2/6	三十八年黃金短期公債	黃金200萬市兩，4%，兩年期。實募9,090兩	五十、十、五、一市兩與五市錢	鼓勵儲蓄，吸收游資，穩定金融，平衡預算	半數以政府庫存黃金撥存，半數由美援運用委員會購足撥付	尚欠本息8,480.6市兩
1949/8	三十八年愛國公債	3億銀元，4%，十七年期。實募新台幣4億7千多萬元	銀元萬、五千、千、五百、百、五十元	平衡預算，穩定幣制	鹽稅收入	已償清

國民政府公債

1928年6月，國民革命軍攻克北京、天津後，在上海召開全國經濟會議，通過處理債務問題的七項辦法，包括（1）有確實擔保之各項內外債應悉照原案辦理；（2）無確實擔保之各項內外債先行審查，再發行低利長期公債進行整理；（3）整理各省債；（4）籌發新債；（5）組織共同保管公債基金委員會；（6）整理廣東、武漢時期所發債券；（7）整理交通事業內外債。這是南京政府對於承擔舊債給予法律上的承諾。

對於北洋政府所遺留的內外舊債，以及北伐期間國民政府在廣東與武漢的債務，如有獎公債與整理債券等，無論有無確實擔保，國民政府揭示了一個全面承受的原則，只剔除帶有不合法或反革命性質的部分內債[1]。

國民政府對於國內公債的政策，也陸續成形中。

1928年，國民政府接連發布了包括《財政部關於發行公債及訂借款項限制案》[2]、《全國財政會議關於各省市發行公債事項決議》[3]和《國民政府關於各省市以國稅抵借款項及發行內債須經核准令》[4]等，以及1929年4月《公債法原則》[5]

1　賈士毅，《民國續財政史》（四），頁372-378。

2　《財政部關於發行公債及訂借款項限制案》的重點在於：

（一）國債與地方債的權責──（1）國債與省市債務，分別由財政部與各省市政府負責。（2）自民國十七年七月一日起，屬於省市公債，必須取得財政部核准。（3）凡國庫借款在一百萬以下、省市庫借款在五十萬元以下者，不受本案限制。但，償還期限至多不過1年。

（二）舉債用途──限用於生產、建設事業，不得用於消耗用途。

（三）稽核辦法──國債，由財政部審計院派員，聯合銀行號及債券持有人代表各省主要商業團體組成委員會監督之。省市債，則由各省市政府及審計分院派員會同各代表聯合組織之。

3　《全國財政會議關於各省市發行公債事項決議》的重點在於，各省、特別市政府，變更以前發行公債及借款條例，必須報請財政部核准；發行公債及訂借款項，則需指定確實基金，再報請財政部核准。

4　《國民政府關於各省市以國稅抵借款項及發行內債須經核准令》的重點在於，各省市政府以國稅抵借或募集公債，均應將須募債額及基金辦法條例等，由財政部核明，呈候政府批准，方准發行。

5　《公債法原則》的主要條文：
第三條：中央與地方政府募集公債，均以不得充經常政費為原則。
第四條：政府募集內外債以充下列三種用途

與1932年12月《修正監督地方財政暫行法》[6]等，有關國內公債發行的基本原則，包括中央與地方發行公債的權限、審核與立法程序等，正在逐步確立。

根據新規定，無論中央或地方募集公債，均應有事前計畫，並限定在生產建設與急難等用途之上，不得消耗在軍政費用；省、直轄市、縣等地方公債受中央政

府管理。發行公債，必須設立本息基金，並接受有外界人士參與的專設機構的管理，負責本息之撥交，並按月結算基金，陳報財政部，並公告周知。

中央因此成立了「國庫券基金保管委員會」，這個基金保管委員會原本是為了1927年5月所發行的「江海關二五附稅國庫券」（二五庫券）而設，以上海金融工商業代表人士為主體，加上中央政府代表所組成，取代了北洋時期各公債本息基金均由總稅務司把持的情形，因受到各界信賴，自1927至1931年間，受財政部委託，此委員會負責保管了財政部所發行二十五種公債中的二十一種的本息基金。直至1932年4月，才改由「國債基金管理委員會」接手。

省及直轄市，發行一百萬以上之公債或庫券，必先根據事實需要，擬定詳確計畫，指定可靠之擔保，編擬公債條例，經省市政府會議決定後，函送財政部審查。如財政部認為債額過鉅、利率過高、擔保欠確實，用途欠正當，或其他欠妥之處，即發還原地方政府重新擬定。俟合格後，始簽註意見，呈請行政院轉送立法院核議。經立法院議決通過後，再呈請國民政府公布，立法程序，方告完成，發行公債，始生效力。

但，國家財政體質羸弱，使得許多承諾與規定均無法履行與落實；其中，無

為限：1、充生產事業上資產的投資，但以具有償付債務能力，而不增加國庫負擔之生產事業為限，如築鐵路、興水利及開發富源等皆是。惟富有冒險性質之事業不在此限。2、充國家重要設備之創辦用途，但以對於國家人民有長久利益之事業為限。如大規模之國防設備、教育設備、衛生設備等類，雖無經費收入，而對國家人民確有永久利益者，皆屬之。3、充非常緊急需要，如對付戰爭及重大天災等類，皆屬之。
第五條：凡經指定用途之公債收入，不得移作別用。
第六條：各級地方政府非經立法院核議通過，不得募集外債。
第七條：省府非經中央政府核准，不得募集一百萬以上之公債；縣府未經上級政府核准，不得募集五萬元以上之公債。

6　《修正監督地方財政暫行法》的重點在於，省及直轄市，發行一百萬元以上債券，應先根據事實需要，擬訂計畫，指定擔保、編擬條例，函送財政部審查。如財政部認為欠妥之處，即發還原地方政府重新擬定，俟合格後，乃簽註意見，呈請行政院轉送立法院核議，經立法院議決通過後，呈請國民政府公布，立法程序，方告完成，發行公債，始生效力。而其公債條例的廢止，亦同。省市地方政府發行債額不足一百萬元者，可送由財政部審查，報請行政院備案，即可發行。

力承擔舊債，便是一種。早在1927年3月底，國民革命軍甫抵上海，為取得當地金融界的支持與援助，南京國民政府曾向上海金融界承諾承受北洋政府的七種公債，包括五年公債、七年長期公債、整理六釐公債、整理七釐公債、整理金融公債、十一年八釐公債與十四年八釐公債。同時，制定《內國公債登記章程》[7]，設立登記所，接受持票人登記，匯總並公布登記號碼後，責成保管基金及還本付息機關照原案辦理。不過，辦法也同時規定，持票人必須以所持債票總額的十分之一購買政府新發的鹽餘庫券[8]，引起投資人不滿，紛紛拋售債票，引發上海公債市場騷動，遂於8月25日宣布停止登記，以平息爭議。直至北伐成功後，才又重起爐灶。

國民政府於1929年初設立「整理內外債委員會」，由行政院長、監察院長、外交部長、鐵道部長、交通部長、財政部長充任委員，並聘請金融財經專家學者擔任評議委員與顧問，由該會負責審核無確實擔保的內外債，並研擬整理辦法，國民政府宣布每年自新增關稅項下提撥五百萬元做為整理內外債基金，但委員會的運作流於形式，1931年12月宣告結束前，僅開會數次，並無具體計畫出爐，其中根本原因，又與龐大的無確實擔保舊債，超乎國民政府的負擔能力，在其他有確實擔保債務具有優先權的情形下，根本無機會獲償。

7　《內國公債登記章程》
第一條，國民政府因各種公債業經轉輾流通市面多年，為維持社會金融現狀起見，特設公債臨時登記所，准其持票登記，匯由財政部開列登記號碼公布，令知保管基金及還本付息機關分別遵照原案辦理。
（1）五年公債，（2）七年長期公債，（3）整理（民元）六釐公債，（4）整理（八年）七釐公債，（5）金融公債（民九整理金融短期公債），（6）十一年公債（八釐短期公債），（7）十四年（八釐）公債。非上列之公債，不適用本章程之規定。
第二條，凡上列公債持票人，自8月1日起至9月30日止兩個月內，應持票向登記所呈請登記，給予登記憑證執據。
第三條，凡兩個月期滿，未經登記號碼內之公債一律作廢，凡未經登記者不准再行買賣。但未屆滿期前之買賣不在此限。
第四條，登記所章程由財政部另定之。第五條，本簡章自公布日起施行。
8　為了設置內國公債登記所，進一步制定《內國公債登記簡章》，重點為「財政部現為保障人民權利，維持公債信用，經中央財政委員會決議，設立內國公債登記所，將現在還本付息之各項公債辦理登記」、「凡已經登記之債票，一律照准原案辦理，財政部公債司特派上海中央、中國、交通三銀行國庫券主任沈祖詒、程慕灝、毛士鑾為委員，辦理內國各項公債登記事宜」、「凡百元以下債票無需登記即可認為有效，凡百元以上債票則另給登記證，以憑對照，在原票上並不加以簽註，也不徵收其他任何手續費」。對於登記之債票，「惟須另購鹽餘國庫券十分之一」。《財政部設置內國公債登記所，制定內國公債登記簡章》（轉引自《銀行週報》第十一卷第三十期，1927年）。

可以理解國民政府面對北伐、寧漢分裂、中原大戰、九一八事變、一二八事變、剿共的接連發生，衍生出的大量軍事支出，中央與地方財政均普遍困難，舉借新債已來不及，償還舊債的問題自然被擱置。

北洋政府在1912到1926年間，財政、交通兩部，以債券形式發行了接近十億元的內債[9]。國民政府在三年內（1928–1930）的內債發行總額，就已超過這個數字；到了1935年底，已擴增至二十三億元。國民政府發行的公債，多是為了彌補國庫、預算不足，與生產事業或急難救助無關。各省亦如此，但面對中央政府的監督，許多省分化整為零，發行不超過一百萬元的公債，以規避《公債法原則》有關必須事先獲得中央批准的規定。

中央或地方政府，都同時遭遇公債募集困難的問題。多數公債在發行後，勸募加上強制認購，都難以募足，最後只能折價出售，或者向銀行抵押，這種情形在北洋時期已成常態，到了國民政府時期仍無法避免。事實上，南京國民政府半數以上公債的作法，既非政府直接發行，也不是由銀行承攬募集，而是與上海銀行或錢莊訂定借款合同，以債票，甚至連債票還沒

印製之前，用預約券（臨時憑證）進行抵押借款。依行情通常按票面價格的五到七折抵借現款，利息八釐至一分不等。如政府無力贖回抵押債票，在獲得財政部同意後，銀行或錢莊的將債票按一定折扣在市場拋售，或自行承購持有。在巨大財務壓力下，公債政策充滿了嚴峻挑戰與不得已的妥協。

9　潘國旗，《近代中國國內公債研究》，頁226。

一、北伐期間（1927-1928）

1、十六年江海關二五附稅國庫券

1927年3月底，國民政府向上海金融界尋求支持與經濟援助，為了保全新舊債權，上海銀行、錢莊兩大公會曾提出三項要求，分別是：（1）盡速發行庫券，改用債券借款；（2）賠償寧漢分裂，漢口實施集中現金辦法，金融界所遭受的損失；（3）宣布承認償還北洋政府舊欠的辦法等。上海金融業是南京國民政府重要的經濟後盾，這些要求也大致獲允處理。

1927年5月13日發行的「江海關二五附稅國庫券」，便是回應上海金融界的要求，這是南京國民政府成立後首度公開發行的公債。債額三千萬元，月息7%，三十個月期，十足發行，以江海關二五附稅作抵，取代原先國民政府與上海金融界之間的借款形式，庫券發行後主要也是由上海與江浙等地金融、工商各界所認購或作為借款抵押，1929年12月全部償清。

2、十六年續發江海關二五附稅國庫券

1927年10月，發行「續發江海關二五附稅國庫券」債額兩千四百萬元，月息7%，四十個月期，充作軍政各費與償還借款之用，發行時預付三個月利息。1928年1月，修改發行條例，發行總額增為四千萬元，月息訂為8%，自1929年起基金改由新增關稅項下撥付，1932年1月底止，尚欠本金一千五百萬元。

3、十七年捲菸稅國庫券

1928年4月，發行捲菸稅國庫券，以籌措北伐所需軍政各費，債額一千六百萬元，月息8%，三十二個月期，以捲菸統稅擔保。1930年11月底全部償清。

4、十七年軍需公債

1928年分兩期發行軍需公債，債額一千萬元，年息八釐，十年期，以全國印花稅收入為擔保，九八折發行。第一期六百萬元於1928年5月1日發行，第二期四百萬元於1928年6月1日發行。1938年到期償清。

二、北伐完成之後（1928－1932）

1、十七年善後短期公債

1928年6月底，北伐完成後所發行。債額四千萬元，年息8%，五年期，指定煤油特稅為本息基金。發行期間三個月，第一個月交款九二實收，第二個月九三實收，第三個月九四實收，預扣第一期的半年利息；實際發行三千八百萬元。1929年2月起，因煤油特稅取消，改以關稅新增項下撥付。至1932年初，尚欠本金一千兩百萬元。

2、十七年津海關二五附稅國庫券

1928年7月發行。債額九百萬元，月息8%，三十個月期，九八實收，預付三個月利息；作為補充年度預算不足與臨時需要之用。以津海關二五附稅擔保，1929年改以新增關稅項下償付，另設津海關國庫券基金保管委員會保管本息基金。

3、十七年金融短期公債

1928年10月發行。債額三千萬元，年息8%，七年期，九二實收，以供建設金融事業之用，其中兩千萬元充作中央銀行三股本；指定關稅內德國退還庚款擔保。至1932年1月底，尚欠本金兩千三百七十萬元。

4、十七年金融長期公債

1928年11月發行，十七年金融短期公債，債額四千五百萬元，年息2.5%，二十五年期，以整理寧漢分裂期間漢口中央、中國、交通銀行鈔票之用，指定關餘為擔保。此一公債，也是國民政府履行先前對於上海金融界的承諾。

1926年底，國民革命軍北伐軍占領湘鄂，在武漢設立漢口中央銀行，發行印有漢口字樣的中央銀行兌換券，以供流通。

次年3月，蔣介石領導的南京國民政府與汪兆銘為首的武漢國民政府，因各自堅持清共與容共路線而起內訌，導致「寧漢分裂」。南京國民政府隨即展開對武漢的經濟封鎖，一方面禁止漢口中央銀行鈔票在其統治區內流通，另一方面則鼓勵商人在上海低價收買漢口中央銀行鈔票，再到武漢購買貨品運回上海，轉售現金，使得漢口中央銀行鈔票大量滯留武漢，無法流出，已經流出的鈔票則又回流，致使漢口中央銀行出現擠兌和貨幣貶值。

十七年金融長期公債，十元票。

　　為了因應南京方面的經濟封鎖，武漢政府隨即頒布《集中現金條例》[10]，宣布凡完納國稅，流通市面，均以漢口中央銀行紙幣及中國、交通兩銀行鈔票為限，禁止現洋、現銀出口。武漢政府並查封了各銀行現金庫存，強行將中央、中國、交通三行庫存鈔票投入市場並停止兌現，其中以漢口中央銀行的三千多萬元占最多，也導致該行被迫關閉重整。此一條例頒布

10　1927年4月17日，武漢國民政府頒布《集中現金條例》：

第一條：國民政府為維持金融集中現金起見，特頒本條例。無論何人，均應遵守。

第二條：凡完納國稅，流通市面，均以中央銀行所發漢口通用紙幣及中國銀行、交通銀行所發之漢口通用鈔票為限。

第三條：凡持有現幣或其他商業銀行紙幣者，得向中央、中國、交通三銀行及各郵局隨時兌換中央、中國、交通三銀行紙幣。

第四條：凡收付銀兩，均用紙幣。每元法定七錢一分，不得自由增減。

第五條：非經財政部特許，絕對禁止現洋、

現銀出口。

第六條：凡拒收中央、中國、交通三銀行紙幣，或收買現幣，或抑勒紙幣的價格；或抬高物品市價及其他違反本條例規定之行為，經人民告發，查明確實者，按律嚴辦。

第七條：本條例自公布日施行。

後，無異於宣告這些鈔票為不兌換紙幣，立即引發金融市場恐慌，資金外逃，鈔價狂跌，物價大漲。

這種對峙持續了五個月，1927年9月22日，寧漢復合，《集中現金條例》宣告取消。寧漢分裂期間，持有大量漢口中央、中國、交通銀行鈔票的江浙金融界，遭受池魚之殃，蒙受極大損失。因此，上海銀錢兩會在南京政府要求提供借款的同時，特別將相關損失賠償列為條件之一。1928年11月1日，北伐已結束，國民政府財政部發行長期金融公債四千五百萬，以債票換回漢口中央、中國、交通三行鈔票，彌補持票人損失，同時也回收從前發行的湘鄂贛三省通用大洋券、湘贛桂三省通用毫洋券[11]。

十七年金融長債，年息2.5%，是國民政府所發行公債中，利息最低者，期間長達二十五年之久，前五年只付息，後二十年攤還本息，本息基金以關餘撥付。1932年2月國民政府整理公債，改以關稅每月提撥八百六十萬之內債基金內撥付。1936年國民政府發行統一公債時，因條件特殊，難與其他公債一併歸類整理，被排除在外，未予更換[12]。

此項公債原應於1953年9月全數還清，1948年9月根據國民政府所頒布的《政府法幣公債處理辦法》，提前於1949年4月之前按面額增加六萬五千倍償還；1949年3月頒布《法幣公債清償修正辦法》，再改為按面額增加一百三十五萬倍，折合金圓券後償還。

5、十八年賑災公債

1929年1月發行。債額一千萬元，年息8%，十年期，九八實收，以供賑濟西北各省災荒之用。以新增關稅為擔保，1932年1月，尚欠本金七百萬元。

6、十八年裁兵公債

1929年2月發行，債額五千萬元，年息8%，十年期，九八發行，以實施裁兵與補助編遣期間預算不足之用，以新增關稅為擔保，1932年1月，尚欠本金三千五百萬元。

---

11 財政部財政年鑑編纂處，《財政年鑑》，頁1275，民國二十四年九月。

12 《財政部財政史料陳列室》，統一公債與復

興公債史料，「經過會議討論，決定將原有三十多種，期限不一的內國公債、庫券與憑證，發行統一公債，即將屆期的善後公債，利率頗低，期限本長的的十七年金融長期公債，以及另外指定附稅為基金的海河公債，不予換償。」

7、十八年續發捲菸稅國庫券

1929年3月發行，債額兩千四百萬元，年息8%，三十四個月期，以補充政府預算之不足，以捲菸稅為擔保，1932年1月底，全數償清。

8、十八年疏濬河北省海河工程公債

1929年5月發行，債額四百萬元，年息8%，十年期，專充疏濬河北省海河工程及收用土地等費用，以津海關值百抽五稅收項下附徵8%之收入作抵，委託津海關二五附稅國庫券基金保管委員會代為保管。1932年1月，尚欠本金三百萬元。

9、十八年關稅庫券

1929年6月發行，債額四千萬元，年息7%，六十二個月期，九八實收，以整理稅款及抵補稅款期內不敷之用，以關稅增加收入擔保。1932年1月，尚欠本金兩千一百四十二萬一千五百零五元。

10、十八年編遣庫券

1929年9月發行，債額七千萬元，年息7%，一百個月期，九八實收，作為編遣費及編遣期間軍費不敷之用。以關稅增加收入擔保。1932年1月，尚欠本金四千九百七十萬元。

11、十九年關稅公債

1930年1月發行，債額兩千萬元，年息8%，十年期，以換償1927年武漢國民政府所發行、並於1930年到期的「整理湖北金融公債」；以關稅增加收入擔保。1932年1月底，尚欠本金一千六百萬元。

12、十九年電政公債

1930年3月發行，債額一千萬元，年息%，九八實收，十年期，作為整理及擴充電報、電話、無限電之用；以交通部國際電報費收入全部為本息基金，不敷則以其他電政進款撥足。

13、九年捲菸庫券

1930年4月發行，債額兩千四百萬元，年息8%，九八實收，三年期，以充國庫周轉，實際用途應與籌措中原大戰所需軍費有關；以捲菸稅擔保。1932年1月底，尚欠本金一千三百四十四萬元。

14、十九年關稅短期庫券

1930年8月發行，債額八千萬元，年息8%，九八實收，五十八個月期，以調劑金融財政之用，實際用途應與籌措中原大戰所需軍費有關；以關稅增加收入擔保。1932年1月底，尚欠本金六千三百六十八萬元。

十九年關稅短期庫券，十元券。

收回廣東粵漢鐵路民股之用，民股每股面額毫洋五元兌換債票國幣四元，因此債票面額採用四元、四十元與百元三種。以廣東粵漢鐵路餘利為基金，前五年只付息，第六年起分二十年抽籤還本。歷經二十年，起自清末的收歸國有工作，終告完成。此後本息償還情形不詳。

15、十九年善後短期庫券

1930年11月發行，債額五千萬元，年息8%，九八實收，六十六個月期，作為中原大戰善後之用；以關稅增加收入擔保。1932年1月底，尚欠本金四千一百六十萬元。

16、十九年鐵道部收回廣東粵漢鐵路公債

1930年1月發行，債額兩千萬元，年息2%，作為

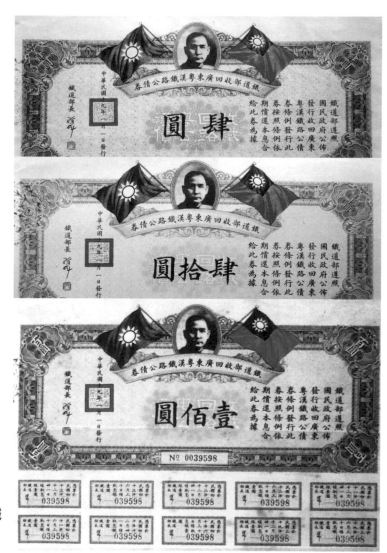

十九年鐵道部收回廣東粵漢鐵路公債，四、四十、百元票。

17、十九年電氣事業短期公債、
長期公債

民國十七年（1928），國民政府成立建設委員會掌管全國建設計畫，其中也包含水利電氣事業開發，十九年（1930）12月為收辦戚墅堰電廠事業，發行電氣事業長期公債，總額一百五十萬元，年息6%，期限十五年；以及電氣事業短期公債，總額兩百五十萬元，年息8%，期限八年。

短期公債如期償還完畢，長期公債原訂民國三十三年（1944）十二月三十一日全數還清，卻因抗戰的關係而耽擱。

電氣事業長債主要是作為收購戚墅堰電廠之用，該電廠是在1928年10月1日

被收歸國有的兩家私營電廠合併而成，分別為1909年成立於無錫的耀明電燈公司及1920年由施肇曾、楊廷棟等與德國西門子公司（Siemens China Co.）合資創辦於武進戚墅堰的震華電機製造廠。電氣事業長債的發行，主要用於償付兩家電廠股東的股權，其中也包含西門子公司的持股[13]。

抗戰勝利後，國民政府財政部宣布《各項內債普遍恢復償付及逾期債票補付本息辦法》，三十年以前發行的公債，從民國三十五年七月一日開始在收復區還本

---

13 鄭會欣，《從投資公司到「官辦商行」：中國建設銀公司的創立及其經營活動》，頁147–148。中文大學出版社，2001年。

十九年電器事業長期公債，百元票。

付息。超過兌取領取期限之利息，也自恢復償付之日起六個月內予以補付。十九年電氣事業長期公債，也在恢復領取本息的行列。

由於戚墅堰電廠又在1937年與首都電廠合併，引入商股，成立揚子電氣公司，為了恢復公債償付的問題，財政部公債司函請揚子電氣公司依規定辦理，但經回覆：該公債債票原為敵商西門子洋行與戚墅堰電廠股東所持有，無其他債票流入市場，已無再補付本息的必要[14]。西門子公司，對於中國而言，為戰時的敵國公司，其持有的債票成了「敵國債務」[15]，不予償還，是符合國際規範；但因中國並未如英美等國建立申報制度，逐一審核公債

來源與持有人身分，對於其他戚墅堰電廠股東持股也一併拒付，則似欠缺依據。不過，電氣事業長債也就此不了了之，未再獲償本息；在此之前，已還本七十三萬五千元，尚欠七十六萬五千元。

18、二十年捲菸稅庫券

1931年1月發行，債額六千萬元，年息7%，九八實收，七十八個月期，以彌補十九年善後短期庫券之不足；以捲菸統稅擔保。1932年1月底，尚欠本金五千兩百一十四萬元。

19、二十年關稅短期庫券

1931年4月發行，債額八千萬元，年息8%，九八實收，一百個月期，以供稅收淡季之國庫周轉；以關稅增加收入擔保。1932年1月底，尚欠本金七千兩百萬元。

20、二十年統稅短期庫券

1931年6月發行，債額八千萬元，年息8%，九八實收，七十八個月期，因國庫短絀，補助軍政各費；以財政部統稅署徵收捲菸稅餘款及棉紗、麥粉等稅為擔保。1932年1月底，尚欠本金七千三百六十萬元。

21、二十年江浙絲業公債

1931年，全球進入經濟大蕭條，長江

14　《前建設委員會民國十九年電氣事業長期公債恢復償付辦法》本公債本息應於三十三年十二月三十一日全數償清，前因戰事關係，基金無著，曾停付本息，茲訂於自三十六年三月一日起至三十六年八月三十日止補行一次償付，逾期不再補付，所有愆期利息，一律免計。……通知揚子電氣公司遵照將該債本七十六萬五千元、息金三十二萬一千三百元，兩共一百零八萬六千三百元，剋日撥存貴局基金戶……經函詢財政部公債司去後，茲准該司京公四字第九一六號函覆略開：以該項債票原持有人係敵商西門子洋行及前戚墅堰電廠各股東，似無零星票散在市場，其各次中籤票面即到期息票，均經兌付清楚，無須再規定補付之必要……。（金融法規大全，頁320。轉引自千家駒，舊中國公債史資料）。

15　筆者，〈敵國債務〉，《算舊帳─歷數早期中國對外債券》，頁124–125。

下游的棉紡業和繅絲業，因蠶繭歉收，以致成本大增，歐美進口數量急遽萎縮，卻又面臨來自日本與印度的競爭，銷售價格跌破生產成本，不僅農村因而破產，貸款銀行受到影響也接連倒閉。1931年4月，國民政府針對江浙絲業實施補貼政策，發行江浙絲業公債，債額八百萬元，實發六百萬元，月息8%，十足發行，七年半期，以救濟並改良江浙絲業。以江浙兩省絲出口附稅為本息基金，另組江浙絲業公債基金保管委員會保管。依據政策規定江浙絲廠每架絲車均可獲得公債面額八十元的補貼[16]。1932年1月底，尚欠本金五百七十萬元。

22、二十年鹽稅短期庫券

1931年8月發行，債額八千萬元，月息8%，九八實收，七十八個月期，作為補充國庫之用；以國庫徵收之鹽稅擔保。1932年1月底，尚欠本金七千五百二十萬元。

23、二十年賑災公債

1931年9月發行，債額八千萬元，月息8%，九八實收，十年期，作為賑濟各省水災災民之用；以鹽稅統稅為擔保。因九一八事變，募集困難，改以關稅項下附徵10% 充作救災費用；實際發行三千萬元。1932年1月底，尚欠本金兩千八百五十萬元。

24、二十年金融短期公債

1931年底發行，債額八千萬元，年息8%，九八發行，七年半期，作為調劑金融之用；以關稅項下德國退還庚款擔保。因九一八事變爆發，發行困難，部分債票持向銀行錢莊抵押借款。

16　（日）城山智子，《大蕭條時期的中國：市場、國家與世界經濟（1929–1937）》，江蘇人民出版社，2010年，頁67。

三、二十一年公債整理案（1932）

國民政府因九一八、一二八事變接連發生，引發金融危機，於1932年2月進行大規模公債整理，減少本息與延長償還期限，並另行指定本息基金。

國民政府初期對於各公債的還本付息，原本還能維持正常作業，但因幾次驟變的關係，基金短缺，債信惡化，開始出現大規模停付本息，引發公債價格暴跌，金融停滯，國家稅收短缺等一連串問題。

1932年2月26日，財政部提出降息緩付的公債整理案。所有公債庫券，除十七年金融長短期低利公債與十八年疏濬河北省海河工程短期公債按照原案辦理之外，本金全部減為四成，還本付息期限，延長一倍，公債利息降為六釐[17]，庫券降為五釐。各債票原指定作為擔保的二五附稅、退還庚款、印花稅、關稅附捐、出口特稅、統稅、鹽稅等，一律取消，除海河公債本息及江浙絲業公債本金仍照原案辦理外，其餘公債及江浙絲業公債利息，改由財政部統一自關稅項下每月提撥八百六十萬元之本息基金償付。除海河公債及十七年金融長短期公債外，整理六釐、整理七釐兩公債換發新票，其餘分別加給息票。

按持票人團體之要求，國民政府於4月5日設立國債基金管理委員會，以總稅務司、公債司長、關務署長為當然委員，另邀請上海銀行公會、上海錢業公會、全國商會聯合會、持票人會、華僑代表共同組成，取代原有的「二五庫券基金保管委員會」，負責管理內國公債基金。

整理公債的意義，代表政府單方變更公債還本付息的條件，是一種政府的統治行為，百姓遭受損失，也只能默默承受，這是認購國內公債的潛在風險。這種風險不只發生在公債的條件變更，也在政府的保證上；為取得上海銀行公會與錢業公會等團體的支持，財政部承諾緊縮支出，四年內不再向金融業借款，也不發行公債，但言猶在耳，1933年起又恢復發行公債。

同一期間的中國對外公債，也面臨無法正常償還本息的問題，但由於是以借款合同為依據以及外國政府的關切，情況就有所不同。對外公債多數有中國政府以關、鹽等稅收擔保債務，即使欠缺擔保，但若不按規定還本付息的違約糾紛，仍會招致外國政府出面干涉，甚至施壓。因此，對外公債相關條件的變更，一般是中國政府與各方長期協商折衝下的結果。

---

17 海河公債後來經財政部核准，仍照原訂利率月息八釐計算。

四、二十一年公債整理案之後（1932－1936）

1、二十二年愛國庫券

1933年3月，日軍進犯熱河、山海關，為鞏固國防，國民政府特准北平政府委員會於發行，債額兩千萬元，月息5%，九八發行，三個月內交款九折實收，四十五個月期，以捲菸稅項下每月提撥五十萬元作為本息基金。

2、二十二年續發電氣事業公債

1933年9月26日，為擴充首都及戚墅堰兩電廠暨建設淮南電廠事業，建設委員會獲准發行。債額六百萬元，年息6%，十足發行，十五年期，指定以首都及戚墅堰兩電廠暨淮南電廠完成後之地基、房屋、機器及營業盈餘作為擔保。

1933年抵禦日軍進逼關內的古北口戰役。

3、二十二年華北救濟戰區短期公債

1933年11月1日，財政部所發行。債額四百萬元，年息6%，九八實收，五十七個月期，作為賑濟戰區與補助農村之用；以展限續徵之長蘆鹽稅附加農田水利基金充當本息基金。

4、二十二年關稅庫券

1933年11月4日，財政部發行。債額一億元，月息5%，九八實收，十二年半期，供周轉國庫之用；以關稅增加收入作為本息基金。

5、二十三年關稅庫券

1934年1月13日，財政部發行。債額一億元，月息5%，九八實收，七年期，作為償還銀行積欠，安定金融之用；以關稅收入作為本息基金。

6、二十三年第一期鐵路建設公債

1934年5月1日，鐵道部發行，為興築新路、整理舊路之用。第一期債額一千兩百萬元，年息6%，九八實收，八年期，專

充玉萍鐵路之用；以鐵道部直轄國有鐵路餘利為基金。

7、二十三年玉萍鐵路公債

1934年6月1日，財政部會同鐵道部發行。債額一千兩百萬元，年息6%，九八實收，八年期，以供修築玉萍鐵路之用；以中央撥交江西地方鹽附捐項下每年一百九十三萬元為本息基金。

8、二十三年關稅公債

1934年6月30日，財政部發行。債額一億元，月息6%，九八實收，十年期，以供彌補年度總預算收支不敷之用；以換回銷毀之「二十三年關稅庫券」票面五千萬元原有基金擔保，不敷之數由新增關稅項下照數補足。

9、二十四年俄退庚款憑證

1935年1月，財政部發行。債額一億兩千萬元，月息6%，十一期，未經公告也未流通市場，僅供銀行對政府墊款質押之用；以俄退庚款為擔保。

10、二十四年統稅憑證

1935年2月，財政部發行，債額一億兩千萬元，月息6%，十一年期，未經公告也未流通市場，僅供銀行對政府墊款質押

之用；以統稅為擔保。

11、二十四年金融公債

1935年4月1日，財政部發行，債額一億元，年息6%，十年期，為充實銀行資金、撥還墊款、鞏固金融、便利救濟工商業之用；以新增關稅為本息基金。

12、二十四年四川善後公債

1935年7月1日，財政部發行，債額七千萬元，年息6%，十足發行，九年期，作為督促四川剿匪、辦理善後建設事業及整理債務之用；以中央徵收四川部分鹽稅項下撥款為本息基金。

13、二十四年整理四川金融庫券

1935年8月1日，財政部發行，債額三千萬元，月息5%，九八發行，六十四個月期，用於整理四川金融與剿匪；以中央所收四川部分統稅及印花菸酒稅撥款為本息基金。

14、二十四年電政公債

1935年10月1日，財政部與交通部共同發行，作為整理與擴充電報、電話及無線電之用。債額一千萬元，年息6%，九八實收，七年半期；以交通部國際報費項下餘款作為本息基金。

15、二十四年水災工賑公債

1930到1935年期間，中國接連遭逢世紀最大天災。根據記載[18]，1931年發生了中國近代最大的水災，江淮流域損失慘重，武漢遭大水圍困經月；1934年，又遇到從所未見的旱災；到了1935年，水旱災齊發，打破過去紀錄，長江、黃河同時氾濫，災區遍及湖南、湖北、安徽、江西、江蘇、山東、河北等省，僅湖北、湖南兩省，就有十四萬人以上因洪水而喪生。

為了救災，1931年國民政府緊急與各國協調後，開徵海關關稅的救災附加稅；同年9月，與美國簽訂美麥借款合同，購入四十五萬噸美麥，購價共計九百二十一萬兩千八百二十六‧五十六美元，約定1934年起分三年償付，年息4%，以水災附加稅擔保[19]。

但，當時國內的急難救濟，都屬於臨時性作為，並未建立制度，也無固定經費來源，主要是依靠外國捐助及政府撥款[20]。

1930年10月「救災準備金法」頒布，規定國民政府每年由經常預算收入總額內撥出1%當中央救災準備金，並以五千萬元為上限；省政府每年則應由經常預算收入編列2%，每百萬人口以二十萬元為上限；救災準備金列入預算，專為賑災之用，不得挪移。這項救濟專法，使得中央與各省政府的賑災預算邁向法制化，避免了與其他政府支出間的排擠效應。1935年，救災專責機關的組織條例完成立法。政府開始

---

18 中國經濟情報社編，《中國經濟年報》，上海，1936年。

19 中國第二歷史檔案館編：《中華民國史檔案資料彙編》，第五輯，第一編　財政經濟，頁267–270。

20 1920到1930年華洋義賑會經手賑款的來源，國外人士捐助達九百七十三萬零七十六‧七二元占總數的29.8%，政府撥款則為一千零二十一萬四千一百一十四‧三元，占31.3%。參閱：武艷敏，〈南京國民政府時期救災資金來源與籌募之考察——以1927-1937年河南省為例〉，山東師範大學學報，2012年第二期。

1931年漢口大水，逾月未退。

1932年英國民間賑災捐款。

針對救災準備金編列預算[21]。

11月，國民政府立即以救災準備金作為還本付息之基金，發行二十四年水災工振（賑）公債，總額兩千萬元，年息6%，十二年期。

1936年2月，法幣政策開始實施，國民政府同時整理未到期的銀元公債，以統一公債換償。甫發行的水災工賑公債，於是成為銀元時代的最後公債。

水災工賑公債的募集情形不詳，但由於時間緊迫，有相當部分是以政府機關公務員薪俸搭配[22]，以及作為捐助年度預算編列的加薪款項[23]等方式發出。1936年，經收回並換償成統一公債戊種債票後，隨即從市面消失。

21　蘇全有‧劉省省，〈論民國時期《救災準備金法》的實施〉，《河南科技學院學報》（社會科學版），2013（3）年。

22　中央研究院近代史研究所，件名「所屬各機關公務員薪俸搭配水災工賑公債」，1935年11月，館藏號26-01-015-01與1936年4月，館藏號26-01-015-03。

23　1935年水災慘重，計畫的長江、黃河堵口修堤工程所需之款，庫幣奇絀，擔負困難；發行公債，則基金難籌，且又不易。財政部擬飭將所管之海關、鹽務稽核所1935年預算內應行的服務人員加薪進級之款，一律捐助，並請飭鐵道、交通兩部一律辦理。難賓，〈本年水災概況及中央救災辦法〉，《東方雜誌》，1935年。轉引自武艷敏，前揭文。

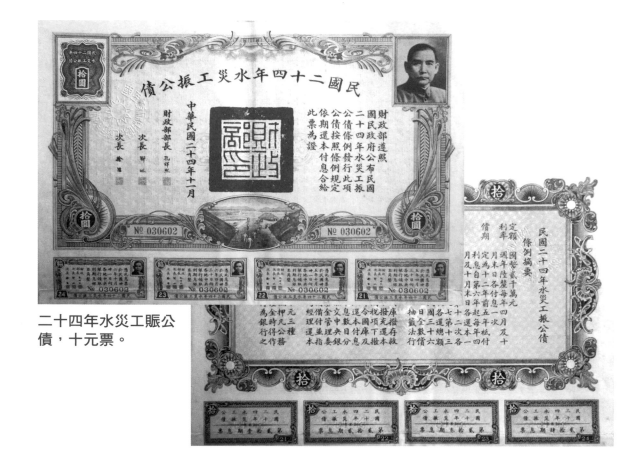

二十四年水災工賑公
債，十元票。

五、二十五年公債整理案

民國二十四年（1935）下半年，美國開始收購中國白銀，藉以支持中國的幣制改革，並提高其國內的白銀儲備率。11月，中國銷往美國的白銀已高達一億萬八千七百萬盎斯，換來一億美元的幣改基金[24]。但，大量白銀自市場抽離後，中國的銀本位制已搖搖欲墜，經濟蕭條，關稅減收，在撥付外債與賠款後，內債本息基金平均每月仍短少約四百萬元之多[25]，

24　（日）城山智子，《大蕭條時期的中國：市

場、國家與世界經濟（1929–1937）》，江蘇人民出版社，2010年，頁86–88。

25　「統一公債與復興公債史料」，財政部財政史料陳列室。

國民政府因此加快腳步實行法幣政策，同時也對於過往以銀元發行的國內公債進行整理。

1、二十五年統一公債

1936年1月底，國民政府已累計發行公債、庫券、憑證等三十九種，積欠本息十四億六千多萬元。2月，財政部公布《民國二十五年統一公債換償舊有各種債券辦法》，除特別指定基金或不適合併換發者六種外，其餘三十三種，一律調換各種統一債票。不同於1932年整理案，是採取減少本息、延長償還期限的作法，這次是以新債換舊債，按實欠債額換償歷年發行的公，以及債券部分未償還的北洋舊債。

舊有各公債本息大小不一，償還期限長短不同，換成統一公債，年息均為6%，年限長短分為甲、乙、丙、丁、戊種五類債票。不過，整理對象主要是財政部所發行的公債，以及少數國民政府承諾承受的北洋時期公債，至於交通、鐵道等部所發行者與特定長期低利公債如十七年金融長期公債等，則被排除在外。

統一公債，共發行十四億六千萬元，以當時剛發行的法幣為貨幣單位，以關稅收入扣除償還外債後的關餘作為擔保，五種統一債票的發行金額、還本期限、換發起始日期分別為，甲種：一億五千萬元，十二年，1936年3月11日；乙種：一億五千萬元，十五年，3月21日；丙種：三億五千萬元，十八年，4月1日；丁種：五億五千萬元，二十一年，4月11日；戊種：兩億六千萬元，二十四年，4月21日。換發作業全數訂於1936年6月底截止，逾期未換的舊公債一律作廢。調換公債名單如下：

二十五年統一公債	調換公債
甲種債票	二十二年愛國庫券、短期國庫證、十八年關稅庫券、二十二年華北戰區公債、治安公債、十九年關稅庫券
乙種債票	十九年善後庫券、二四庫券、二十四年整理四川金融庫券、二十三年關稅庫券、二十年捲煙稅庫券
丙種債票	十八年編遣庫券、二十年統稅庫券、二十年金融短期公債、二十年鹽稅庫券、二十年江浙絲業公債、十八年賑災公債、軍需公債、十八年裁兵公債、二十年關稅庫券
丁種債票	十九年關稅公債、七年六厘公債、二十年賑災公債、二十三年意庚款憑證、二十四年金融公債、二十三年關稅公債、二十四年俄款憑證
戊種債票	二十二年關稅庫券、二十四年水災工賑公債、整理七厘公債、整理六厘公債、十五年春節庫券

國民政府歷來的各種銀元公債，在換發統一公債之後，隨即回收銷毀。雖然種類與數量龐大，遠超過北洋時期，但因回

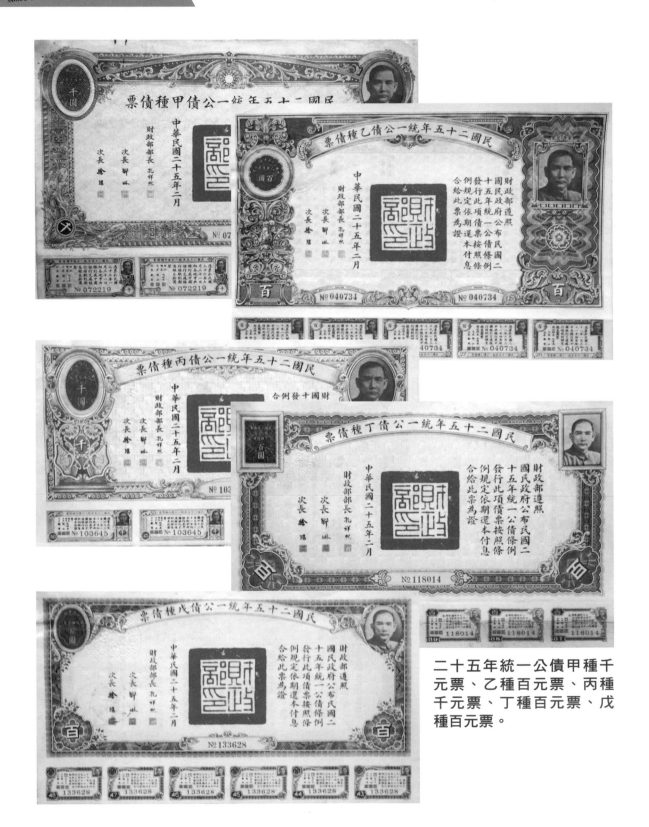

二十五年統一公債甲種千元票、乙種百元票、丙種千元票、丁種百元票、戊種百元票。

收換償執行徹底，以致許多公債如今僅知其名，債票則幾乎全數自市面消失。

至1946年底止，統一公債各種債票，尚欠本金九億八千兩百三十四萬元。1948年9月，國民政府頒布《政府法幣公債處理辦法》，增加償還倍數提前償還法幣公債，統一各債票，按面額增加償還兩萬七千倍。到了1949年3月，又制定《法幣公債清償修正辦法》之規定，統一公債各債票部分，按面額均增加一百三十五萬倍，折合金圓券後，限期於1949年4月前辦理完畢。

2、二十五年復興公債

二十五年統一公債發行的同時，為了穩定公債市場、增進投資信心，因此成立平準基金，發行復興公債，債額三億四千萬元，年息6%，二十四年期，以關稅項下，除撥付賠款、外債、十七年金融長債及二十五年統一公債基金外，所餘之稅款內撥付本基金。

至1946年底止，尚欠本金兩億八千一百五十二萬元。與統一公債相同，因國共戰爭期間通貨膨脹十分嚴重，國民政府訂定辦法增加倍數提前償還法幣公債，1949年3月規定復興公債部分增加一百三十五萬倍，折合金圓券後，限於1949年4月前辦理完畢。

六、二十五年公債整理案之後（1936－1937）

1936年統一、復興公債發行後到抗戰爆發前，國民政府陸續又發行了七種公債：

1、二十五年第二期鐵路建設公債

1936年2月1日，鐵道部發行第二期鐵路建設公債，作為興築玉萍鐵路南萍段之用。債額兩千七百萬元，年息6%，九八發行，十年半期；以鐵道部直轄國有鐵路餘利為基金。

2、二十五年第三期鐵路建設公債

由財政部與鐵道部共同發行，債額一億兩千萬元，於1936、1937、1938年的3月1日分三次發行，每次四千萬元，作為興築湘黔、川桂等幹路，補助平綏、正太、隴海、膠濟等路延長舊有路線之用，年息6%，九八發行，均為二十年期；以興築延長各新路及其他各路之餘利為基金。但，僅前兩次發行。二十八年間，因基金來源斷絕，停付本息。至二十九年一月底止，尚欠本金七千七百三十八萬兩千五百元。

3、二十五年四川善後公債

1936年4月，財政部發行。債額一千五百萬元，年息6%，十五年期，以中央徵收四川部分鹽稅項下撥給補助金每月四萬元及中央徵收四川部分菸酒稅項下撥給補助金每月四萬元，並由四川省政府營業稅向下每月撥解五萬元為基金。至1942年為止，尚欠本金一千零六十五萬元。

國共戰爭期間，國民政府訂定辦法增加倍數，提前償還法幣公債，1949年3月規定四川善後公債部分增加一百三十五萬倍，折合金圓券後，限於1949年4月前辦理完畢。

4、二十五年整理廣東金融公債

1936年10月，財政部發行，作為整理廣東金融、充實毫券準備之用，債額一億兩千萬元，年息4%，三十年期，本息基金由粵區統稅項下指撥。至1942年底止，尚欠本金九千八百四十萬元。

國共戰爭期間，國民政府訂定辦法增加倍數，提前償還法幣公債，1949年3月規定整理廣東金融公債部分增加一百三十五萬倍，折合金圓券後，限於1949年4月前辦理完畢。

5、二十六年京贛鐵路建設公債

　　1937年1月1日，財政部與鐵道部共同發行，供作建築自宣城連接浙贛鐵路貴溪站鐵路之經費。債額一千四百萬元，年息6%，九八發行，十年期，本息基金由鐵道部與管理中英庚款董事會約定借用，由完成粵漢鐵路借款項下，1937至1946年間歸還中英庚款之本金，以及京贛鐵路開始營業後之收入為基金。1939年起，因鐵路淪陷，停付本息，尚欠本金一千三百二十萬元。

6、二十六年關濬廣東省港河工程美金公債

　　1937年4月，財政部發行。以供廣東黃浦關港及疏濬珠江後河工程之用。債額美金兩百萬元，年息6%，九八實收，十六年期，本息基金以粵海關附徵百分之五進口稅撥充。抗戰後，因廣東成為戰區，粵海關收入斷絕，1939年9月起停付本息，尚欠本金美金一百八十四萬元。

7、二十六年粵省鐵路建設公債

　　1937年5月1日，財政部與鐵道部共同發行，充作建設廣州至梅縣鐵路經費，如有餘款時，撥作建設海南鐵路之用。債額兩百七十萬英鎊，年息6%，九八發行，三十年期，由財政部在粵區增收鹽稅項下提撥建設經費專款作為利息，鐵道部在廣梅鐵路營業進款項下撥充本金，如有不足，由鐵道部全數補足。募集情況不明。

七、抗戰時期（1937-1945）

對日抗戰爆發後，隨著國土陸續淪陷，國民政府稅收大幅減少，到了1939年，比起戰前水準，關稅少了近八成、鹽稅減少近六成，統稅更降低約九成[26]。為了彌補國庫短缺，除了擴充稅目，包括開徵與過分利得稅、營業稅和遺產稅、將原屬地方稅的印花稅轉變為國稅、加強課徵所得稅等，並增加印鈔，而大量發行公債成了重要手段。

為了公債勸募事宜，國民政府在中央成立「戰時公債勸募委員會」，後來改組為「財政部公債籌募委員會」，各級政府則有分會，層層分派至各鄉鎮等基層組織；各行各業與海外僑團也都成立籌募隊伍，黨政軍、公務機關、學校等團體與單位均承擔一定額度。戰時各種公債，便是採用這種以派募為主、勸募為輔的辦法募集。其中，海外華僑的捐輸最為踴躍，特別是南洋僑胞，英屬海峽殖民地一地派定救國公債的額度即高達一億元；而戰時各種公債，華僑承購的比例也常在實售總額的三成以上[27]。

抗戰初期，公債收入確實挹注國民政府大量財源，但到了抗戰後期，由於法幣發行量的急速擴大，貨幣貶值加快，公債發行量的成長已無法趕上，貢獻度因而下降。抗戰期間的貨幣公債累計發行總值為法幣一百五十一‧九二億元、關金一億金單位、英鎊兩千萬鎊、美金二‧一億元[28]。法幣發行總額，則從1937年的十四億元，擴增至抗戰勝利時的五千五百多億元，成長近四百倍；受到物資缺乏、日軍圍堵與商人囤積等因素影響，物價上漲率，更甚於於此。物價逐年增加，並且越晚漲幅越大；1938年的物價漲幅為49%，1939年為83%，1940年為124%，1941年為173%，1942年為235%，1943年為245%，1944年為231%，1945年1到8月為251%[29]。八年期間，法幣累計貶值超過兩千倍。法幣公債的財政效益一直在遞減。

26　陳紅民主編，《中華民國使新論—經濟‧社會‧思想文化卷》，三聯書店，2003年版，頁21。

27　李恩涵，《東南亞華人史》，第十五章〈日本侵華與東南亞華人的援助祖國抗日救亡運動〉。五南圖書出版，2003。

28　《救國公債相關史料》，財政部財政史料陳列室。

29　楊格《中國的戰時財政與通貨膨脹，1937–1945年》。

由於法幣公債的募集，受到貨幣貶值效應的影響大，實際售出的比例也普遍偏低。因此，國民政府又發行了以英鎊、美金等外幣計值的公債，如民國三十一年同盟勝利美金公債、二十七年金公債及二十九年建設金公債等，以及與田賦徵收作業結合的糧食實物庫券等。

1、二十六年救國公債

1937年9月1日發行的救國公債五億元，年息4%，十足發行，1941年起，分三十年償還。個人或團體以現金或有價物品充救國之用者，均按其數額發給債票。本息基金以國庫稅收項下撥付。雖然條件不盡理想，但因國難當頭，海內外應募踴躍。

國民政府特設救國公債勸募委員會於上海，於各省市及海外各地設立分會與支會，辦理宣傳經募事項，後委由中中交農四行續辦。此外，勸募之外，各省與公務機關也實施攤派，以四川省為例，派捐一千七百萬元，全省一百五十個縣市，按照貧富程度分為十四等，攤派金額由四千元至十六萬元不等，銀行、錢莊按實收資本額5%，攤購公債；公職人員每月薪額實得一百元以上者，以一月所得等[30]。勸募外加攤派，總共募得兩億兩千萬元，雖尚不及目標半數，但已達國民政府當年歲入的27%，對於戰時財政提供了龐大的助益。救國公債的募集模式，也為後來陸續開辦的戰時公債所沿用。

30　《救國公債相關史料》，財政部財政史料陳列室。

南洋華僑踴躍認購的救國公債。左上：貼有英屬吉隆坡（Kuala Lumpur）印花稅票。中：貼有英屬海峽殖民地（Straits Settlements）印花稅票。右：加蓋法屬越南「南圻穀商公會」印。

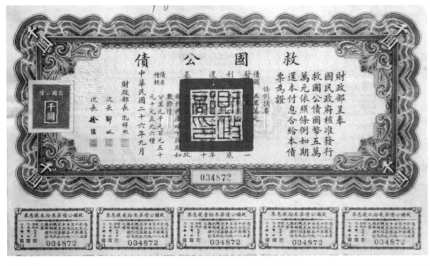

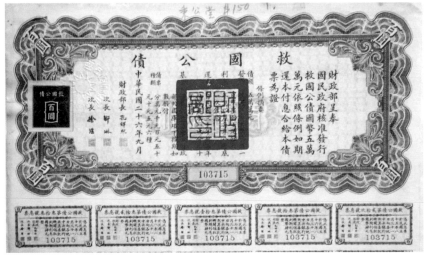

二十六年救國公債，千、百元票。

至1946年底止，尚欠本金四億八千兩百五十七萬兩千零八十二元。國共戰爭期間，國民政府訂定辦法增加倍數提前償還法幣公債，1949年3月規定救國公債部分增加六十五萬倍，折合金圓券後，限於1949年4月前辦理完畢。

2、二十六年整理廣西金融公債

1937年12月發行。債額一千七百萬元，年息4%，二十二年期；以中央在廣西所收鹽稅項下撥款作為基金。

國共戰爭期間，國民政府訂定辦法增加倍數提前償還法幣公債，1949年3月

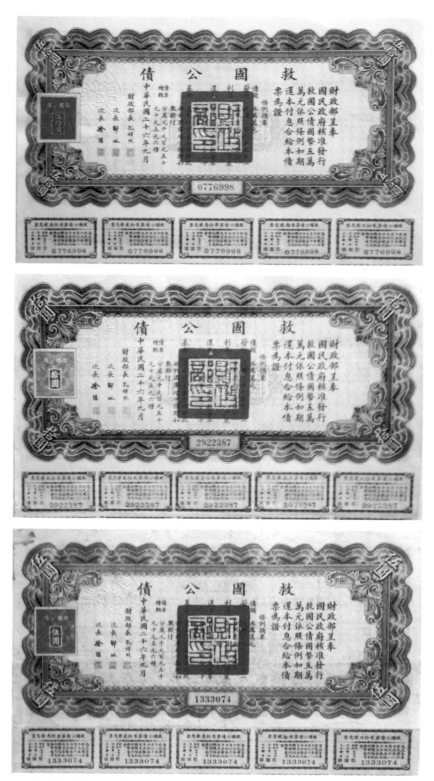

二十六年救國公債，五十、十、五元票。

規定整理廣西金融公債部分增加六十五萬倍，折合金圓券後，限於1949年4月前辦理完畢。

3、二十七年國防公債

1938年5月發行，總額五億元，年息6%，十足發行，自第二年起，分三十年償還；以所得稅收入擔保。由於戰事的關係，經濟較發達的地區先後淪陷，國府控制下的人口不斷縮減，加上救國公債仍在募集期間的影響下，僅募得三千三百多萬元，不到預計發行總數的7%。

至1946年底止，已還本兩千六百八十八萬五千六百五十一元。國共戰爭期間，國民政府訂定辦法增加倍數提前償還法幣公債，國防公債部分增加六十萬倍，折合金圓券後，限於1949年4月前辦理完畢。

4、二十七年賑濟公債

抗戰日久，難民激增，為救護運輸收

二十七年國防公債，百元票。

容給養配置等需款，1938年7月發行，債額一億元，分期發行，第一期三千萬元，年息4%，二十年期；以中央救災準備金為擔保，撥付國庫稅收為本息基金。募集情形不詳。

國共戰爭期間，國民政府訂定辦法增加倍數提前償還法幣公債，1949年3月規定賑濟公債部分增加六十萬倍，折合金圓券後，限於1949年4月前辦理完畢。

結果，共計募得關金一百一十萬單位、英金十三萬兩千三百四十鎊、美金四百六十二萬四千一百八十元。存世所見的二十七年金公債，以美金債票為主，關金、英金甚少。

1949年6月23日，國民政府發行民國三十八年整理美金公債，作為調換外幣公債之用。二十七年金公債英金美金債票部分，調換為整理美金公債乙種債票。

5、二十七年金公債

二十七年金公債，因是以黃金、英鎊、美金等外匯計值之故，所以稱為「金公債」，其中的「黃金」，是指「關金」而言。1938年5月1日，分別發行關金一億單位、五千萬美元、一千萬英鎊，年息5%，十足發行，十五年期，以鹽餘擔保。關金，是指國民政府為了因應國際銀價大跌，於1930年1月改用關金收稅，每一關金單位為○‧六○一八六六克純金，折合○‧四美元（1942年2月，又提高關金含金量為每單位○‧八八八六一克，折合一美元）。這是抗戰時期首度以外匯黃金為單位所發行的公債，吸引不少海外僑胞認購。

二十七年金公債英金債票，五英鎊[31]。

31　圖片來源：上海陽明拍賣公司。

二十七年金公債英金債票，五英鎊。百元（上左）、五十元（上右）、十元（下左）、五元（下右）。

6、二十七年湘桂鐵路南鎮段借款庫券

抗戰爆發後，國民政府為了打通西南後方的國際通道，決定延伸湘桂鐵路，從桂林經柳州、南寧到達邊境的鎮南關，以便進一步與法屬印度支那境內的滇越鐵路銜接，於是啟動了中法雙方的談判。

經雙方政府授權，中國建設銀公司與原承建成渝鐵路的法國銀行團（由巴黎和蘭銀行、東方匯理銀行、拉柴斯兄弟公司與中法銀行合組）進行談判。1938年4月22日雙方達成合作與借款協議，在中國境內部分，國民政府交通部、財政部、中國建設銀公司與法國銀行團簽訂合同，由法

國銀行團提供中國政府一萬兩千萬法郎的建築設備與三千萬法郎現金，並與中國建設銀公司合組中法建築公司，資本額兩萬四千英鎊，中方占51%，法方49%，法方另再墊借中方十二萬英鎊。

1939年3月31日，因訂購機車車輛之需，簽訂附約，增加借款數額至一萬八千萬法郎與十四·四萬英鎊，償還辦法，法郎部分發給期票，英鎊部分發給國庫券。鐵路工程均由中法建築公司承擔。

中國政府發給的國庫券十四萬四千英鎊，年息七釐，每半年付息一次，第四年起每半年還本一次，十五年償清；以鹽餘、南鎮鐵路路產與收入、廣西礦產及其

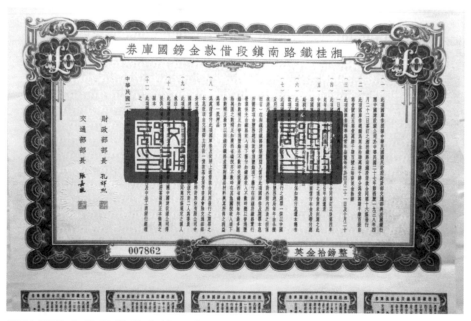

湘桂鐵路南鎮段借款金鎊國庫券，十英鎊券。

他國稅做為擔保，並由交通部成立基金保管委員會負責監督。1939年依據借款附約發行總額十四萬四千英鎊的國庫券，券上註明的民國二十七年（1938），則是沿用借款主約的年份，國庫券由交通部長張嘉璈、財政部長孔祥熙代表中國政府簽字用印。

國庫券內容，全為中文。法國銀行團與中國建設銀公司各承受49%與51%。因作為抵償現金投資之用，並不公開募集。

1939年，南鎮段進入全線鋪軌的最後階段，南寧卻在11月失陷，宣告功虧一簣，相關材料物資只好搶運入越。此後，本息也未曾支付，國庫券實物直至近幾年才有少數流入市面[32]。

7、二十八年軍需公債

分兩期發行六億元，年息6%，十足發行，二十五年期；以統稅及菸酒稅做抵押，並以國庫備補。結果僅募得五百萬元；第一期可能未公開發行。國共戰爭期間，國民政府訂定辦法增加倍數提前償還法幣公債，1949年3月

規定二十八年軍需公債第二期部分增加五十萬倍，折合金圓券後，限於1949年4月前辦理完畢。

8、二十九年軍需公債

1940年3月1日與9月1日各發行六億元，年息6%，九四發行，二十五年期，以國庫收入撥付本息基金。

公債的募集，仍以派募為主，各戶按額定金額繳納後，發給收據，湊足數額後，改發債票。

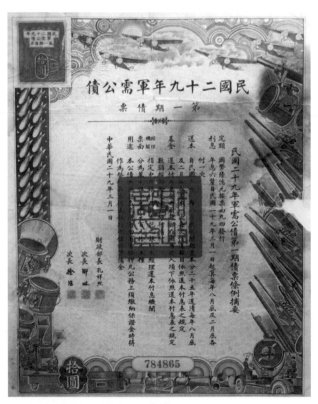

二十九年第一期十元債票。

32　引自筆者，「湘桂鐵路南鎮段借款庫券」，《算舊帳－歷數早期中國對外債券》，頁95。

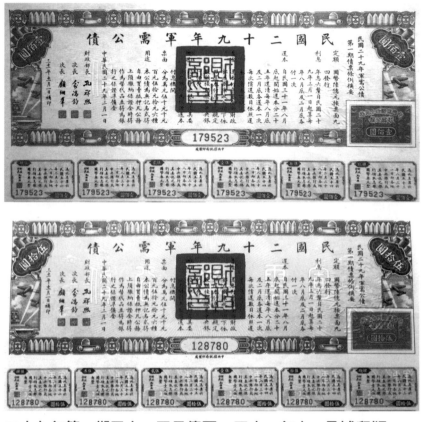

二十九年第一期五十、百元債票，三十一年十一月補印版。

二十九年軍需公債票面最初有十、百、千、五千、萬元五種，三十一年又增印五十元一種，且不斷補印各面額債票，與三十年債票互補互用。

至1942年底，第一期僅還本一百二十萬元，至於第二期，可能未公開發行。國共戰爭期間，國民政府訂定辦法增加倍數提前償還法幣公債，1949年3月規定二十九軍需公債第一期部分增加四十五萬倍，折合金圓券後，限於1949年4月前辦理完畢；第二期部分則並未適用。

9、三十年軍需公債

二月一日、六月一日、十月一日分三期各發行四億元，年息6%，十足發行，以國庫收入撥付本息基金，償還期限二十五年，募集結果不詳。至三十一年底，三期本金全數未還。

由於二十九年軍需公債不足以應付派募戶換領小額債票的需求，因此財政部改提供三十年軍需公債債票。三十年債票共印製了十、二十、三十、五十、百、千、

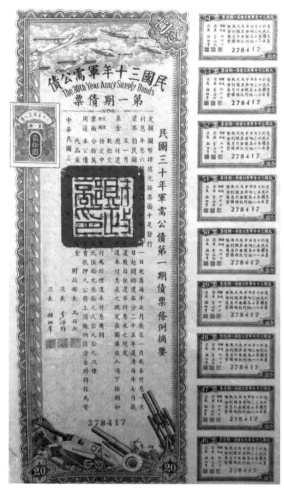

三十年軍需公債第一期，二十元票。

10、二十八年建設公債

　　為籌措建設事業經費，財政部計畫募集六億元，於1939年4月1日與8月1日分兩次發行，年息6%，二十五年期，以已辦及新辦之各項國營事業暨其他建設事業之餘利及鹽稅項下加徵之建設事業專款撥充本息基金。因市況不佳，未對外發行，改由財政部發行「總額預約券」，向中央銀行、中國銀行、交通銀行和農民銀行抵押借款，四行再以總額預約票作為鈔票發行準備。

五千、萬、十萬元等九種債票，除了因應通貨膨脹的十萬元債票，更有二十、三十元等小額票，主要就是提供二十九年公債的派募換領之用[33]。

33　《申報》「二十九、三十年軍需公債，財部公布換票辦法」，上海，1948年10月19日。

11、二十九年建設金公債

發行英金一千萬鎊及美金五千萬元，因此稱為「建設『金』公債」。1940年5月1日與11月1日各發行半數，年息5%，以國庫收入撥付本息基金，償還期限二十五年，分別至1967年4月與10月償清。

至1942年底，第一期英金本金尚欠四百九十八萬鎊、美金本金兩千四百九十萬元；第二期英、美金本金全數未還。目前為止，存世所見以美金債票為主，英金債票幾近絕跡。

1949年6月23日，國民政府發行民國三十八年整理美金公債，作為調換外幣公債之用。二十九年建設金公債英金美金債票部分，調換為整理美金公債丙種債票。

二十九年建設金公債五、十美元債票。

12、三十年建設公債

財政部原計畫1941年11月1日發行建設公債第三期，債額十二億元，年息六釐，二十五年期。

因市況不佳，未對外發行，改由財政部發行「總額預約券」，向中央銀行、中國銀行、交通銀行和農民銀行抵押借款，四行再以「總額預約券」作為鈔票發行準備。

這張民國三十年建設公債十萬元樣張，是建設公債第三期籌備發行期間的產物，十萬元面額，也是戰時各公債之中的最大面額。三十年建設公債已進行至製作債票的階段，因臨時取消公開發行，債票也未正式印行，只保留下樣張。

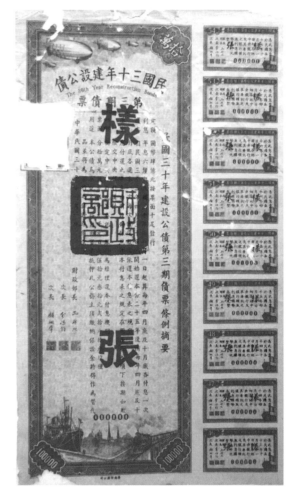

三十年建設公債十萬元票，樣張。

13、三十年航空救國券

航空委員會，是國民政府從北洋時期的航空署改制而成，後來空軍成為獨立軍種，曾直屬於航空委員會。1941年，行政院授權中國航空委員會發行航空救國券，總額美金五百萬元，不計息，作為辦理航空募款購機及推進航空教育之用途；訂於戰爭結束後，分五年抽籤償還。航空救國券，雖然不計利息，仍引起國內外的百姓與僑胞踴躍認購，實際共募得四百零四萬三千兩百五十五元，是戰時公債的佳績。

三十年航空救國券，五十、十、五美元券。

14、三十一年同盟勝利美金公債

1942至1944年間所發行的同盟勝利系列公債，是抗戰後期，國民政府所發行最主要的公債。

同盟勝利的名稱，與1941年中美英蘇形成四國同盟，促成聯合國共同宣言的簽署，共同打擊當時的日德等軸心國的背景有關。國民政府在同盟成立後，第一時間發行了公債。

1942年發行的「民國三十一年同盟勝利美金公債」，總額一億美元，年息4%，十足發行，十年期。因有美國提供的五億美元貸款為擔保，以及民眾得按官價以法幣兌換美金認購，到期再以美元領取本息等措施的激勵下，市場反應良好，幾近完銷。此一公債，在1946年10月，又以上海為主要對象，增發四億美元。

1949年6月23日，國民政府發行民國三十八年整理美金公債，作為調換外幣公債之用。三十一年同盟勝利美金公債部分，調換為整理美金公債乙種債票。

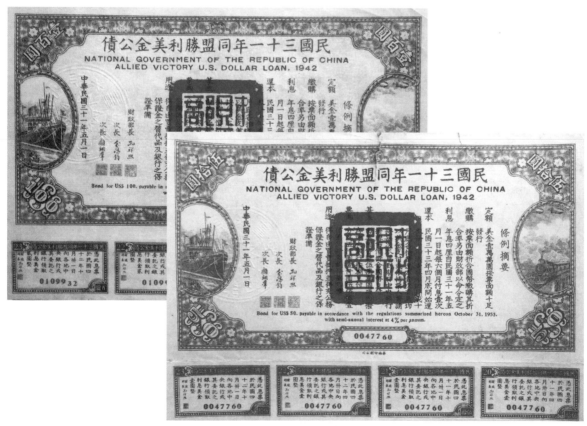

三十一年同盟勝利美金公債，五十、一百美元券。

15、三十一年同盟勝利公債

1942年，同時以法幣發行「民國三十一年同盟勝利公債」，債額十億元，年息6%，十足發行，十年期，實際募得約七億元。因有英國貸款擔保，加上來自經濟條件相對發達的上海大力支持，募集結果，雖不如同盟勝利美金公債理想，但在勸募、攤派、補派、增派等手段軟硬兼施下，算是戰時公債中成果較好者，但也僅接近發行總額的六成。

國共戰爭期間，國民政府訂定辦法增加倍數提前償還法幣公債，1949年3月規定三十一年同盟勝利公債部分增加二十五萬倍，折合金圓券後，限於1949年4月前辦理完畢。

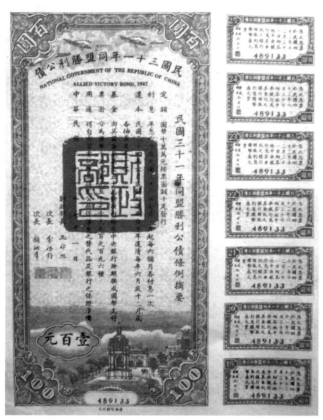

三十一年同盟勝利公債百元票。

16、三十二年同盟勝利公債

1943年，發行「民國三十二年同盟勝利公債」，三十億元，年息6%，十足發行，二十年期。

因僅國庫收入擔保，市場反應不佳，僅募得十二億五千五百四十五萬元。

1948年9月至1949年3月，國民政府訂定辦法增加倍數提前償還法幣公債，1948年9月規定三十二年同盟勝利公債部分增加十五萬倍，折合金圓券後，限於1949年4月前辦理完畢。

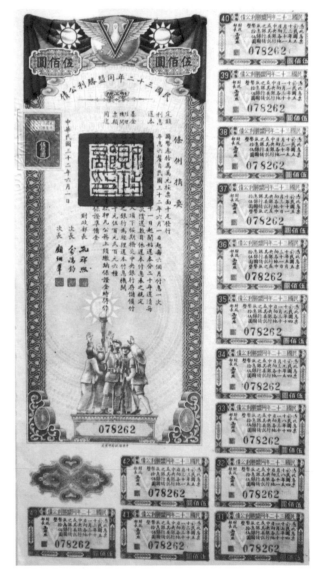

三十二年同盟勝利公債五百元票。

17、三十三年同盟勝利公債

　　1944年，發行「民國三十三年同盟勝利公債」，五十億元，年息6%，十足發行，三十年期。國庫收入擔保，又因法幣貶值之故，僅實募得不到兩成，僅九億兩千六百零八萬元。

　　國共戰爭期間，國民政府訂定辦法增加倍數提前償還法幣公債，1949年3月規定三十三年同盟勝利公債部分增加五萬倍，折合金圓券後，限於1949年4月前辦理完畢。

　　除了1942年的美金公債外，同盟勝利法幣公債，債額逐年大幅遞增，仍趕不上抗戰後期法幣的貶值速度；募集成績也是逐年遞減，從1942年的六成，降至1943年的四成多，再降至1944年的兩成不到，對於國庫收入的貢獻，不斷下降。

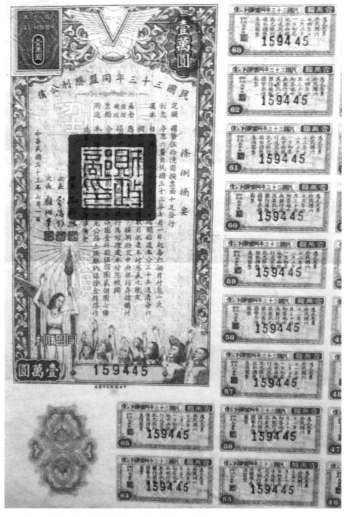

三十三年同盟勝利公債萬元票。

【同盟勝利公債的V字設計】

同盟勝利系列公債，從1942年起票面上出現了V字圖案的設計，V是Victory的縮寫，寓意「同盟勝利」，這個圖案在大後方，隨著同盟勝利公債的募集宣傳不斷出現，已深入人們的腦海，也成為戰火中的衷心企盼，最後，心願終告實現。

當抗戰結束，中國舉國欣喜若狂之際，各地銀樓爭相以抗戰勝利為主題打造金戒，以供民眾選購留念。當時的抗戰勝利紀念金戒，樣式不一，但大致都有著一個共同的設計元素，也就是源自大家所熟悉的同盟勝利公債的V字圖案。

鎮江永盛銀樓打造，帶有中美英蘇國旗與V字圖案，寓意「四國同盟勝利」的金戒。

上海裘天寶銀樓，以V字與代表中國國民黨黨徽的太陽光芒等圖案，推出的抗戰勝利金戒。

18、三十年滇緬鐵路金公債

抗戰期間，為了打通國際運輸的替代路線，突破日軍封鎖，國民政府計畫興築滇緬鐵路。

1938年，成立滇緬鐵路工程局，經過勘圖、測繪等相關籌備後，於1939年動工。根據中英雙方協議，鐵路緬段由英方負責興建，到了1940年由於英國的政治態度轉變，暫停緬段工程，全線因此停擺。直至1941年3月，英方又同意續建緬段，中國也恢復滇段工程。為了籌募築路經費，由交通、財政兩部聯合發行滇緬鐵路金公債。

這項公債於1941年7月1日由財政與交通兩部共同發行，主要針對華僑銷售，發行美金一千萬元，年息五釐，每六個月抽籤還本一次，分二十五年還清。本息基金由滇緬鐵路餘利撥付，如有不足，則由國家擔保，以國庫收入項下撥足。結果海外僑胞反應踴躍的程度，更甚於一般公債。

滇緬鐵路全面恢復修築之際，日本先是於1941年12月8日偷襲珍珠港，一個多月後，又攻陷緬甸仰光，並持續北進，國民政府於同年3月中旬，決定破壞滇緬鐵路已完工工程，並宣布全線停工。此後，國民政府對於滇緬鐵路金公債的本息償還情形不明[34]。因發行時間較晚，期限亦長，未趕上換償三十八年整理美金公債。目前依法應是處於凍結償還的狀態。

---

[34] 財政部財政史料陳列室，「滇緬鐵路金公債史料」。

19、三十至三十二年糧食庫券

為適應戰時需要，民國三十年（1941）四月第五屆八中全會決議，各省田賦暫歸中央接管，以便統籌管理；三十年下半年起，實施田賦徵實，各省田賦，以三十年度正附稅總額每元折徵稻穀一市斗，產麥區、產雜糧區各得徵等價之小麥與雜糧。

田賦徵實，尚不敷應付，政府不得不在部分區域定價收購餘糧，主要方法是隨糧徵購。徵糧價格，各省不同，從每市石一百九十元到六十元不等，徵麥價格，各省一律為每市石一百元。

1941年9月1日，財政部與糧食部共同發行糧食庫券，作為收購糧食的部分代價，年利5%，1943年起分五年作抵田賦，以田賦徵收所得糧食為擔保，分為稻穀與小麥兩類。糧食庫券的前身是田賦借徵，所不同的是田賦借徵是合併記載於田糧執照上，糧食庫券則是獨立印行證券形式。

糧食收購是與徵收賦稅同時進行，政府支付農戶的代價，是以糧食庫券與儲蓄券、法幣等進行搭配，因省分與米麥之不同，搭配方式與比例各異，如黔、

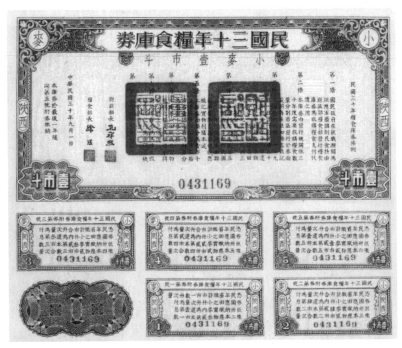

三十年糧食庫券，山西小麥券一市斗。

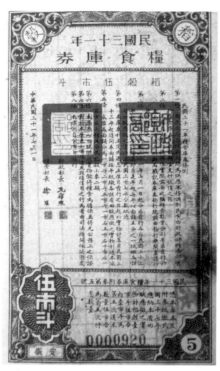

三十一年糧食庫券，安徽稻穀券五市斗。

三十三年後的借糧收據。

雲南、山西搭發購糧專用的美金儲券，十美元。

豫、閩、甘、綏、贛、鄂七省及安徽之徵麥縣分——糧食庫券搭發法幣儲蓄券；雲南、山西兩省——糧食庫券搭發美金儲蓄券；四川、西康、廣東、廣西、湖南、陝西——三成法幣、七成糧食庫券搭發；安徽徵稻縣分——五成法幣、五成糧食庫券；西康寧屬——四成法幣、六成糧食庫券；西康雅屬——三成法幣，七成糧食庫券[35]。

　　糧食庫券於往後兩年仍繼續發行。三十一年券，自7月1日起分區發行，自1944年起分五年抵繳田賦，至1948年抵完；三十二年券，9月1日起分區發行，自1948年起分五年抵繳田賦，至1952年抵完。其中，三十年（1941），對川桂贛湘四省發行稻穀券一百七十三萬三千六百三十六市石，對陝綏寧豫四省發行麥券兩百零六萬六千六百六十七市石；面額分一、二、五市升，一、五市斗；一、五、十、百市石九種；三十一年（1942），對川粵桂湘皖康等六省發行稻穀券一千一百三十八萬零三十六市石，陝省發行麥券一百四十萬市石；面額分一、二、五市斗，一、五、十、百市石七種。三十二年（1943），發行稻穀券兩千三百一十三萬市石與小麥券一百五十五萬市石，有一、二、五市斗與一、五、十、百市石七種面額。

三十三年（1944）以後，改發購（借）糧收據，不再另行印製糧食庫券。

35　《財政年鑑》三編。

20、三十一年農民銀行土地債券

民國三十一年（1942）三月，國民政府訂定《中國農民銀行土地債券法》，提供了農民銀行發行土地債券的法律依據。第一期發行額度為一億元，年息六釐，償還期限十五年，面額分五千、千、五百、百、五十元五種，辦理收買或徵收土地、

各種放款時得隨時發行，或於金融市場公開銷售，但不得高於土地放款總額。

由於土地債券是配合農民銀行的土地收買與徵收業務機動發行，因此不印製固定日期，而是另行加蓋或填寫各別發行時間。期間從1942年起至1947年上半年之間。

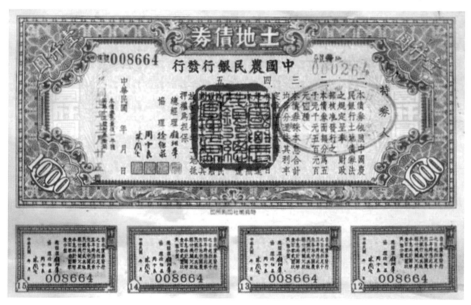

推遲至抗戰結束後才大量發行的土地債券，第一期千元券。

省公債列表

江蘇

	名稱	條件	募集結果	償還情形
1931	江蘇省建設公債	700萬元，8%，分兩期發行，十年期	用於向上海錢莊借款抵押	改以1934江蘇省水利建設公債換押
1931	江蘇省運河工程短期借款公債	500萬元，8%，五年期	189,434元	由財政廳償還，實際情形不詳
1932	江浙絲業短期公債	300萬元，6%，四年期，江浙兩省共同發行	不詳	還清
1932	江蘇省抵押券	400萬元，三年期	銀行抵押借款	還清
1934	江蘇省水利建設公債	2,000萬元，6%，十三年期	銀行抵押借款	僅償還部分本息，抗戰後停付
1940	江蘇整理地方財政公債	1,000萬元，6%，十年期	銀行抵押借款、償還銀行舊欠、撥作銀行官股	償還舊欠與撥作官股之部分，由財政部換償整理省債公債

浙江

	名稱	條件	募集結果	償還情形
1928	浙江省償還舊欠公債	600萬元，10%，八年期	全數	尚欠342萬元，1936年本省整理公債調換收回
1928	浙江省公路債券	250萬元，10%，八年期	全數	尚欠105萬元，1936年本省整理公債調換收回
1929	浙江省建設公債	1,000萬元，8%，九年期	全數	尚欠590萬元，1936年本省整理公債調換收回
1931	浙江省清理舊欠公債	800萬元，8%，十年期	不詳	1936年本省整理公債調換收回
1932	浙江省短期金庫券	600萬元，6%，二年期	全數	尚欠408萬元，1936年本省整理公債調換收回
1934	浙江省地方公債	2000萬元，6%，十四年期	不詳	1936年本省整理公債調換收回
1935	民國二十三年財政廳定期借款	200萬元	不詳	不詳
1936	浙江省整理公債	6,000萬元：一類，450萬元，8%，十四年期，萬、千、百、十、五元五種；二類，1,700萬元，7%，十六年期，萬、千、百、十元四種；三類，1,050萬元，6%，十八年期，萬、千、百、十、五元五種；四類，2,800萬元，年息6%，二十年期，萬、千、百、十、五元五種	不詳	部分作為借款抵押，由省庫清理結餘結清，實際發行者，由財政部換償整理公債
1938	浙江省六釐公債	1,000萬，6%，二十五年期。千、百元兩種	無人認購，750萬元抵押借款，其餘銷毀	不詳

安徽

	名稱	條件	募集結果	償還情形
1913	安徽米商公債	漕平銀 30 萬兩，年息 5%，三年期	全數（1917 年）	尚欠 277,037 兩，折合銀元 374,374 元
1914	安徽地方短期公債	40 萬元，2%-5%，四年期	銀元票 359,295 元，銅元票 499,000 元	償清。以中華銀行紙幣號碼抽籤還本，不另發債票。
1919	安徽省八釐短期公債	100 萬元，年息 8%，四年期	僅於軍費及行政經費兩項內搭放 510,185 元。未對外募集。	截至 1930.5，尚欠 185,000 餘元
1921	安徽賑災短期公債	60 萬元，年息 12%，三年期	100,790 元	截至 1930.5 尚欠 22,000 元
1921-25	金庫證券	1921：30 萬元，年息 15%，四月期 1922：65 萬元，年息 6%，四月期 1923：60 萬元，年息 6%，四月期 1924：30 萬元 1925：60 萬元	89,960 元 不詳 446,521 元 全數 全數	1921：不詳 1922：截至 1930 年 5 月 尚欠 8,710 元 1923：截至 1930 年 5 月 尚欠 2,095 元 1924：截至 1930 年 5 月 尚欠 100,200 元 1925：截至 1930 年 5 月 尚欠 3,960 元
1926	安徽省鹽餘庫券	1926：40 萬元，年息 12%	全數	截至 1930 年 5 月 尚欠 318,384 元
1926	安徽米商公債	30 萬兩，年息 8%，五年期	242,714 兩	截至 1932 年償還 10,581 兩，其餘未還
1929	安徽省建設公路短期公債	100 萬元，八月期	66 萬餘元	收回，以田賦附加稅擔保，但財政部以此擔保不符減輕田賦負擔的政策為由，不准備案，但公債已先後發出 66 萬餘元，後來，經呈報行政院，由省方收回已發債券結案
1930	安徽省整理債款庫券	456 萬元，不計息，二十年期	421 萬元	繼任者不承認借款拒絕償債，財政部要求必須還款。償還情形不明
1932	有息金庫券。	50 萬元，九月期	不詳	還清
1932	歙昱路債票	50 萬元，年息 8%，八年期	不詳	未報財政部備查，截至 1940 年尚欠 23 萬元。1942 年整理省債時，財政部不予接收換償，責成省方撥款還清。
1935	民國二十四年安徽省公路公債	80 萬元，年息 7%，十年期。百、十、五元三種	僅撥作銀行資本，未向市面募集。	改以完成公路建設公債與金融公債換償
1937	民國二十六年安徽省完成公路建設公債	200 萬元，年息 6%，二十年期。百、十、五元三種	用於增撥銀行資本與換償歙昱路債票與二十四年公路公債	1943 年 6 月尚欠 182 萬元，由財政部換償整理公債

1940	安徽省金融公債	800 萬元，年息 6%，十二年期。無正式債票，僅五萬、萬元兩種預約券	作為增撥銀行資本與發鈔準備	1943 年 6 月尚欠 723 萬多元，由財政部接收換償。

江西

	名稱	條件	募集結果	償還情形
1928	江西省整理金融庫券	800 萬元，5%，1930 年 10 月還清	整理紙幣，收回民國十、十四年公債	1935 年 5 月還清
1929-1931	江西有利短期流通券	第 1 次：60 萬元，每元月息 2.5 枚銅元；第 2 次，60 萬元，月息 3 枚銅元；第 3 次，120 萬元，月息 6 枚銅元；第四次，40 萬元，不詳		全數還清
1935	江西省短期庫券	80 萬元，12%，十月期	借款抵押之用，未發行	已還清
1938	江西省建設公債	2,000 萬元，6%，十五年期。萬、千、百元三種	大多數向銀行抵押借款	抵押借款由國庫統籌清理
1941	江西省建設公債	3,000 萬元，分兩期，第一期 1,500 萬元，6%，二十年期。十萬、萬、千元三種	用於銀行抵押借款，撥充省營事業資金股本	抵押部分財政部未予換償，借款由國庫代為清理

湖南

	名稱	條件	募集結果	償還情形
1933	湖南省公債	500 萬元，6%，二十年期 五百、百元、五十、十、五、一元六種	民間勸募 273 萬餘元，撥交國民革命軍第四路軍總指揮部 30 萬餘元，其餘作為省銀行發鈔準備金	1943 年 6 月尚欠 183 萬元許，由財政部換償
1935	湖南省建設公債	1,000 萬元，6%，十年期。萬、千、百三種	356 萬多元，償還銀行舊欠	尚欠 130 萬元由財政部換償
1936	湖南省政府無息存款證	200 萬元，一年期	96 萬多元	財政部未准備案，由省方自行償還，約 50 萬元待償
1938	湖南省建設公債	1,800 萬元，6%。萬、五千、千元三種	800 萬，增補銀行資本，償還銀行舊欠	1943 年 6 月尚欠約 735 萬元，由財政部換償

湖北

	名稱	條件	募集結果	償還情形
1929	湖北省地方實業公債	2,000 萬元，8%，分 1929 和 1930 年兩期發行，十五年期	不詳	未還清
1931	湖北省善後公債	300 萬元，8%，十年期	270 萬元	還清
1932	湖北省善後公債	300 萬元，8%，六年期	不詳	還清
1932	湖北省續發善後公債	150 萬元， 8%，1935 年起算五年期	不詳	還清

1934	湖北省整理金融公債（奉豫鄂皖三省剿匪總司令部核准）	400 萬元，6%，十二年期。千、百、十、五元四種	約 329 萬元	1943 年 6 月尚欠 120 萬元，由財政部換償
1935	湖北省建設公債（行政院南昌行營與豫鄂皖三省剿匪總司令部核准）	600 萬元，6%，十二年期。千、百、十、五元四種	約 493 萬元	1943 年 6 月尚欠 240 萬元，由財政部換償
1936	湖北省建設公債	500 萬元，6%，十二年期。千、百、十元三種	394 萬元。另有部分作為銀行借款抵押	1943 年 6 月尚欠 252 萬元，由財政部換領。抵押銀行部分，由省庫結束案內自行贖回
1939	湖北省金融公債	800 萬元，6%，十二年期。萬、千、百、十元四種	559 萬元。另有部分作為銀行借款抵押	1943 年 6 月尚欠約 500 萬元，由財政部換償。抵押銀行部分，由財政部另案清理

廣東

1928	廣東國稅管理委員公署整理金融公債	800 萬元，10%，得增發 500 萬元至 1,300 萬元。1930 年起分三十個月還本	不詳	不詳
1928	廣東金融公債	800 萬元	不詳	不詳
1929-30	廣東軍需庫券	1929 年，400 萬元；1930 年，續發 50 萬元，10%	不詳	均以 1930 年金融整理庫券收回
1930	廣東整理金融庫券	1,500 萬元，10%	不詳	不詳
1931	廣東第二次軍需庫券	10,049,500 元，10%	873 萬元	未償還
1931	廣東省維持中幣有獎庫券	500 萬元，8%（4% 提作獎金）	不詳	不詳
1932	廣東省國防要塞公債	3,000 萬元，4%，1934 年起五年期	677 萬元	未經呈准，計畫以省內國省兩稅及其附加稅償債，但並未償還
1935	廣東省建設公債	500 萬元，7%，八年期	不詳	未償還
1935	廣東省短期金融庫券	第一期，600 萬元；第二期，550 萬元；第三期，1000 萬元。10%	不詳	第一、二期均已還清，第三期不詳
1938	廣東省國防公債	1,500 萬元，4%，三十二年期。千、百、五十、十、五元五種	1407 萬元	1942 年 12 月由財政部接收換償
1939	廣東省政府短期金庫券	480 萬元，6%	不詳	還清
1940	廣東省六釐公債	1,500 萬元，6%。萬、千元兩種	銀行抵押借款	還清

廣西

1933	廣西省八釐短期公債	100 萬元，8%，六年期	不詳	還清
1933	廣西省第一次建設公債	100 萬元，8%，六年期	不詳	還清
1934	廣西省金庫券	300 萬元。每元折合國幣 0.65 元	不詳	未呈准發行，不詳
1937	廣西省庫券	1,600 萬元，二十年期	償還廣西銀行墊款，未公開發行	尚欠 1,280 萬元
1939	廣西省六釐公債	800 萬元，6%，十二年期。千、百、十元三種	債票全由廣西省銀行承購	1943 年 6 月尚欠 640 萬元，由財政部換償

雲南

1930	雲南省整理金融公債	1,000 萬元	不詳	不詳

福建

1928	福建省地方善後公債	300 萬元，6%，六年期	不詳	截留國稅支付部分本息，財政部未予核准，第二期起停付
1931-32	福建省金庫券 （編遣駐防閩省十九路軍發行）	1931 年，50 萬元；1932 年，續發第二期 50 萬元，12%，二十五個月期	不詳	未償清
1931	福建省短期庫券	50 萬元，10%。1934-1941 年之間，每年發行 90 萬元，7%	不詳	均已清償
1935	福建省地方建設公債	300 萬元，8%，八年期。千、五百、百、十元四種	民眾認購 157 萬多元，撥充事業機關育費 28 萬多元，其餘作為銀行借款抵押	除供作銀行借款抵押之外，由財政部換償
1935	福建省清理舊欠公債	1,128 萬元，2%，二十年期	不詳	立法院恐外債債權人援例辦理，未予通過發行案
1935	福建省短期賑災庫券	5 萬元，7%，十個月期	不詳	償清
1936-39	福建省充實金庫短期庫券	延至 1937 年發行，48 萬，5%，一年期。1938 年續發 48 萬元，不計息；1939 年續發兩次 48 萬元	不詳	均已償還
1936-38	福建省義務教育短期庫券	1936-1937 年，各 36 萬元，5%；1937 年 7 月續發 36 萬元，6%	不詳	均已還清
1936	福建省整理各縣保安隊債券	48 萬元，2%，一年期	搭發各機關職員薪水	還清
1937-38	福建省金融短期債券	1937 年，48 萬元，5%，8 個月期；1938 年，續發 48 萬，6%，十個月期	不詳	均已清償
1937	福建省公路公債	96 萬元，6%。千、五百、百元三種	銀行抵押借款，未公開發行	財政部以此債未發行，不予接收換償
1938	福建省五釐公債	96 萬元，5%，十二年期。千、百、五十、十、五元五種	主要為銀行抵押，少數為民眾認購	人民認購 2,830 元，由財政部換償
1938	福建省土地陳報短期債券	36 萬元，6%，一年期	不詳	還清
1938	福建省建設公債	800 萬元，6%，十五年期。千、百、五十、十、五元五種	華僑認購 104 萬多元，民眾認購 132 萬多元，撥充省營事業資金 206 萬元，其餘向銀行抵押借款	除抵押借款部分之外，由財政部換償
1930	福建省整理土地短期庫券	48 萬元，6%，10 個月期	不詳	還清
1940	福建省生產建設公債	2,000 萬元，5%。萬、千、百元三種	1,836 萬元撥作省營企業，其餘抵押借款	除抵押借款部分之外，由財政部換償

河南

1931	河南省善後公債	300 萬元，八釐	不詳	還清
1938	河南省六釐公債	500 萬元，六釐，三十年期。千、百、五十、十元四種	銀行抵押借款	財政部不予換償

河北

1929	河北省特種庫券	240 萬元，7%，十年期	清理銀行舊欠	已還 38 萬，其餘未還
1929	河北省八釐公債	500 萬元，8%，八年期	不詳	還清
1930	河北省編遣欠餉定期庫券	100 萬元，十個月期	不詳	1931 年 2 月還清

山西

1929	山西省賑災短期公債	300 萬元，7%	不詳	1937 年 6 月還清
1931	整理山西金融公債	2,400 萬元，8%，八年期	不詳	還清
1937	山西省公債	1,000 萬元，7%。萬、千、百元三種	銀行借款，未公開發行	尚欠本金 700 萬元，財政部不予換償

陝西

1931	陝西省庫券	300 萬元，不計息	搭發軍政費	168 萬多元未兌回
1938	陝西省建設公債	800 萬元，6%。萬、千兩種	300 萬元撥增省行資本、省營事業資金，500 萬元向銀行借款抵押	除銀行借款抵押部分之外，由財政部換償

甘肅

1932	甘肅省短期金庫券	100 萬元，6%	約 96 萬元	未償清
1935	甘肅省償還舊欠借券	200 萬元，不計息，二十年期	不詳	不詳。未呈奉核准
1938	甘肅省建設公債	200 萬元，5%。萬元一種	省銀行認購 29 萬，其餘 171 萬交由各機關向省銀行抵借現款	1942 年 8 月將抵押債票 171 萬商由省行承購，作為發行，逕呈蔣委員長核准，財政部與已全數接收換償
1941	甘肅省建設公債	400 萬元，6%。萬元一種	與向省銀行借款 同 1938 年建設公債相同，後來全改由省銀行承購	財政部接收換償
1941	甘肅省水利農礦公債	1500 萬元，6%。萬元一種	向省銀行借款，後改借為售	全數由財政部接收換償
1948	甘肅省建設公債	金圓券 200 萬元，5%，十五年期	不詳	未償還
1949	甘肅省建設公債	銀元 300 萬元	停發	停發

四川

1931.8	四川善後公債	2,000 萬元	不詳	不詳
1932-33	整理重慶金融庫券	1932 年 4 月，第一期 200 萬元，1932 年 12 月，第二期 300 萬元，1933 年 10 月，第三期 200 萬元，12%。八個月期	不詳	第三期未清償
1932-34	鹽務庫券	193 年 6 月，第一期 150 萬元，12%；1933 年 7 月，第二期 500 萬元，8%；1933 年 6 月，第三期 300 萬元，1934 年 6 月，第四期 600 萬元。十個月期	僅第一期募足	僅第一期償清
1932	整理川東金融公債	1932 年 7 月，第一期 500 萬元，1932 年 11 月，第二期 120 萬元，均 4%。一百個月期	不詳	均已償清
1932	軍需債券	100 萬元，8%。五十個月期	不詳	未償還
1933.6	印花菸酒庫券	500 萬元，5%。五十個月期	不詳	未償還
1933-34	軍需短期庫券	1933 年 11 月 -1934 年 1 月，每半月 50 萬元，共六期，共 300 萬元，10%	不詳	均未還清
1933	田賦公債	1,500 萬元，8%。五年期	不詳	未償還
1934	統稅庫券	300 萬元，12%，1934 年 8 月起算十一個月期	不詳	未償還
1934	剿赤庫券	1,000 萬元，8%，四十九個月期	不詳	未償還
1935	整理四川金融公債	二十一軍軍長劉湘將以前所發各種債券均自 1923 年底止一律停付，擬於 1924 年 1 月發行本公債億 2 千萬元予以整理換償，定月息四釐以省內的國稅作為償還基金	不詳	本債券未經核准，由財政部代該省發行 1924 年善後公債 7,000 萬元，以六折收回臨時收據結清（中央銀行積極擴充計畫，中行月刊，九卷三期（民國二十三年九月）
1936	四川省建設及換償舊債公債	4,500 萬元，6% 萬、千、百、十四種	行政院核定，財政部代擬條例，1936 年 9 月發行 3,000 萬元	1943 年 6 月尚欠 2,340 萬元，由財政部接收償
1937	四川省賑災公債	1,200 萬元，僅發行第一期 600 萬元，6%	提供農田水利貸款委員會與銀行辦理貸款	1943 年負債 450 萬元，財政部接收換償
1939	四川省建設公債債	1,500 萬元分兩期發行，6%，第一期，萬、千元兩種	折價向銀行借款	財政部不予接收
1940	四川省建設公債	1,500 萬元分兩期發行，6%，第二期，萬、千元兩種	折價向銀行抵押借款	財政部未予接收
1940	四川省興業公債	4,000 萬元，6%，萬、千元兩種	用於抵押借款	財政部不接收換償
1941	四川省整理債務公債	3,500 萬元，6%，十三年期，萬、千、百元三種	2,620 餘萬元	尚欠 2,600 餘萬元由財政部接收換償

西康

1940	西康省地方金融公債	500 萬，6%。萬、千、百元三種	400 萬元向銀行抵押借款，100 萬元撥增銀行資本	100 萬元增撥銀行資本部分，由財政部接收換償

山東

1937	山東省整理土地公債	250 萬元，6%，分兩期發行	因對日抗戰爆發，並未發行	

遼寧

| 1929 | 遼寧省整理金融公債 | 2,000 萬元，8%，十二年期 | 不詳 | 九一八事變後停付 |

上海

1929	上海市市政公債	300 萬元，8%，七年期	不詳	一二八事變後停付
1932	上海市災區復興公債	600 萬元，7%，二十年期	英商利安洋行八折承銷	清償情形不詳
1934	上海市市政公債	350 萬元，7%，十二年期	英商新豐洋行九三折包銷	1938 年停付尚欠本金 8 萬 4 千元及利息

南京

| 1929 | 南京市特種建設公債 | 300 萬元，8%，十年期 | 不詳 | 因戰事影響未能償清 |
| 1937 | 南京市短期庫券 | 96 萬元，分四期發行，8% | 不詳 | 第一期 24 萬，已還清，以後各期，受戰事影響未償清 |

北平

| 1936 | 北平市市政公債 | 300 萬元，6%，六年期 | 不詳 | 不詳 |

天津

| 1925 | 天津市政府公債 | 300 萬元，10%，六年期 | 不詳 | 僅付息兩次，即停付 |
| 1927 | 天津市政短期公債 | 50 萬元，6%，六年期 | 不詳 | 未償還 |

青島

| 1935 | 青島市政公債 | 150 萬元，7%，三年期 | 不詳 | 抗戰後停付尚欠 90 萬 |
| 1936-37 | 青島市建設公債 | 50 萬元，6%，六年期 | 不詳 | 未償還 |

漢口

| 1929 | 漢口市市政公債 | 150 萬元，8%。1932 年，湖北省政府以剿共為由接手發行第二期 150 萬元，改名善後公債 | 不詳 | 不詳 |
| 1935 | 漢口市建設公債 | 150 萬元，6%，六年期 | 全數 | 償清 |

八、省公債（1928－1942）

清代晚期，因局勢發展，國家財政收入，實質上已由各地督撫取得支配權；到了北洋時期，因軍閥割據，中央政府更已無法掌控地方財政。有了前車之鑑，國民政府於是著手收束地方財政權，明文規定省公債超過一百萬元者，必須獲得財政部核准，其發行辦法的制定與廢止，也必須經過立法院審議程序，並由總統公布；一百萬元以下者，須向財政部備案，才生效力。

在此規定下，中央政府曾駁回了不少省公債，如十七年福建地方善後公債、二十一年歙昱路債票、二十一年廣東省國防要塞公債、二十四年整理四川金融公債、二十五年湖南省政府無息存款證等，這些省公債都是因未呈請中央批准或備案而擅自發行，地方必須自行償還或申請國庫另案處理。為了逃避中央嚴格審核與立法程序，有的省分則偏好發行總額小於一百萬元的省公債。

由於財政權往中央集中的關係，發行公債，成為地方彌補財政赤字的重要手段。公債收入在福建約占歲入的15－45％；在陝西，1931年度，更超過57％，其他各省，公債的預算收入均編列10％以上，但實際數字大多遠高於此[36]。各省也必須依靠中央補助，國民政府除了直接撥款外，也以國稅做擔保發行公債的方式提供援助。1931年，「民國二十年財政部整理山西省金融公債」，總額兩千四百萬元，便是國民政府為了收回山西省銀行紙幣的目的，由中央撥出山西省經收的國稅為基金，並以財政部名義發行[37]。其他如「二十年江浙絲業公債」、「二十四年四川善後公債」、「二十四年整理四川金融庫券」、「二十五年整理廣東金融公債」、「二十六年闊澍廣東省港河工程美金公債」、「二十六年粵省鐵路建設公債」，也是類似情形。

另一方面，中央政府原則上並不承認未經公開發行、逕行抵押借款的省公債是一種公共債務，而將之視為省政府與金

36　潘國旗，〈從中央與地方財政關係看國民政府時期的地方公債〉，《歷史研究》，2016年第三期，頁6。

37　《民國二十年財政部整理山西省金融公債條例》第八條：本公債應付本息，由財政部指定山西省菸酒稅費、印花稅（除先撥付軍需公債本息基金外）、捲菸統稅、河東鹽稅、晉北鹽稅（除盡先應撥徵收經費及優先撥付應攤一部分外債本息外），各收入項下撥付。

融業者之間的借貸關係，必須由省政府自行解決。因此有大批省公債如「二十四年湖北省建設公債」、「二十五年浙江省整理公債」、「二十七年河南省六釐公債」、「二十七年福建省五釐公債」、「二十九年福建省生產建設公債」、「二十九年四川省興業公債」與「四川省建設公債」等，均因這個理由，當中央著手整理省公債時，被判定失格而剔除在外。

此外，國民政府在審查各省所提出的公債發行案時，還有許多堅持與要求，諸如不准以田賦附加稅作擔保，以減輕納稅人負擔，或者限制公債債額、不准利息過高等。

然而，財政部雖為全國公債事務的主管機關，其權限時而受到干擾與介入，主要又與剿匪任務有關。例如豫鄂皖三省剿匪總司令部批准發行「二十三年湖北整理金融公債」，名義是整理舊債與收回省產，但實際上有部分是充作剿匪經費；民國二十、二十一年的「福建省金庫券」，都是由編遣駐防閩省十九路軍以剿匪名義所發行；又，四川二十一軍軍長劉湘，則是在未經財政部核准下，發行「二十四年整理四川金融公債」，用以換償省內各種舊債券，財政部要求撤回並未照辦，於是發行「二十四年善後公債」與「二十四年整理四川金融庫券」代為善後。

甘肅曾在1938與1941年兩次發行建設公債，各兩百萬元與四百萬元，以及在1941年發行水利農礦公債一千五百萬元，由於當地的地處偏遠，經濟條件相對落後，無法承受，除1938年建設公債，由省銀行認購二十九萬元外，其餘一百七十一萬元及另兩種公債的全數，均交由各省屬機關向省銀行抵押借款。這種以公債抵押借款的作法，整理省債委員會一向是以未經公開發行、不符合公債定義為由，不予換償。但甘肅省在調查期間，一方面要求省銀行轉借款為承購，另一方面逕呈蔣委員長核准，後來三筆公債均全數由財政部接收換償[38]。

國民政府時期的省公債，募集成績大多不理想。1932年，廣東省發行國防要塞公債，總額三千萬元，即使多方強制攤派，亦僅募得六百七十餘萬元；1938年，福建發行五釐公債九十八萬元，實際竟僅募得三千七百六十元，而得以募到較多債款的情形，又多與強迫地方銀行承受或借款有關。公債抵押借款，經常是打五、六折，僅能借得不過五、六百萬元[39]。即使如此，各省仍趨之若鶩，但皆已背離發行公債的旨趣。

38　萬必軒，《地方公債》，大東書局，1948年出版。

39　萬必軒，前揭書。

省公債發行成績普遍不佳，原因根植於地方的財政結構上，無法藉由公債政策解決。這個問題，同樣存在於中央，發行公債只形成以債養債的惡性循環。

1、十七年福建地方善後公債

福建省政府於1927年7月成立後，以省庫空虛為由，呈准發行福建地方善後公債，債額三百萬元，年息6%，六年期。公債本指定全省契稅及丁糧附加收入為本息基金，後來，省政府以公債債款多用於駐省國軍軍費，在未經中央同意的情形下，

截留國稅六萬元償付第一期到期本息，此一公債便因此遭到財政部核駁，成為國民政府成立後的首例。福建因無力負擔，此一公債自此未再償還[40]。

2、十七年國民政府廣東國稅管理委員公署整理金融公債

民國時期，廣州曾是護國、護法運動的基地及國民政府的所在地，即使國府遷往南京，廣東省的賦稅制度與機關，仍具

40　萬必軒，前揭書。

十七年福建地方善後公債，百元票。

有特殊性；國稅管理委員公署便是其中最明顯的例子。

民初，國稅與省稅，分設國稅廳與財政司管理。1914年，改設省財政廳，統管國稅與地方稅。1920年，第二次護法之後，國稅收歸財政部管轄，先後直屬於非常總統府與大本營。

1925年7月，國民政府成立後，財政部改屬國府，地方稅仍由省財政廳掌理。國府的財政部原在廣州，於1927年隨中央遷往南京後，在廣州特設管理財政部在粵事務公署，負責省內國稅事宜，1928年，改為國稅管理委員公署。1929年，再改為財政部廣東財政特派員公署，而省稅仍舊由財政廳管理。公署與財政廳，雖分掌國稅與省稅，但主管為同一人，即廣東的財

政首長，形成一種賦稅的雙軌制[41]。

國稅管理委員公署，存在僅約一年，名義上隸屬國民政府，實則為廣東管理省內國稅的財政機關，1928年間，曾發行一種名為「國民政府廣東國稅管理委員公署整理金融公債」，這也是此一特殊的廣東國稅機關所發行的唯一公債，但發行目的不明。

公債發行背景，可能與兩個事件有關。一是1927年廣東先後因寧漢分裂，以及第四軍張發奎、黃祺翔率部入粵驅逐省長李濟琛，並收刮廣州央行所有資金而去之影響，廣州央行紙鈔遭民眾擠兌，全省

41　秦慶鈞，《民國時期廣東財政史料》，第二篇〈財務行政〉。

十七年廣東國稅管理公署整理金融公債，十元票。

陷入金融危機有關。為了維持紙鈔秩序，一方面實施紙鈔封存政策，規定商家按資本特定成數封存紙鈔，另則發行公債，吸收紙幣浮額。

同一時間，廣州充斥大量成色低落的十三年毫幣，市面拒絕行用，為解決通貨問題，廣東國稅管理委員公署成立後，也批准「廣東造幣廠」改為「廣東財政廳毫幣改鑄廠」，直屬中央財政部錢幣司管轄，負責收回舊幣，改鑄民國十七年新幣，該署藉由公債發行，可能也提供了部分經費[42]。

國稅管理委員公署整理金融公債，金額八百萬元，可增加五百萬元至一千三百萬元，以廣東鹽稅與二五內地稅為擔保，分為百、五十元，十，五元（則票）與一元票五種。實際募集與日後償還情形均不詳，但從存世有大量債票的情形推測，此公債應大多未經償還。

3、十八年廣東軍需短期庫券

十八年軍需短期庫券，1929年底發行，總額毫銀四百萬元，期限五個月，用

---

42 1928年9月18日《南洋商報》「昨七日國稅管理委員會公署布告云：為布告事，現據整理金融專員葉青、毫幣改鑄局長王經舫呈稱：查十三年毫幣，前因市面拒絕行用，廣州市六商會為維持金融起見，呈奉鈞署核

准，照成色收回改鑄新幣。專員局長奉命，籌設毫幣改鑄局，負改鑄責任，一月以來，經已就緒……此項新幣，擬請鈞署另行中央銀行擔任發行，並請布告所屬一體遵照通用，不得絲毫扣折，及塗汙加蓋印記……此布。委員馮祝萬」。

十八年廣東軍需短期庫券，十元券。

於粵桂戰爭。因事出緊急，並未印製庫券，改以「十四年廣東省政府短期金庫券」加蓋「軍需庫券」、「代理國稅兼省稅收支處」、「廣東財政廳」與「廣東財政廳廳長」等印章後代替；1930年又續發五十萬元。

此一庫券，後來甚少保留下來，主要原因在於到期未能還款，另發行「十九年廣東整理金融庫券」調換。廣東整理金融庫券，總額一千五百萬元，年息10%，十五個月期；除四百五十萬元供調換軍需庫券外，多出部分的發行情形不明；本息償還情形亦不詳。

4、二十年廣東第二次軍需庫券

廣東省第二次軍需庫券，是最常見的廣東地方公債之一，發行於1931年6月1日。此一庫券，稱為「第二次」，是因接續在「十八年軍需短期庫券」之後發行之故。前後兩次庫券，都與北伐完成後廣東抵抗國民政府的裁軍決定有關。在南京國民政府主導下所召開的編遣會議，決議全國削減軍隊至六十五個步兵師，引起受其影響的地方勢力之不滿，爆發中原大戰後，廣東為籌集軍費備戰因此發行庫券。

二次軍需庫券，總額毫銀一千餘萬元，年息10%，面額有百、五十、十、五

二十年廣東第二次軍需庫券，
五、十元券。

元四種，部分五元券改為分則票，每則一元，以便畸零分派認購。由廣東中央銀行負責還本，國稅、省稅收入撥交廣東中央銀行付息。實際募集八百七十三萬元，結果全未償還。國民政府於抗戰期間接收各省金庫時，予以排除，這應是二次軍需庫券至今仍有大量流落在外的原因。

5、二十一年廣東省國防要塞公債

二十一年廣東省國防要塞公債，也是大量存世的廣東地方公債之一。發行目的為充實省國防設備、構築港灣要塞，總額三千萬元，年息4%，分為百、五十、十元三種面額，部分十元票改以分則票印行；限期一年內募集完成。

這筆廣東歷年發行總額最高的公債，並未能達成募集目標，實際僅募得六百七十七萬元。應於發行後兩年起，分五年三十期償還，但也未依規定償付。

廣東省發行此公債時，並未事先呈准，國民政府於1942年整理省債時，決定不予換償。

二十一年廣東國防要塞公債十元與一元票。

6、二十七年廣東省國防公債

抗戰爆發後，廣東省為籌集軍費、鞏固海防，呈報中央獲准，於1938年所發行。債額一千五百萬元，年息四釐，分為千、百、五十、十、五元等面額，以省營業稅作擔保，自1941年起分二十年還本。

經由成立廣東省國防公債勸募委員總分各會，進行募集，在各縣市、黨政、軍警、學校、僑團等單位攤派額度，總共募集一千四百零七萬元，募集所得金額為廣東歷次公債最多者。

1942年由國民政府接收換償，但當時廣東各地多已淪陷，民眾大多未能完成換償。至抗戰勝利後恢復辦理，換償比率亦僅約25%，仍有大量債票滯留在外。

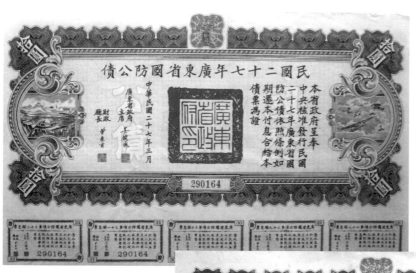

二十七年廣東省國防公債，十元、五元票。

7、十九年四川國民革命軍二十一軍整理借款短期公債

從清末起，四川即不斷以各種名目進行增稅，捐輸、津貼、釐金、股票等，進入民國後，軍閥照單全收之外，為了更有效率的取得軍費，再演變出稅收抵借，即以未到期的稅收向商界借款，稅收抵借的期限短，多在三、四月，到期無法償還或有其他經費需要，就預徵下一期稅收，以供償借或抵借，如此不斷重複，以應付軍閥的需要，形成所謂「套搭抵借」。到了民國二十年（1931），郫縣已預徵未來二十七年的稅收，稅戶因此領到民國四十七年份（1958）的繳稅收據了。

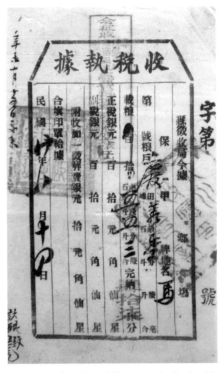

二十年郫縣預繳民四十七年的稅。

由於稅收抵借的辦法，還款期限短，較為麻煩；而短期公債，期限最短也可達十月左右，長則數年。當時四川勢力最龐大的二十一軍，軍長劉湘因此決定發行公債，改以公債償還借款[43]。

---

43 中國銀行重慶分行，《四川省之公債》「公債庫券發行之起因」，頁4-5，1933。

十九年二十一軍劉湘改發行公債借款。

8、二十一年安徽歙昱路公債

　　安徽省政府為了興建杭徽公路歙昱段，即歙縣通往浙皖交界昱嶺關的山區公路，於1922年10月發行歙昱路公債。

　　總額五十萬元，年息八釐，分為五、十與百元等面額，其中五元以分則票形式發行；以本省普通營業稅收入為擔保，七年半還清。公路於1933年初動工，年底完工。

　　歙昱路公債，於1938年因戰事關係而停付本息。公債債額，雖未到達必須由財政部核准的一百萬元門檻，但因省政府未向中央報備，財政部於1942年整理省債時，拒予接收換償，省方仍需自行償還，因此導致部分債票長年流落在外。

安徽歙昱路公債，
一元分則票。

【取代公債的地方公路股券】

　　1930年前後，部分省縣籌措築路經費，像安徽發行歙昱路公債只是其中作法的一種，有更多是變相發行「股券」，向百姓招股，並以股券作為徵收土地的對價。

　　這類股券，所見以浙江、廣東一帶最多，發行金額一般較小，僅數萬元之譜，規定每年固定付給股東股息若干。惟，股金實則多出自攤派，與附加稅無異，這又與當時的公債，如出一轍。這是以入股名義規避還款義務及上級政府對於地方舉債的監督。

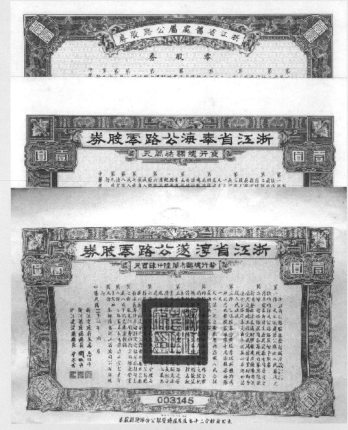

一九三〇年代浙江舊處屬、奉海、淳遂公路股券。

9、二十二年湖南省公債

1933年，湖南省政府以維持省防、綏靖地方之名義，請准發行公債五百萬元。面額有五百、百、五十、十、五、一元六種，年息4%，以本省田賦為基金。

結果，自民間派募獲得兩百七十三萬餘元。其中三十萬元撥交國民革命軍第四路軍總指揮部，作為剿匪之用，其餘留供省銀行發鈔準備金。

1942年財政部整理省債時，此公債尚欠本金一百八十三萬多元，均獲准換償。但，因當時湖南各地多已淪陷，民眾大多未及辦理。至抗戰結束後，恢復償付，換償率亦僅有34%，因而有不少債票流落在外。

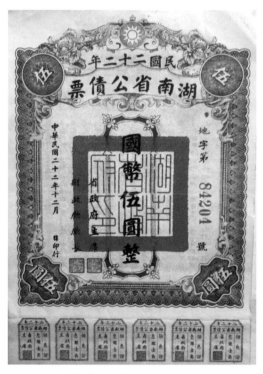

二十二年湖南公債，五元、十元票。

10、二十四年湖北建設公債

民國公債的發行用途，軍費一直居高不下，其中有不少公債均與「剿匪」有關，存世較多的二十二年湖南省公債與二十四年湖北建設公債即是。

湖北省建設公債，是由行政院南昌行營與豫鄂皖三省剿匪總司令部發行，與一般公債由財政部核准的情形不同。債額六百萬元，年息6％，十二年期，募集方式主要是經由向商民舖戶強制攤派。抗戰期間中央整理省債時，此公債尚欠兩百四十萬元，財政部同意承受換償，但換償率僅53％，仍有部分債票未收回。

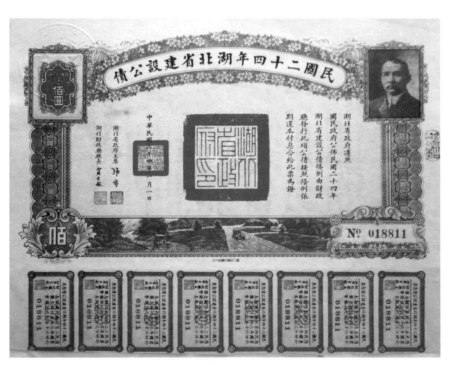

二十四年湖北建設公債，百元票。

11、上海市政公債（1929 - 1934）

國民政府成立以後，上海、南京、漢口、天津、北平、青島等城市升格為特別市，並紛紛發行市政公債來籌集建設資金；其中，又以上海與漢口最為積極。

1929至1934年間，上海市政府發行了三次市政公債，是民國時期進行上海都市更新建設的主要資金來源。

上海市政公債的發行，頗有周折，大致上也可從債票的設計探知。1929年上海市政公債，是典型的中式外觀，而1932與1934年的兩種，則呈現西式風格，正面均使用以英文，中文章程印製於背面，作法與對外公債類似。這種轉變，是因為1929年市政公債募集過程困難重重，當上海市政府發行1932年與1934年兩次公債時，便決定改與洋行簽訂承銷契約，以上海洋商作為推銷對象，債票亦改成西方風格，並以英文為主要文字。1932與1934年兩次上海市政公債，就成為最早在西商上海眾業公所掛牌交易的中國國內公債。

（1）十八年上海市政公債

「十八年上海市政公債」，發行於1929年10月1日，總額三百萬元，年息八釐，分為五百、一百、十、五元四種面額。上海財政局特設立勸募委員會進行籌募，公債用途：一百萬元將用於創辦市立銀行，一百二十萬元建築全市幹道，五十萬元建築市中心區域。自1931年3月31日起至1937年9月30日止，分十四期抽籤還本，以全市房捐做為還本付息的基金來

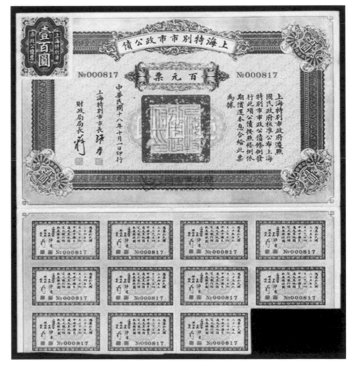

十八年上海市政公債，百元票。[44]

44　圖片來源：上海泓盛拍賣公司。

源，並委由以金融、商業界人士為主的委員會保管。

十八年上海市政公債，也兼具整頓財政的任務。1930年上海市銀行成立後，著手整理北洋時期的上海舊公債，共有「路政公債」、「橋路公債」與「豫園公債」等；這三種早期公債都是以上海規銀計值，未償還部分，數額不大，換算後合十三萬餘元，於1931年11月之前，由上海市銀行以市政公債換償收回。

十八年上海市政公債，募集過程備極艱辛，不過，仍在上海市政府的奔走下勉力完成。後來的還本付息，也均如期償付。

（2）二十一年上海復興市政公債

上海閘北、江灣、吳淞等地在一二八事變淪為戰區，遭受破壞，為了各項重建工作，上海市政府於1932年11月發行「二十一年上海復興市政公債」。總額六百萬元，年息7%，自1933年起，分二十年抽籤還本。

為了解決十八年公債所面臨募集不易的問題，上海市政府改與利安洋行（Benjamin & Potts）簽訂承銷契約，給予20%高額行佣的代價，由利安洋行包銷，上海市政府實收四百八十萬元。公債隨後被轉往西商上海眾業公所掛牌交易，債票

二十一年上海復興市政公債，千元票。

由該洋行設計後，改為西式風格。

本息來源，由市政府撥出海關代徵之碼頭捐，基金之保管及還本付息事宜，均由外國人所熟悉與信任的匯豐銀行經理。

復興市政公債發行後，頗獲租界洋商歡迎，順利完銷。公債流通期間，由於遭逢抗戰爆發，還本付息因而中斷。

（3）二十三年上海市政公債

上海市政府為了改善閘北道路、橋梁，修建公共體育場、博物館、圖書館、醫院、屠宰場等公共設施與事業，於1934年7月6日獲准發行「二十三年上海市政公債」，所得投入相關建設後，為上海近代的都市發展奠定了重要基礎。

公債金額三百五十萬元，年息7%，每年付息兩次，分十二年抽籤還本，以全市汽車、機器腳踏車及人力腳踏車的牌照捐等收入做為還本付息基金，並撥交國債基金保管委員會保管。此次公債由新豐洋行（Swan Culbertson & Fritz）承銷，行佣7%，上海市政府實收三百二十五·五萬元。公債也在西商上海眾業公所掛牌，債票仍沿用西式風格。

由於1932年復興市政公債的熱銷效應未消，這次公債的認購依然踴躍。不過，好景不常，原本炙手可熱的三次上海市

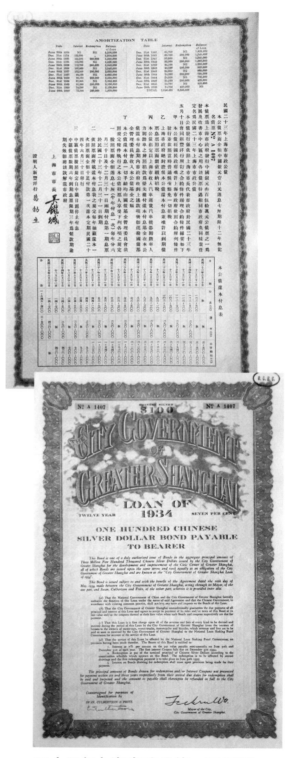

二十三年上海市政公債，百元票。

政公債，1934年第四季起[45]，因全球性的經濟大蕭條，美國採取一連串收購與管制白銀政策，導致中國白銀大量外流，商業不振，商家、銀行紛紛倒閉，公債價格亦隨之大跌。不久後，再因對日抗戰爆發，除了1929年上海市政公債剛好償還完畢，1932、1934年兩次公債均受到影響而停付本息，直至抗戰勝利後才恢復償付。

1942年國民政府整理省債時，上海因戰亂並未被列入調查對象，兩次上海市政公債因此未被財政部換償，戰後，中央亦未再出面處理，因此上海市政府只能自行籌措還款。

如此一來，上海市政府戰後對於1932、1934年兩次市政公債的償還，僅能按銀元計算，而歷經多年通貨膨脹後，以公債原有銀元面額兌付，與原有價值相比，可謂杯水車薪，持票人無不損失慘重。

12、二十四年漢口市建設公債

漢口，是早期國民政府主要的據點之一，在1926年即著手都市計畫，成立工務局，編列預算，並訂定了中國最早的一套都市建設法規[46]。北伐成功後，隨即於1930年提出《漢口市都市計畫概說》，以追求衛生與健康為目標，規畫漢口現代都市的新風貌，陸續推動大量公共設施的建設，如市區道路改造，堤防、碼頭、下水道的興建，公有住宅，公園綠地，公廁，火葬場等。有鑑於舊市區改造的侷限性，又推動新市區的開發，提出林園都市的構想，其願景也刻畫在當1935年漢口市建設公債的票面上。這個近代中國所少見極具宏觀的都市改造，經歷了四任市長，以及吳國柄、董修甲、高凌美等一群歸國學人所共同推動，為漢口市的現代化建設奠定了重要基礎，但因抗戰爆發而被迫中止。

各項建設所需的大量經費，第一年尚有特別市（直轄市）的建設專款，第二年起，就必須由工務局編列預算支應。為了彌補建設經費不足的問題，漢口市政府在1929至1935年間，先後三次發行公債，債額均為一百五十萬元，前兩次，分別於1929年與1932年，年息8%，發行與償還情

45　鍾祥財，〈二十世紀三○年代的金融危機〉，《中國金融半月刊》，2003年9月。

46　〈國民政府時期的漢口都市計畫與實施〉，《環境與藝術學刊》，頁18–50，2013年6月。

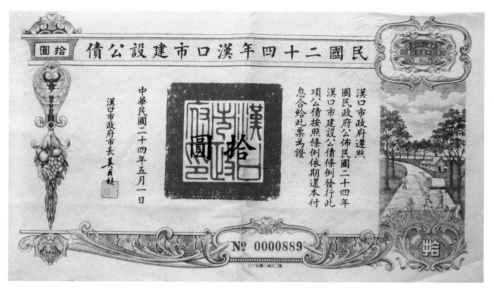

二十四年漢口市建設公債，十元票。附圖所顯示的，是建設漢口成為林園都市的願景。

況不詳。第三次發行於1935年5月1日，係於第四任市長吳國楨任內，年息6%，六年期，以漢口市稅為本息來源與擔保，按月撥交湖北省債基金保管委員會代管備付；其用途，四十萬元用於校舍建設，一百一十萬元用於道路建設及其他重要工程，屆期大致償還完畢。

13、二十三年江蘇省水利建設公債

江北水利失修，每遇澇旱常致大患。1934年，江蘇省政府為整治水利並辦理工賑，發行水利建設公債。原計畫債額三千萬元，以鹽稅擔保，遭國民政府以借款過鉅、償期過長、稅收不穩等理由予以否決。江蘇省政府，隨即捲土重來，一方面降低舉債金額，另則尋找其他稅收做為償債基金。後來，改以擔保1931年建設公債的契稅，外加全省菸酒牌照稅及中央撥省的灶課，不足之數則以田賦補齊，拼湊下勉強過關，獲中央批准。未償還的1931年建設公債，因擔保已挪作新公債之用，

二十三年江蘇省水利建設公債。

一律調換新公債。[47]

　　獲准發行的江蘇省水利公債，債額兩千萬元，年息6%，由省政府主席陳果夫具名發行。用途為：江蘇墾殖區第一期水利工程及征工開浚導淮入海水道第一期工程，一千四百萬元；旱災工賑四百萬元；與調換1931年建設公債兩百萬元。

　　不過，公債募集情形極不理想，幾乎無人認購，除了部分調換1931年建設公債外，其餘大致是作為向各銀行借款抵押之用，嚴格來說，已失去公債之意義。其間，還發生帳目不清的爭議，經費不斷擴增，工程進度卻一再落後，至1937年春，僅初步完成入海水道工程。

　　對日抗戰後，工程被迫中斷，本息停付，在此之前，僅償付過部分到期本息。1942年中央接收各省省債時，江蘇因處於淪陷區，該省所發行的公債，包括水利建設公債在內，均未獲接收整理。[48]

47　萬必軒，前揭書。

48　潘國旗，《近代中國地方公債研究－以江浙滬為例》，頁74-75。

14、二十五年浙江省整理公債

1936年浙江省整理公債，是近代地方公債史上發行額最多的一次，分為四類，各自換償償期長短、年息高低分為四類的舊債，總額達六千萬元。浙江因地處江南，以富庶著稱，成為軍閥搜刮對象，濫發公債成為手段之一，因此浙江歷來公債的發行目的，多以供作軍政費為主，這些公債又有相當大的部分被持往中國銀行等銀行團作為抵押借款，或者由銀行

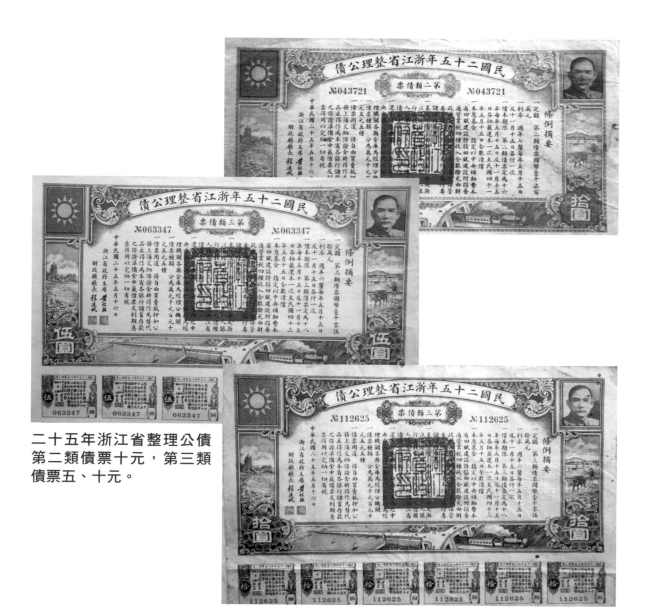

二十五年浙江省整理公債第二類債票十元，第三類債票五、十元。

團認購當作為銀行準備金[49]。由於省方不堪償還各項本息，為了整理舊債，已發行過多次整理公債，包括1926年整理舊欠公債、1928年償還舊欠公債、1931年清理舊欠公債、1932年短期金庫券、1934年地方公債。1936年整理公債的發行，除了少部分是為了償還公路與建設公債，主要就是重彈新債償還舊債的老調。

1936年浙江省整理公債發行後，償還情形並不正常，到了1943年本息已積欠超過七千八百萬元，因此又成為國民政府整理省債公債的整理對象。浙江省整理公債，扣除部分供作銀行抵押借款，中央不予換償之外，第一、二類票，換償率59%，第三、四類票，則是82%，因此各別有部分債票留存在外。

九、整理省債（1942 - 1943）

中日戰爭爆發後，戰爭經費大增，稅收則因國土淪陷而減少，為集中財政資源，1941年6月，第三次全國財政會議，議決實行統支統收政策，原屬省的預算收支與省屬事業，改歸中央統籌辦理。自1942年起，各省不得再發行公債；其歷年所發行之公債原則上，也改由中央承受。

國民政府著手發行新公債，回收各省公債。為此，國民政府成立了整理省公債委員會，派員分赴各省調查，對象計有十四省，公債三十七種，部分淪陷區的省分如江蘇、河南、河北、遼寧及其公債，則是在抗戰勝利後才另作整理。

各省公債，由整理省公債委員會進行調查篩選[50]。舊省債，被分為實際發行與非實際發行兩部分。實際發行，是指經由公開發行，由百姓認購、或者省府用以換償舊債及撥充金融暨建設事業資金之債

49　申儉，《金融鉅子金潤泉》浙江大學出版社，2014年7月。

50　接收整理省債之要點：（1）凡各省從前依法發行之公債，概由財政部接收，其接收時間，至遲不得過三十一年一月一日。（2）財政部即設立整理省公債委員會，並派員分赴各省調查考核。（3）省公債由財政部接收後，其每年度應付本息，編入國家總預算債務費支出項下，繼續還付，但原已停付本息者，應另案清理。（4）各省收支概由中央統籌，此後各省自無發公債之必要。（5）各省公債基金保管委員會一律裁撤。

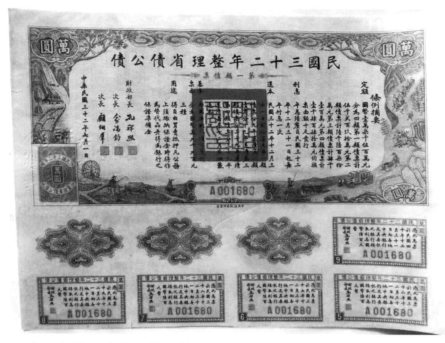

三十二年整理省債公債，第一類債票，萬元。

票；非實際發行，則是未經公開發行，用於借款抵押，或庫存的債票。

　　只有實際發行的舊省債，才獲得接收，換償整理省債公債；非實際發行之債票，其公債債務並未成立，中央不予整理，仍由各省就省庫結束後之餘款，自行清理，如省庫結餘不足以償還債務，則報由財政部代為清理。此外，未經呈准發行及調查開始前省方已停止償還本息的舊省公債，也排除在外。

1、三十二年整理省債公債

　　調查完畢後，訂於1942年1月1日起由中央接收，並於同年7月1日發行「三十二年整理省債公債」進行換償。

　　整理省債公債，共發行一億七千五百萬元，分為四類：第一類債票，五千兩百九十萬元，期限九年；第二類債票，六千六百七十萬元，期限十九年；第三類債票，四千一百萬元，期限二十九年；第四類債票，一千四百四十萬元，期限三十九年。年息均為六釐。

　　各類債票，按照原訂清償年限先後、

利率高低，換償舊有各省債券。包括：

「第一類債票」，換償二十五年浙江省整理公債第一類及第二類債票、二十四年湖南建設公債、二十三年湖北省整理金融公債、二十四年湖北省建設公債、二十六年湖北省建設公債、二十八年湖北省金融公債、二十八年廣西省六釐公債、二十四年福建省地方建設公債、二十五年四川省建設及換償舊債公債等債券。

「第二類債票」，換償二十五年浙江省整理公債第三類及第四類債票、二十六年安徽省完成公路公債、二十九年安徽省金融公債、二十七年湖南省建設公債、二十七年福建省建設公債、二十七年福建省五厘公債、二十六年四川省賑災公債、三十年四川省整理債務公債、二十九年西康省地方金融公債等債券。

「第三類債票」，換償二十二年湖南省公債、二十九年福建省生產建設公債、二十七年甘肅省建設公債、三十年甘肅省水利農礦公債等債券。

「第四類債票」，換償二十七年廣東省國防公債。

民國時期各省發行公債獲得中央接收換償的部分為一億八千八百多萬元，占各省發行公債數額總數的42.4%。由於各種理由，半數以上的省公債被排除在外，仍留由省方自行處理，或另與中央協調解決方式，但大量未獲換償的省公債，自此亦未見償付。

換償舊省公債的作業，因整理省公債辦法及換償舊債辦法制定不及，一直延遲至1944年8月1日才展開。依規定換償期限為八個月，但因交通阻隔，郵遞不便，一再展延，至1946年3月才辦理完畢。

各舊省公債的換償中央整理公債的情形，有低至兩、三成，亦有全數換償，平均換償比率為83%（如下表）。這也代表著在換償過程中，因部分持票人未能在期限之前辦理，國民政府因此又免除了17%的債務。

民國時期，各省發行的公債種類繁雜、多不勝數，但經過此次整理後，換償為中央的整理公債而大量消失。至於仍保留至今的各舊省公債實物，多數屬於不獲中央接收換償的部分，或者換償比例較低的類型，以及極少數換償不及的漏網之魚。

省公債的原始發行量多寡不一，換償比率的高低有別，這些因素是影響各別債票存世情形的主因。有的全數換償後銷毀，從此消失；有的發行量大，換償比率低，至今多見。

1936年，國民政府發行統一公債，換回市面的未償還的中央公債；1943年，又以整理省債公債終結各省公債，以債換債

的作法，將多年以來條件各異的大量中央
與省公債大幅簡化。

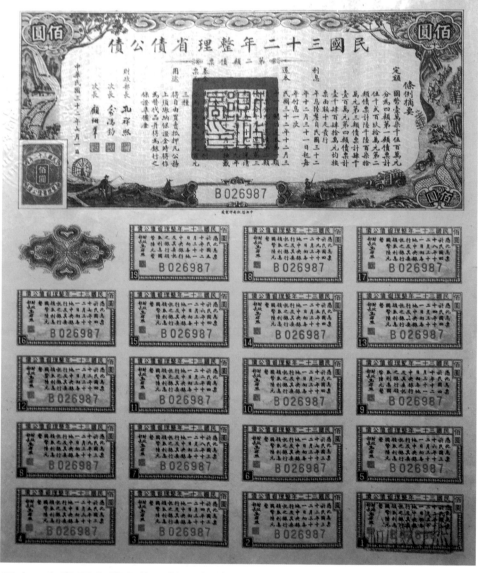

三十二年整理省債公債，第二類債票，百元。

整理省債公債換償統計表

債票種類	省債名稱	利率	償還期限	應償金額（元）	換償金額（元）	換償比率
第一類債票（5,290萬元）	民國二十五年浙江省整理公債第一、二類債票	7% / 8%	1950.5 / 1952.5	9,536,295	5,622,265	59%
	民國二十四年湖南省建設公債	6%	1945.6	1,291,100	1,291,100	100%
	民國二十三年湖北省整理金融公債	6%	1945.12	1,200,000	712,155	55%
	民國二十四年湖北省建設公債	6%	1946.12	2,400,000	1,277,675	53%
	民國二十六年湖北省建設公債	6%	1949.9	2,520,990	2,212,150	88%
	民國二十八年湖北省金融公債	6%	1951.6	5,003,130	4,790,150	96%
	民國二十八年廣西省六釐公債	6%	1951.4	6,400,000	6,112,150	96%
	民國二十四年福建省地方建設公債	6%	1944.6	458,435	303,500	66%
	民國二十五年四川省建設及換償舊債公債	6%	1951.8	23,400,000	21,308,060	91%
第二類債票（6,670萬元）	民國二十五年浙江省整理公債第三、四類債票	6% / 6%	1954.5 / 1956.5	13,522,650	11,071,550	82%
	民國二十六年安徽省完成公路公債	6%	1944.6	1,880,000	1,880,000	100%
	民國二十九年安徽省金融公債	6%	1953.4	7,488,000	7,172,000	96%
	民國二十七年湖南省建設公債	6%	1958.12	7,350,200	7,350,000	100%
	民國二十七年福建省建設公債	6%	1953.9	4,193,195	3,233,185	77%
	民國二十七年福建省五釐公債	5%	1948.6	2,830	930	33%
	民國二十六年四川省賑災公債	6%	1952.8	4,500,000	1,436,000	32%
	民國三十年四川省整理債務公債	6%	1953.12	26,230,014	23,795,038	91%
	民國二十九年西康省金融公債	6%	1955.10	1,000,000	1,000,000	100%
第三類債票（4,100萬元）	民國二十二年湖南省公債	4%	1954.12	1,830,708	627,775	34%
	民國二十九年福建省生產建設公債第一、二、三類債票	5%	1959.6 / 1959.12 / 1960.12	18,360,000	18,264,300	99%
	民國二十七年甘肅省建設公債	5%	1954.1	1,660,000	1,660,000	100%
	民國三十年甘肅省建設公債	6%	1970.12	4,000,000	4,000,000	100%
	民國三十年甘肅省水利農礦公債	6%	1971.8	15,000,000	15,000,000	100%
第四類債票（1,440萬元）	民國二十七年廣東省國防公債	4%	1970.2	14,400,000	3,652,500	25%
二十三種公債，總額：1億7千5百萬元				173,627,547	143,672,033	83%

十、國共戰爭期間（1946－1949）

抗戰期間，國民政府的各項對內公債，因戰區擴大，稅收不斷流失而陸續停付。抗戰勝利後，財政部宣布《各項內債普遍恢復償付及逾期債票補付本息辦法》，過去所發行的各種公債，三十年之後發行者，已於民國三十四年十二月在收復區普遍恢復照常兌付本息；三十年以前發行者，經過清理後，也自民國三十五年七月一日起，在收復區還本付息。所有各債，在抗戰開始至恢復償付之日止，已逾規定兌取期限者，並自恢復償付之日起六個月內予以補付。

經過多年的戰亂及顛沛流離，許多民眾早年認購的公債早已佚散。當國民政府全面恢復償付本息時，在民眾還來沒來得及辦理之前，國家早一步再次陷入內戰之中。

為了支應過共戰爭龐大軍費，國民政府又再度大量印鈔，原本法幣的貶勢方歇，又加速貶值，程度遠甚於抗戰時期，公債持有人損失慘重。國民政府改發行金圓券，亦未能挽回局面，只好改採美元發行公債。針對到期未償還的各種法幣公債，國民政府於1948年9月頒布提前加倍償還相關辦法，按公債期限分級，按面額增加一千到兩萬七千倍的方式，提前償

還，限期1949年4月前辦理。由於貨幣持續貶值，1949年3月再度對原本的倍數，再增加五十倍，成為五萬到一百三十五萬倍。對於到期各項外幣公債，則發行三十八年整理美金公債予以換償。

1、三十五年綏靖區土地債券

1946年10月，《綏靖區土地處理辦法》公布，授權中國農民銀行發行土地債券，作為各縣徵收內戰期間遭到非法分配土地的補償地價。綏靖區土地債券，以稻穀或小麥為本位，按面額十足發行，以綏靖區徵收之土地及其收益，及放領後承領人的抵押土地與其每年所繳之地價為擔保，年息4%，分十五年償還，但，實際發行情形不詳。

2、三十六年第二期土地債券

繼1942年第一期土地債券發行後，1947年7月，《中國農民銀行土地債券法》修訂，債券面額改訂為兩萬、一萬、五千元三種，反映法幣貶值，以符合實際需要，其餘內容與先前基本相同。

農行依據新規定，呈准發行第二期土地債券三億元，作為收購與徵收土地之用，償還期限縮短為七年，債券自1947年底起，陸續發行。

3、三十七年第三期土地債券

中國農民銀行至遲於1948年5月至8月間，又發行第三期土地債券。擔保、用途均與前兩期相同，但債券面額大幅調高為二十五萬、五十萬、一百萬與兩百萬元四種，以因應法幣惡性貶值的情況。年息10%，五年還清。

第三期土地債券開始發行時，《中國農民銀行土地債券法》並未進行相關修訂，因此，第三期債券的發行，包含改訂面

第二期土地債券，萬元券。

額的作法，可能是由主管機關先行以行政命令方式為之。

《中國農民銀行土地債券法》一直到了1948年底才又完成修訂，並於1949年1月12日公布，修訂後將發行以金圓券計值的土地債券，面額分金圓券五十、一百、五百、一千、五千元五種，但至今未有以金圓券計值的土地債券出現過，因為當時金圓券已瀕臨崩潰，實際上可能並未發行。

4、增發三十一年美金同盟勝利公債

國民政府於1942年以美國貸款五億美元作為擔保發行「三十一年美金同盟勝利公債」一億美元；1946年10月繼續以該貸款擔保，增發四億美元，作為1942年發行之一部分，沿用相同條件與債票，並以因抗戰初期即已淪陷，未能參與1942年募集的上海作為派募重點地區[51]，後來募得八千萬美元。

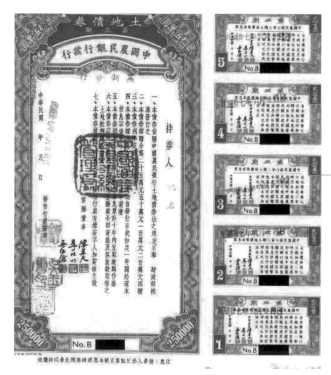

第三期土地債券，二十五萬元券。

51 1946年10月申報訊，「財政部為增募同盟勝利公債，特電上海政府繼續籌募……該市首次發動籌募三十一年盟債，自不乏踴躍承購之人，已募之八千萬元，為數非鉅，似不足以表現其愛國熱忱，茲將債額增為五億元，除尚未派募之房地產管業人、自由職業紳富等應予補派外，其已派募之各商業公會，亦應酌予增派。再該市工業過去對於捐募事項，工人無不首先響應，尤應洽商有關機關協助進行勸募……」轉引自千家駒，前揭書，頁336–337。

5、三十六年短期庫券與美金公債

增發三十一年同盟勝利美金公債後不久，國民政府又發行兩種以美元計值的債券：三十六年短期庫券與美金公債。這兩種債券，也是國共戰爭期間，國民政府的重大資金來源；均分兩期發行，發行期間完全相同，都在1947年4月1日與7月1日。

短期庫券，總額三億美元，年息20%，三年到期；美金公債，總額一億美元，年息6%，期限十年，兩者利息、年限相差懸殊，因而造成買盤往短期庫券集中，美金公債滯銷的現象。因此1948年3月底，短期庫券第二期募集期限屆滿，即不再銷售，僅繼續募銷美金公債[52]。總計美金公債兩期，各售出兩千三百三十三萬七千七百五十與兩千九百七十三萬六千零五十美元[53]；短期庫券，則一共銷售四千兩百八十萬五千一百四十美元。

值得討論的是，美金公債近來是台灣

52　《前線日報》，「三十六年度發行券債：短期庫券依期結束，美金公債繼續募銷」，1948年3月28日，上海。

53　公債銷售統計數字為揭至1948年8月31日止。參閱：金普森、許法根，〈抗日戰爭勝利後南京國民政府之內外債〉，《浙江大學學報》，三十七卷第五期，2007年9月。頁101。

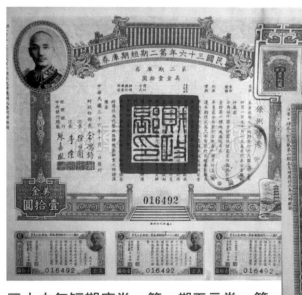

三十六年短期庫券，第一期百元券，第二期十元券。

三十六年美金公債第一期百美元票。

政壇掀起話題。2017年3月17日，中國國民黨黨部召開記者會，宣稱找到庫存大批三十六年美金公債第二期，並稱其為「黃金債券」，按當前黃金市價，這批債票價值台幣三百八十五億元鉅款，由此證明國民黨確實帶來大批資產到台灣。

惟，國民黨出示的紀錄，為民國三十七年（1948）三月二十九日的檔案，倘若該檔案確為這批公債的移交時點，國民黨取得的時間正是政府宣布停辦三十六年短期庫券、續募美金公債的第二天。抗戰爆發以來，國民黨部一向為各種國內公債主要的勸募單位之一，這批公債如非僅由國民黨保管，而是由其取得，其交易正當性就成為重點。以當時國共內戰方酣，

政府財政窘迫，尚且必須攤派民間的背景看來，黨國尚以眼前有用資金購置十年長債生息，並不合常理；有一可能性，是國民黨利用了法幣早已大幅貶值卻仍以官價購買，這種套利行為，從同盟勝利美金公債發行以來，時有所見，但無法禁絕。究竟，當時國民黨是否以其特殊地位，將已不值錢的法幣換作美金公債？按理，公債發行機關應有保有銷售與入帳記錄可稽。由於國民政府就是發行與交付債票的單位，這是國民黨必須證明的，否則無法釐清這批公債，究竟是國民黨代管、應銷毀而未銷毀，或者認購但有無支付合理對價的問題；在此之前，不宜錯將國家對於人民的債務，移作政黨資產。

6、三十八年黃金短期公債

金圓券入市不久即陷入惡性貶值，貨幣政策失靈，後來，連以黃金計值的「民國三十八年黃金短期公債」也出籠。

黃金公債原計畫分為1949年2月和6月兩期發行，總額黃金兩百萬市兩，月息四釐，償期兩年，本息基金半數由政府庫存黃金項下撥存、半數由美援運用委員會撥款購足。按照當時世界黃金綁定美元的價格為準，公債認購方式，是以金圓券，按照央行牌價換算美元後，支付公債上的黃金價格，期滿支付黃金。但由於時局紛亂、人心渙散，證券交易陷於停頓，第一期於5月19日即停止發行，僅售出九千零九十市兩；第二期則未再發行。至今為止，已償還一千零五十市兩，尚積欠本息八千四百八十市兩又六市錢。

中央造幣廠鑄造的黃金廠條，部分做為償還公債之用。

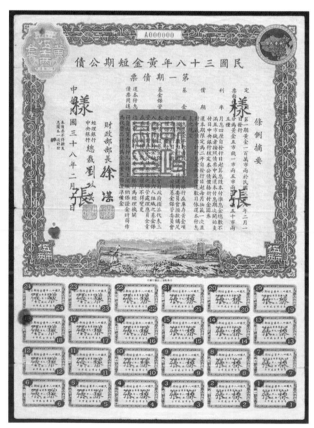

三十八年黃金短期公債第一期五市兩債票樣張。[54]

54　圖片來源：台北遠東拍賣公司。

7、三十八年愛國公債

1949年7月，國民政府以銀圓券取代金圓券，每銀圓券一元兌換金圓券五億元。同年8月1日發行「民國三十八年愛國公債」，數額為銀圓券三億元，年息4%，期限十七年，海外與國內募集各半。為籌募事宜，於重慶設立愛國公債籌募委員會，各省市與海外成立分會，這也是以銀圓券發行的唯一公債。募集作業，原訂自9月起六個月內募集完成，但延自1949年11月起才開始募集，仍限期1950年2月底募集完成[55]。不過，募集僅數日，重慶即於11月30日失守，戰情告急，國民政

---

[55] 民國三十八年十一月初九日，愛國公債籌募委員會關吉玉致行政院長閻錫山渝籌債字第0182號簽呈。

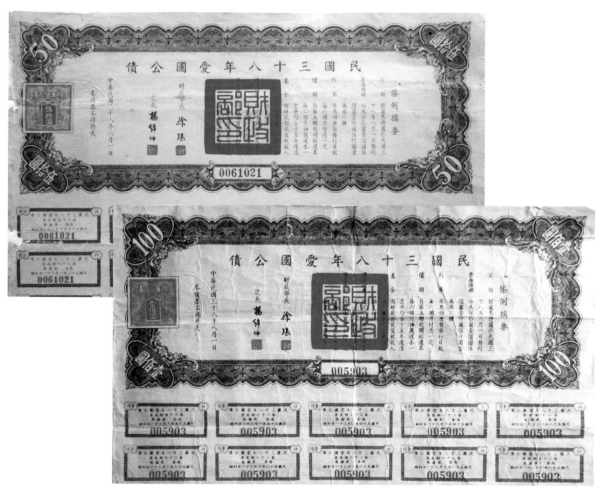

三十八年愛國公債五十、百元票。

府決定停止募集，並將債票撤往台灣。愛國公債，後來在台灣另起爐灶繼續發行，於1950年4月25日經立法院追認，轉而成為國民政府在台的最早公債。

原本三億銀元，國內與國外籌募各半的計畫，因此被迫變更。至於在海外的募集成績，1950年1月20日，國民政府披露了委內瑞拉僑界籌募六十萬銀元並承諾按月捐獻的消息[56]，但以後未能有更多進展，募款一事只能寄望台灣一地。

因此，重新視事的總統蔣介石親自下令在台實施攤派。謂「發行愛國公債……不僅平衡預算，實為輸財救國、破產保存，在方法上言以往勸券為自由認購，此次派募，為強迫攤購……只許超募，不得短募，只許成功不許失敗……」[57]。遵此意旨，1950年1月20日，台灣省政府提出《愛國公債籌募辦法》草案，並經台灣省議會通過。依據規定，愛國公債在台灣籌募配額三千萬銀元，折合新台幣九千萬元。其作法，乃參酌台省人口、產業、財富情形進行分配，於各縣市設立愛國公債籌募委員會，對於各行業及富人，訂有配額，限期募足，公教職員則按月扣薪搭發

債票；並於配額之外，多為籌募，以裕庫收。債款用途，十分之九，撥還在台軍公費用墊款；十分之一解繳中央[58]。

單憑派募，仍不足以到達預定募集金額，但由於愛國公債利息低，償還期限長，加上社會經濟條件有限，民眾認購意願不高，到了3月底，已逾原訂募集期限一個月，全台估計籌募金額為新台幣三千多萬元，與原訂九千萬元目標相差甚遠，募集期限只好一再延長[59]，至1953年2月才宣布結束募款。

籌募過程中有各種獎懲規定，諸如將樂捐者姓名刊載於報紙之上，未認購者由警察傳訊查察，以及加派配額作為處罰等。至1958年，根據財政部統計，共募得新臺幣四‧七億元。後來，愛國公債的本息均已如期償還完畢。

---

56 國史館，「中華民國重要史事資料庫」，民三十九年一月二十日條。

57 《蔣中正總統檔案》，103號，財政‧金融，民國三十九年，國史館。

58 台灣省政府三十九年府綰密字第0415號檢附奉頒民國三十八年公債條例及台灣省籌募愛國公債辦法案文。

59 朱家顧，《台灣博弈產業開放政策之研究》，中國文化大學中山學術研究所2010年碩士論文，頁45–46。

十一、各種公債之解決

（1948－1949）

1、法幣公債的提前償還

1948年8月19日，國民政府實施幣制改革，改用金圓券，回收民間的法幣之際，於次月頒布了《政府法幣公債處理辦法》，規定所有未償還完畢的法幣公債一律提前增加倍數償還，期限訂於1948年10月1日起至1949年3月31日（後來又延長至4月30日）止，逾期作廢；為彌補持票人因法幣貶值所造成之損失，償還倍數，按公債期限不同分級，增加一千倍到兩萬七千倍不等，再以3百萬：1的比率，折算金圓券支付。1949年3月1日，因金圓券也相繼嚴重貶值，又公布《法幣公債清償修正辦法》，將原增加倍數再增五十倍，成為從五萬至一百三十五萬倍。

法幣公債提前償還時，增加償還倍數，雖動輒以千倍或萬倍計，但持票人卻並不領情，因貨幣貶值損，何止於此？抗戰期間，法幣發行總額，已增加了近四百倍，平均物價累計上漲超過兩千倍。隨著國共戰爭的爆發，法幣發行量再從五千五百億元不斷攀升，1948年8月發行金圓券之際，已增至六百零四兆元。改流通金圓券後，從最初發行的二十億元，到了1949

1948年工廠以嚴重貶值的法幣發薪（1948年4月《大公報》）。

法幣公債	1948.9 增加償還倍數	1949.3 增加償還倍數
十七年金融長期公債	27,000	1,350,000
二十五年統一公債甲－戊債票	27,000	1,350,000
二十五年復興公債	27,000	1,350,000
二十五年四川善後公債	27,000	1,350,000
二十五年整理廣東金融公債	27,000	1,350,000
二十六年救國公債	13,000	650,000
二十六年整理廣西金融公債	13,000	650,000
二十七年國防公債	12,000	600,000
二十七年金公債關金債票	12,000	600,000
二十七年賑濟公債第一期債票	12,000	600,000
二十八年軍需公債第二期債票	10,000	500,000
二十九年軍需公債第一期債票	9,000	450,000
三十年軍需公債第一期債票	7,000	350,000
三十一年同盟勝利公債	5,000	250,000
三十二年同盟勝利公債	3,000	150,000
三十二年整理省債一－四期債票	3,000	150,000
三十三年同盟勝利公債	1,000	50,000

年6月底，即金圓券停用前夕，發行量已暴增到一百三十兆元，折合法幣總數更高達四億兆元的天文數字。發行以來，金圓券的數量增加了六萬五千倍。驚人數字[60]。國民政府決定配合幣制改革的時機，提前償還公債，但增加倍數償還宛如杯水車薪，許多持票人乾脆放棄辦理。

2、外幣公債的整理

外幣公債，並無類似法幣公債有關提高倍數提前償還的規定；這是因外幣未如法幣有貶值問題，所以理論上，無補償外幣外債之必要。但，財政部對於外幣償付卻是設有條件，包括必須曾向外國經理銀行兌付本息、登記號碼，或專案向財政部申請核准，而且債券不得寄回國內等，否則即喪失以外幣償付之資格，仍按支付日匯率牌價折算法幣支付[61]。如此一來，大多數外幣公債的持有人，特別是在國內認購者，大多不符合條件，形同法幣公債，卻不適用提前增加倍數償還的規定，所受

---

60 楊蔭溥，《民國財政史》，頁157，與楊格，《中國的戰時財政與通貨膨脹，1937–1945年》。

61 1947年10月27日，民國二十七、二十九、三十一年各種外幣公債國外兌付本息辦法。

損失遠大於法幣公債持有人，因此引起不滿。

到了1948年12月10日，為了解決外幣公債的問題，國民政府特別發行「民國三十七年整理公債」甲乙丙三種債票，總額金圓券五億兩千三百萬元，作為整理之用。

甲種債票一億三千七百萬元，調換民國三十六年第一、二期短期庫券；乙種債票三億兩千五百萬元，調換民國二十七年金公債英、美金債票與民國三十一年同盟勝利美金公債；丙種債票六千一百萬元，調換民國二十九年建設金公債第一期英、美金債票；年息均為5%，償期：甲種債票五年，乙種債票十年，丙種債票二十年；以國庫收入為擔保。三十年航空救國券、滇緬鐵路金公債與三十六年美金公債兩期債票等以均未到償還年限，故不在整理之列。航空救國券與美金公債，目前處於停付本息的狀態，滇緬鐵路金公債，則無後續處理的記錄。

由於金圓券瀕臨崩潰，以金圓計值的「民國三十七年整理公債」，原是建立在美金一元折合金圓四元、每英金一鎊折合金圓十二元的估算基礎上，已無法再成為整理外幣公債的基準。民國1949年2月26日行政院決議發行「民國三十八年整理美金公債」代替，相關辦法於6月23日頒布實施，外幣公債票改按面額換發三十八年整理美金公債，將來到期本息，均給付美金。

三十八年整理美金公債，同樣分為甲乙丙三種債票，總額一‧三六億美元。甲種債票三千七百二十萬美元，調換民國三十六年第一、二期短期國庫券；乙種債票八千三百萬美元，調換民國二十七年金公債英、美金債票與民國三十一年同盟勝利美金公債；丙種債票一百五十八萬美元，調換民國二十九年建設金公債第一期英、美金債票；年息均為5%，償期：甲種債票十年，乙種債票十五年，丙種債票二十五年；以國庫收入為擔保。因係一種償債公債，僅供調換，不對外銷售。

三十八年整理美金公債調換外幣公債的情形不詳，但根據中華民國中央政府2012年總決算的紀錄顯示，此一公債本息分文未付，目前仍處於停付狀態。

十二、各種公債目前的效力

國民政府撤退至台灣至今已近七十年，過去所發行的各種公債，無論是中央與地方，國幣或外幣，整理或被整理的，國民政府的處理情形為何？這些公債是否仍然有效？是否仍可請求償還？

1、銀元公債

總括來說，1936年以前國民政府所發行，及承受自北洋時期的少數銀元公債，都已被1936年2月發行的統一公債整理、回收、換償，即使少數倖存至今者，也不再有效。

2、法幣公債

國民政府從1936年2月到1948年8月之間，以法幣為國幣，其間所發行的法幣公債，原則上均因1948年9月的《政府法幣公債處理辦法》與1949年3月的《法幣公債清償修正辦法》之規定，已增加償還倍數，先後以法幣或折算成金圓券，提前償還，1949年4月30日後，一律作廢，已無償還問題。

3、中國農民銀行土地債券

中國農民銀行發行過三期土地債券，都是法幣公債，但性質特殊，並不是「政府法幣公債處理辦法」與《法幣公債清償修正辦法》的適用對象。這些土地債券，基本上，只能視為中國農民銀行的債務，也就是1992年「台灣地區與大陸地區人民關係條例」第六十三條第二項第二款所稱「國家行局及收受存款之金融機構在大陸撤退前所有各項債務」。根據該規定，在國家統一之前，此種債務也不予處理。因相同規定，不予處理的，還有「節約建國儲蓄券」，也一併探討如下。

4、節約建國儲蓄券

自1939年底起，國民政府財政部核准中央信託局、交通、農民銀行及郵政匯業局發行節約建國儲蓄券，吸收民間與僑胞資金。儲蓄券，分為定額與零存整付甲乙兩式，面額自最初的五、十、五十、一百、五百與一千元六種，因通貨膨脹的關係，在1943年改為十、三十、五十、一百、五百、一千、五千及萬元八種；性質上，都是一種定期存款，而非公債。

1942年，國民政府指撥五億美元貸款中的一億美元作為本息基金，另發行美金節約建國儲蓄券，指定中央、中國、交通、農民四銀行及中央信託局、郵政儲金匯業局為發行機關。美金儲券按照法幣一

百元折合美金五元的比率，由儲戶以法幣折購；分為十元券及不定額券，有記名和不記名兩種；並有定期一、二、三年之分，每六個月計息一次。一年息3%，兩年息3.5%，三年息4%；到期得選擇以法幣或美金支取本息。美金儲券於1943年8月2日，結束發行，發行總額折合九千一百五十九萬美元[62]。

為了解決戰前存放款清償及彌補法幣貶值問題，1947年12月26日國民政府公布《銀行業戰前存款放款清償條例》，最後修訂於1949年1月21日。條例追溯規定戰前歷年存款的本利和[63]，並對於各年份存款，無論到期與否均予已結算，分別以若干倍數

---

62 楊雨青，〈五億美元貸款與戰時黃金、公債政策〉，《南京大學學報：哲學・人文科學・社會科學》，2012年第二期。

63 《銀行業戰前存款放款清償條例》第三條附表為本利和之規定：略以1937年8月（14日）、9、10、11、12月⋯⋯以至1941年12月，每一月分存入銀行的一元，到1947年12月底的本利和，分別為一百七十萬三千四百六十二到七十萬零六百七十元。

節約建國儲蓄券，甲種券，國幣百元。

節約建國儲蓄券，乙種券，國幣二十九・二角。

美金節約建國儲蓄券，十美元。

償付[64]，再按存款數額分級，各別訂定兌換金圓券的兌換率，換算後清償。所謂「戰前」，是1941年12月9日，中國對日、德、意三國正式宣戰之日以前，此後各行於抗戰期間所發行的各種儲券，則按年份遞減兌換率。

這項條例是針對法幣存款，法幣儲券也適用。但，因增加償還的倍數，完全無法趕上通貨膨脹的天文數字，儲券持有人大概也都不予理會；至於美金儲券，並不適用，也無類似的處理規定。

1948年8月，國民政府發行三十六年美金公債期間公布《僑胞所持儲蓄券換購美金公債辦法》，海外僑胞在抗戰期間以外幣認購的法幣儲券，經原發行行局查明後，得換發「三十六年美金公債」第二期債票，但限於9月之前辦理完畢[65]。

64　《銀行業戰前存款放款清償條例》第二條，略以1937年8月13日前存款，自存入之日起，仍照原訂利率計算，並照本利和加一倍結償，例如本利和為一百元者，加一倍結償為兩百元。1937年8月14日以後存款不計利息，並按年遞減20%計算結償；例如1938年存款為一百元者結償一百八十元，1939年存款為一百元者結償一百六十元，以此類推，至1941年存款為一百元者結償一百二十元。第四條又規定，略以存款，數額在兩千元以內者，應照每元償還金圓券三元結償之；在兩千零一元至五千元者，除兩千元應照1：3償還外，其餘數照每元償還金圓券兩元結償之；在五千零一元以上者，除兩千元應照1：3及兩千零一元至五千元照1：2償還外，其餘數照每元償還金圓券一元結償之。

65　《銀行週報》，三十二卷，三十一期，頁30–31。轉引自千家駒，前揭書，頁348–349。

節約建國儲蓄券的償還問題，事實上持續延宕著，到了1992年《台灣地區與大陸地區人民關係條例》公布，其第六十三條第二項規定：國家行局及收受存款之金融機構在大陸撤退前所有各項債務，在國家統一前，不予處理[66]，大量未獲清償的各時期節約建國儲蓄券，無論以美金或法幣券，都陷入凍結狀態。

5、實物庫券

糧食庫券與借糧收據，係供作分期抵充田賦之用，但部分還未來得及使用，相關條例也已在1973年停止適用[67]，勢必也須等到國家統一之後才可能解決。

6、外幣公債

國民政府的外幣公債部分，除了二十六年闢濬廣東省港河工程美金公債、三十年航空救國券、三十年滇緬鐵路金公債與三十六年美金公債之外，均已被「民國三十八年整理美金公債」調換完畢，再無償

還問題。

至於二十六年闢濬廣東省港河工程美金公債等上述公債，則是因為當時尚未屆滿償還期限之故，未能在1949年6月一併換償「民國三十八年整理美金公債」。但，由於時值兩岸敵對狀態，到了各別公債償還期限逐一屆滿後，政府則予以擱置，未進行處理，但是否比照既有模式予以凍結，尚有待依法律程序清楚表態。

針對所遺留的外幣與黃金公債的處理原則，1992年「台灣地區與大陸地區人民關係條例」第六十三條第二項第一款規定，在國家統一前，不予處理[68]。

有民眾無法接受此一作法，提交三十六年短期庫券向政府要求償還未果，1996年間改向法院提出告訴[69]，並經地方法院

66　「台灣地區與大陸地區人民關係條例》第六十三條：……國家統一前，下列債務不予處理：一、民國三十八年以前在大陸發行尚未清償之外幣債券及民國三十八年黃金短期公債。二、國家行局及收受存款之金融機構在大陸撤退前所有各項債務。

67　《中央法規標準法》第十九條：法規因國家遭遇非常事故，一時不能適用者，得暫停適用其一部或全部。

68　「台灣地區與大陸地區人民關係條例」第六十三條：本條例施行前，台灣地區人民與大陸地區人民間、大陸地區人民相互間及其與外國人間，在大陸地區成立之民事法律關係及因此取得之權利、負擔之義務，以不違背台灣地區公共秩序或善良風俗者為限，承認其效力。前項規定，於本條例施行前已另有法令限制其權利之行使或移轉者，不適用之。國家統一前，下列債務不予處理：
一、民國三十八年以前在大陸發行尚未清償之外幣債券及民國三十八年黃金短期公債。
二、國家行局及收受存款之金融機構在大陸撤退前所有各項債務。」

69　台灣台北地院八十五年度訴字第三九〇八號。

法官針對「台灣地區與大陸地區人民關係條例」的有關規定，是否牴觸憲法第十五條所保障人民財產權之疑義聲請釋憲。此案經司法院大法官釋字第四七五號解釋，以「三十八年以前在大陸地區發行之國庫債券，係基於當時國家籌措財源之需要，且以包括當時大陸地區之稅收及國家資產為清償之擔保，其金額至鉅。嗣因國家發生重大變故，政府遷台，此一債券擔保之基礎今已變更，目前由政府立即清償，勢必造成台灣地區人民稅負之沉重負擔，顯違公平原則」為由，認定「台灣地區與大陸地區人民關係條例」在國家統一前，不處理外幣、黃金公債之規定合憲。

然而，所涉及被凍結的國庫債券債務，究竟有鉅大？大法官並未給具體數字，但，包含「三十八年整理美金公債」為一億三千六百萬美元；「三十八年黃金短期公債」黃金八千四百八十·六市兩（目前約合市價一千萬美元）；釋憲案有關的「三十六年短期庫券」並無統計資料，但至多約兩億多美元；「三十六年美金公債」約五千三百萬美元；以國庫擔保的「三十年滇緬鐵路金公債」一千萬美元；「三十年航空救國券」結欠四百零三萬餘美元；「二十六年闢濬廣東省港河工程美金公債」尚欠一百八十六萬多美元在內，本金總數至多四億元，連欠息計算約八億美元，但實際上可能遠低於此，主要

原因在於，例如三十八年整理美金公債至今未見，可能是當時戰亂背景下，絕少有人完成換償；三十年滇緬鐵路金公債，以海外僑胞為主要發行對象，至今也已絕跡多年；其他各種公債因事隔久遠，存世無幾。

相對於政府誠信，這筆金額如果計算誤差不大的話，未必真正鉅大，但牽動的問題卻更不容掉以輕心。政府更應該擔憂的是，一旦對內公債開始償還，那麼，自十九世紀末以來，中國在國外發行的大量公債，中華民國政府為爭取外國承認，已數度表示願意承受，其中有不少仍處於違約未償付本息的狀態，持有人勢必群起要求比照辦理，並且絕非只是償付本息而已[70]。

外債持有人的求償對象，從1971年起已大多從國民政府轉向中華人民共和國政府。1979年1月美國羅素傑克遜等三百多人合組一個「美國債券持有人基金會」（American Bondholders'Foundation）以「1911年湖廣鐵路借款債券」違約未付本息，在阿拉巴馬州北部地方法院對中國

70 筆者，《算舊帳－歷數早期中國對外債券》，頁116–117。

政府提出集體訴訟求償[71]，是一件經常被提及的案例。原告請求每一百英鎊面額債券，除原有本息外，包含遲延利息與懲罰性賠償，中方共需賠償四千六百一十七・二二美元。在訴訟策略下，有關的公債債務被灌水近三十倍，雖然，中方後來以美國法院無管轄權，以及惡債（Odious Debt）不償等理由，獲得勝訴，但類似求償並未真正停止。其實，對岸政府所主張的惡債不償，除了對於過去的外債，也針對包含上述外幣、黃金公債在內的國內公債，立場相當明確，我方政府，倘若將來觸及償還前述內債的議題，姑且不論是以何種身分償還，都不免同時引來外債持有人的關注，這是一個值得從外交、財政與歷史等多方面角度通盤思考的問題。

7、黃金短期公債

根據「台灣地區與大陸地區人民關係條例」第六十三條第二項第一款明文規定，在國家統一前，黃金短期公債不予處理。

8、愛國公債

1950年改於台灣發行，實募新台幣四・七億餘元，已償清結案。

---

71 Russell Jackson, et al., Plaintiffs, v. The People's Republic Of China, Civ. A. No. 79-C-1272-E.，United States District Court, N.D. Alabama, E.D.October 26, 1984.

第四篇

其他

一、民國的證券市場與交易所

晚清興起股票交易風氣，百姓只知有差價可賺，競相投入。但，政府遲未建構證券交易相關制度與措施，以致危機四伏，市場發展受限。隨著1883年與1909年兩度爆發重大金融危機，股民損失慘重，有識者對於建立證券交易所的呼籲不斷。

受到洋商證券公司的影響，國內證券商也開始出現股份制公司的形態，如1882年的上海平準股票公司、1908年天津的北洋股票交通有限公司等，這些本土證券公司雖然朝著組織話與制度化的方向演進，但保留著傳統產權交易的習慣，接受客戶委託時，逐次簽訂契約，也開始提供股票貸款。由於欠缺集中交易所的設置，證券商只好身兼起交易所的角色。

1904年和1910年，梁啟超曾兩度提出籌設「股份懋遷公司」，亦即「證券交易所」的芻議，主張為了促進資本流通與振興實業，不僅應設立交易所，並且宜一市一所[1]，並直指直隸公債的失敗，與欠缺股份懋遷公司脫離不了關係。1907年，袁子壯、周熊甫二人也提議建立交易所之事。但均未獲當局回應。

進入民國後，開始出現公會組織附設交易所的模式。其中以「上海股票商業公會」最早，1914年秋，為上海華商證券商同業集資成立，同時也是中國最早的華商證券商同業公會，會員有十三家，雖沒有交易所之名，功能、組織與辦法均與交易所無異。交易二十多種證券，有政府公債、鐵路公債、股票等，由買賣雙方自行議定價格，成交抽取佣金，製作成交紀錄，逐日公布行情[2]。後來，上海機器麵粉公會、上海金業公所等同業公會也紛紛跟進，申設交易所[3]；1916年，漢口證券業同業公會也採用相同模式，在會內設立了物品、證券交易所，進行股票、彩票、地方公債、棉花等交易[4]。

北洋政府對於設立交易所也相當積極，但為政府公債尋求出路是主要的動

---

1 葉世昌，〈梁啓超、康有為的股份制思想〉，世界經濟文匯，1999（2）年，頁55。

2 楊蔭溥，《中國交易所》，商務印書館，1930年。頁23–25。直到1920年5月，「上海股票商業公會」才改組，獲得農商部核准，成立正式的交易所為「上海華商證券交易所」，並成為民國時期上海主要的證券交易所之一。

3 匡家在，〈舊中國證券市場初探〉，《中國經濟史研究》，1994（4）。頁29–42。

4 孫建華，〈民元後華商證券交易所的創設動機及其脆弱性〉，《金融教育研究》，第二十六卷第五期，2013年10月。

機。1914年5月16日,財政總長周自齊呈請總統袁世凱指派王璟芳赴上海,籌資一百萬設立官商合辦證券懋遷公司,並在北京、漢口、廣州三地也設立物產證券交易所,以便於公債發行交易。

1915年,財政總長梁士詒也向內閣提出集資一百萬元,由官商合辦證券交易所的動議[5]。1921年8月28日,北洋政府招商在上海發起成立「中華內國公債交換所」[6],以便主導公債的發行與交易。不過,民初交易所的發展,終究還是走向民辦的方向。

作為成立交易所的法源,1914年12

1920年開幕的上海證券物品交易所。

月,北洋政府頒布了「證券交易所法」;1915年5月,又制定施行細則。1918年6月,北京證券交易所率先取得農商部許可,成為中國第一家依法成立的證券交易所,北洋政府官員也參與投資。

不過,對於設立交易所,響應最為熱烈者,非上海莫屬。1916年冬,虞洽卿等政商各界人士與日本商人合組「上海交易股份有限公司」[7],提出涵蓋了證券、花

5 孫建華,前揭文。

6 公債交換所業務大綱:
(1) 公債交換所以推行內國公債鞏固國債信用調劑社會金融為主旨,特有本部招商承辦,名曰中華內國公債交換所股份有限公司,只准設立一家,他人不得援請設立。其公司章程即由公司擬定呈部備案;
(2) 公債交換所資本總額定為銀幣一千萬元,招股辦法由公司另擬送部覆核;
(3) 公債交換所之股東,以中華民國國籍為限;
(4) 公債交換所之營業事項如下:得受政府委託代募各項內國公債,擔保國債借貸及其他證券抵押借貸,買賣內國公債票及政府發行之各種有價證券,得受政府之委託辦理減債基金事務,其他相關聯屬之事業。
(5) 公債交換所一切事宜悉依公司條例辦理。(《錢業月報》第一卷第八期,1921)

7 1916年12月,孫中山為了籌集革命經費,決定與日本神戶航運業鉅子三上豐夷合作,在上海開辦交易所。同月5日,雙方簽訂草約,以上海通用銀元五百萬元為資本額,日方無息提供兩百五十萬元,未來所得紅利,日方得十分之八,其他發起人得十分之二。

紗、金銀、中外布疋、油類、糧食等七項營業務範圍的交易所申請，到了1919年6月，也取得農商部批准，改名為「上海證券物品交易所」，並於1920年7月1日正式營業[8]。同一期間，上海股票商業公會也改組成為上海華商股票交易所，上海金業公所、上海機器麵粉公所等也申請轉型交易所，還有許多新交易所的申請案正在進行中。同一期間，漢口、哈爾濱、大連等地相繼設立交易所，整個中國證券市場發展邁入新的階段。

上海交易所林立，促進了國內股票市場的快速發展。以前清遺老鄭孝胥賦閒上海時期的投資歷程來看，除了購置土地外，證券交易是其理財的主要方法。1918到1921年這三年正是上海交易所開放設立的初期，國內股票與公債已躍升為其主要

投資項目，鄭氏除了按往常在西商眾業公所買進綏芬河金礦、道勝銀行俄國國債等外，也在華商交易所買進了通州墾牧公司，大豐鹽墾股票、蘇路、浙路等股票及內國公債[9]；本土證券交易與交易所已經能夠分食市場。

正由於證券交易的盛行，上海交易所獲利豐厚，上海證券物品交易所剛開業時，半年即賺得五十幾萬元，引來各方競相投資設立交易所。不到一年光景，於1921年的高峰期，上海的交易所已多達一百四十餘家之多，密度之高，蔚為世界奇觀[10]。當時全國依法設立的股份公司數量雖增至一千五百六十九家，但普遍規模偏小與信用不足[11]，具備公開發行條件的公司仍屬少數，各交易所成立後，大多立刻陷入缺少業務的窘境。

同時規定，交易所須聘用日方推選的證券專家做為顧問。稍後，草約又增訂有關日方的無息借款，以創辦人名義，開立信用狀存入日本橫濱正金銀行上海分行，做為股款。草約共有孫文中山、趙家藝、虞洽卿、張靜江、洪承祁、戴傳賢、周佩箴等十一人簽字。（《創立上海交易所股份有限公司協定豫約案》〔戴季陶手跡〕，山田純三郎檔案，日本愛知大學藏，1917年2月29日日文《上海日報》報導。轉引自楊天石，《找尋真實的蔣介石—蔣介石日記解讀》）。

8　上海市檔案館，《舊上海的證券交易所》，上海古籍出版社，1992，頁19–43，與楊天石，前揭書。

9　張笑川，〈鄭孝胥在上海的遺老生活（1911–1931）—以《鄭孝胥日記》為中心〉。

10　朱蔭貴，〈紀實近代中國的證券市場（之三）—1921年：上海爆發濫設交易所風潮〉。

11　1912到1927年，全國註冊公司累計僅有一千六百五十家，其中股份制公司有一千五百六十九家。1928到1947年6月底，全國登記公司數量累計八千零八十八家，平均資本（折合1937年資本數），1928年為五十五‧六萬元，1947年6月僅一‧八萬元。參閱：張忠民，《近代中國公司制度研究》，上海社會科學出版社，2002。頁261。

這種失控的情勢，一方面與國內外軍政勢力的介入有關。當時依法向北洋政府農商部申請設立的交易所，僅是少數[12]，其他則另闢蹊徑；有向外國領事註冊或租界工部局領照，而向淞滬護軍使署或其他公廨法庭備案亦有之，甚至是有受外國政府保護的情形，北洋政府根本無力管理[13]。

上海多數交易所及其附設的信託公司，在短時間內被迫歇業。到了1922年3月，原有一百四十家已縮減至十二家仍在營業，每家資本額從兩千萬到五、六百萬元不等[14]，頓時間大多成為泡影，交易秩序大亂，市場損失慘重，即所謂的「信交風潮」。

投資人原本對於股票的興趣，隨即轉往公債這種轉變是長久的，並且相當深遠也，意外促成北洋政府的財政契機。雖然北洋政府一向積極開發公債市場，但由於債信不佳，尤其民國十年的公債整理案，才剛造成投資人損失，疑慮猶存。但公債能夠重新獲得青睞的原因，主要在於不似股票急漲急跌，可用期貨交易的方法套利，賺取價差。加上北洋政府為了增加經銷與購買的意願，折價發行、提供高額佣金，也允許公債作為銀行各項準備等，因此仍受到不少人歡迎。除了證券商，連金店、銀樓、銀號等傳統金融業者也蜂擁投入。成為政策工具的北京證券交易所，直至1939年歇業為止，營業收入大多是與公債交易有關。

此後，中國的證券市場進入了公債紀元；股票，則是餘悸猶存、乏人問津。國民政府成立後，1929年10月，頒布「交易所法」，採取梁啟超籌設股份懋遷公司時「一地一所」的主張，規定每個地區只能設立一家證券交易所，避免信交風潮的重現。影響所及，1933年5月上海證券物品交易所依法併入上海華商證券交易所，此後，上海華商證券交易所因此成為中國最大、乃至遠東最具規模的證券交易所，直到抗戰爆發才停業。

---

12 濱田峰太郎1921年下半年的調查，列舉了一百一十七家……符合正規手續，向北京農商部立案的只有七家，未註冊的二十七家，情況不詳的三十家，三家在上海淞滬護軍使署註冊，剩下的五十家，都在上海的外國租界中向外國領事館註冊，而且絕大部分在租界開業。（轉引自朱蔭貴，〈1921年信交風潮〉）

13 朱彤芳，《舊中國交易所介紹》。

14 楊蔭溥，《中國交易所》。

二、公債與銀行準備

現代政府，常以發行或贖回公債為手段，達到收縮貨幣與影響利率水準的目的，但早期中國因急於自市場募集資金，為了鼓勵銀行購買政府公債，除了給予優惠價格與折扣外，在政策上也允許銀行以公債取代現金作為各項銀行準備金；發行公債反而成為助長通貨膨脹的元兇。

從北洋時期起，中國國內公債的發行條例大多增列債券「得為銀行之各項準備金」的條款，也就是說銀行得認購公債作為發行鈔票及經營存款業務的保證準備金。政府藉由以擴大公債用途，增加銀行業的認購興趣。國民政府時期也承襲這種作法，以貨幣政策促銷公債。

早期，銀行發行鈔票或經營存款業務，必須按發行金額十足準備，也就是擁有與發行鈔票相等金額的準備金，以供兌現。這種準備金，原本是指現金準備，也就是金銀與外匯，後來有部分改以保證準備，即政府發行或認可的有價證券，其中最主要的就是公債。此外，沒有發鈔權的銀行、錢莊，為了向發鈔銀行領取鈔票，在過去，是必須繳納領鈔準備金的，這種領鈔準備金，是根據雙方約定，決定現金與公債比例，但這種決定也受政府政策的影響。

因此保證準備，也就是以公債取代現金作為準備及其比例的多寡，已成為政府去化公債的辦法，也是影響貨幣發行量的政策工具。一旦政府的債信不良，將連帶影響鈔票信用，並危及銀行的生存。

不過，即使民國時期的政府公債信用不佳，由於政策上的誘因，銀行業逢低買進，卻可十足作為保證準備。在有利可圖的情形下，公債市場仍有大量買盤支撐，但這也為通貨膨脹的問題埋下伏筆。

各項準備之中，發鈔準備至關重要。1935年11月4日，國民政府施行法幣政策，規定「法幣發行，須按發行數額十足準備。現金準備六成，以金銀或外匯充之。保證準備為四成，以國民政府發行或保證之有價證券及經財政部認為確實之其他資產，或短期確實商業票據充之」。後來，因法幣崩壞，到了1948年8月19日，國民政府發行金圓券，規定「貨幣以金圓為本位幣，由中央銀行發行金圓券，十足流通發行」、「必須有百分之四十為黃金、白銀及外匯，其餘有價證券及政府指定之國有事業資產充之」。發鈔的保證準備，從原先的40% 提高到60%，公債成為金圓券的發行準備之中的主要部分，因此購買公債，以便印製更多鈔票；再買更多

公債，印製更多鈔票……這種惡性循環，便成為通貨膨脹的原因。

抗戰期間，因財政窘迫，為增加公債收入，1939年起，國民政府曾暗中變動銀行發鈔準備標準，批准中央、中國、交通三行開闢另帳發行法幣，這部分發行特許，全部以保證準備，也就是說政府暗中發行部分鈔票，且全以公債保證，信用的膨脹更為加劇。除此之外，公債更進一步被擴大用途與銷路，第三次全國財政會議於1941年6月決議，准許公債取代做為各項公務保證準備，並強制公司法定公積金及一成盈餘購買公債[15]。

1931年，國民政府制定《銀行法》，規定經營存款業務的銀行錢莊，必須於中央銀行繳存所承作存款總數一定比率的存款準備，以維護存戶權益與央行的清算責任。依據銀行法規定，中央銀行規畫扮演的國家儲備銀行角色，因抗戰爆發而未實現，改由中央、中國、交通、農民四行共同分擔責任；除儲蓄銀行另訂有專法規定外，各銀行普通存款應交中央中國交通農

1948年法幣嚴重貶值後的景象。

民任一行保管。1942年7月16日，存款準備改收歸央行一家集中收存，但因抗戰關係，存款準備率原訂活存20%、定存15%，規定得以公債與節約建國儲蓄券抵繳，其比例，每半年調整，到了抗戰勝利後的1946年底，活存準備率才降為15%、定存降為10%[16]，保證準備的問題暫告結束。

隨後，國共戰爭爆發，國民政府為了推銷公債，公債保證的用途又開始擴

15　《財政年鑑》續篇，頁108。轉引自：千家駒，《舊中國公債史料》）：
　　1、各公司之法定公債（按，法定盈餘公積）必須全部購買公債。
　　2、所得利得免徵十分之一戰時準備金，應以購買公債者為限。
　　3、各種保證金准以公債代替。

16　《財政年鑑》三編，第十篇金融，第三章銀行，頁31–43。

大。1948年初，決定各銀行、錢莊依規定
應存放於中央銀行作為結算之用的存款準
備，其半數得改用公債抵充，以往這項存
款準備是以現金為主。消息一出，市場
頓時風聲鶴唳、人心惶惶，財政部也因擔
心釋出大量現金，影響市場甚鉅，宣布暫
緩。但，為了避免民眾預期與恐慌心理，
其實，相關措施大多不公開進行，銀行、
錢莊的另一種付現準備，也就是應有相對
於存款總數一定比例保存於金庫或活存央
行，做為付現之用，原有的付現準備率是
15%，但卻早已改成保證準備，全部得以
債券充數[17]。

在政策的濫用下，民國各時期的通貨
膨脹大多與發行公債的助長有關，結果造
成鈔票與公債同時信用破產，無法流通。
到最後，由於人民無法信任國幣及國幣公
債，市場因此主動恢復以銀元、甚至黃金
交易，政府也只好放棄國幣，這即是國民
政府被迫發行外幣與實物公債的原因。

17　《銀行周報》：「關於存款保證準備金不
　　准以債券抵充之命令」，第三十二卷第三
　　期，1948年1月19日。

三、清末商辦鐵路公司及其資本租稅化

二十世紀前後，列強紛紛在中國搶建鐵路。清政府被迫接受並在海外發行公債借款以支付相關費用。不久，中國國內拒借洋款、收回路權的要求不斷，並掀起鐵路商辦的風潮，1903到1907，短短五年間，各省陸續出現了近二十家的商辦鐵路公司。然而，商辦鐵路公司招股不易，無法擺脫官方介入，除了提供資金，經營高層不免官派。結果多數商辦鐵路公司資本主要是來自賦稅，由地方以附加稅的方式，強迫百姓附股，真正出於自由意願的投資僅占一小部分，僅有蘇、浙、粵、閩等少數公司成為例外。清末商辦鐵路公司，因此普遍帶有資本租稅化的特色，與強制攤派下稅戶按稅額比例分攤的公債，情形類似。

清末中國授權洋人建造鐵路，是列強威逼下的結果，鐵路線正代表著外國勢力的延伸。清廷被迫同意外國在自己的土地上興建鐵路，並出錢埋單，只因鐵路在名義上屬中國所有，又無力承擔築路經費，向外國借款的後果，中國政府則必須授予鐵路興築與經營權，包含鐵路相關的設計、承造、用人、採購等權利，並在長達數十年的借款期間，以鐵路資產與營業收入作為借款擔保，並且不容允許本國或第三國建造鐵路加入競爭，直至借款全數償還後為止。

這種以路權換取鐵路借款的模式，出現於十九、二十世紀之交，被蘆漢、京奉、粵漢、正太、滬寧、汴洛、道清、廣九等鐵路一再援用。清末，國內的鐵路總長約有九千四百公里，其中由外國直接興建三千七百八十九公里，全部或部分使用外債建造的鐵路則為四千五百八十七公里[18]，外國資金與勢力幾已遍及中國各鐵路，約占總長的89%。

清廷准許外國在境內建造鐵路，並簽訂借款合同，其內容往往另有玄機。清廷所宣稱的借洋款官辦鐵路，列強則不客氣的直言應是路權轉讓（Railroad Concession），也就是中國為了借款造路而讓出鐵路主權。隨著國外的報導、資訊的流通，使得蘆漢、粵漢鐵路等有損主權的借款合同及爭議陸續曝光，官員再也無法粉飾太平，群情激憤下，清廷不得不轉而支持與安撫鐵路商辦的主張。

清廷順應時勢開放鐵路商辦，允許民間成立鐵路公司，對外募股，自建鐵路。1903到1907的五年間，各省成立了至

---

18 金普森，《近代中國外債研究的幾個問題》，浙江大學出版社，2011，頁27。

少十八家鐵路公司；其中也包括由官辦轉型者，例如川漢、津浦，著手招募商股，轉型官商合辦。

然而，鐵路事業具有資本與技術密集的特性，當時國內多屬農村人口，普遍收入微薄、儲蓄不足，僅能滿足基本生活需求，無力進行投資，各路公司成立後，幾乎都面臨到招募不到資金的問題。此時，就必須仰賴官紳資金，或由地方抽捐入股，以致股東結構複雜，管理困難；加上各路公司普遍技術與經營能力不足，辦路績效低落。因此，各路公司大多陷入工程進度緩慢，坐看資金不斷消耗殆盡的困境。商辦多年，清廷見事不可為，鐵路收歸國有，決定收購各路公司股權，這種決定，有其取捨與判斷，但卻難以說服當時的民眾，果然輿論大譁。

民間對於鐵路收歸國有政策的反對，是其來有自，認為清廷又將重返割讓路權以借洋款的老路。本來，對外借款與讓與路權，應該是兩件事，但在歷次的鐵路借款合同談判中，兩者總被綑綁一起，特別是1903年左右，美國合興公司違約爭議持續擴大，國內各界義憤填膺，各地仕紳紛紛抵制境內外國的採礦與鐵路工程，寧可犧牲地方經濟利益，也要討還主權，政治上的訴求已遠超過經濟考量[19]。到了1908年不以路權擔保借款開始成為政府立場，蘆漢鐵路比商借款合同簽訂十年後，郵傳部試圖修改合同不成，改向英法借款，另以其他稅收擔保，保全了路權[20]。這個過程，或許說明了問題未必是在鐵路國有的政策上，而是執行出了差錯。清廷過於顢頇與被動，沒有及早察覺，以致政策無法真正上軌道；清末鐵路國有政策，在相當程度上，背負著這種原罪。

另一方面，各省商辦鐵路公司因資金、營運與技術等問題，令清廷喪失信心而改弦易轍，但如浙江鐵路公司因堅持不入官股或強制股，僅以商股組成，反而擺脫了官方介入經營管理，保留了真正的商辦精神，雖然募資依然未達設定標準，卻仍是各路公司中經營績效最好，甚至超越許多官辦鐵路。浙路公司在與英國怡和洋行爭奪蘇杭甬鐵路路權的過程中，據理力爭，一再凸顯清代鐵路事務官員的推諉失職，並迫使清廷與英方做出妥協。雖然最後難逃被收購、解散的命運，但，浙路的例子也似說明鐵路商辦，如屬真實，未必沒有前途。

Financed Railway System, 1903-1911", 中研院近代史研究所集刊，pp449–452。

20　筆者，〈京漢鐵路英法借款公債〉，《算舊帳－歷數早期中國對外債券》，頁38。

19　Lee En-Han, "China's Struggle for a Native-

雖號稱商辦，清末各路公司必須大幅依賴各省安排的強制股挹注，這些強制股並非出於自由意志下的投資，而是強制課徵的附加稅。資本的租稅化，使得多數商辦鐵路公司可以苟延殘喘，卻已喪失商辦的精神與本質。

1903年商部成立，頒布《鐵路簡明章程》[21]，為商辦鐵路公司提供了法源基礎，中國的鐵路政策已出現變化。清政府寄望國內鐵路建設轉由商辦，由各公司募款發行股票，取代先前對外發行公債，借洋款蓋鐵路的模式。

商部針對開辦鐵路有關的申請、審核、勘路、軌距、募股、借款、購地、運費等制定了基本規則。對於鐵路公司的籌資，建立必須華股占多數，洋股不得超過華股，並且在洋股之外，不得另借洋款的政策。在這個背景下，各省紛紛集資設立商辦鐵路公司，1904到1907短短四年間，先後成立或奏設了浙江、江蘇、津浦、陝西、潮汕、新寧、粵漢、四川、福建、湖北、滇蜀、安徽、湖南、山西、廣西、黑

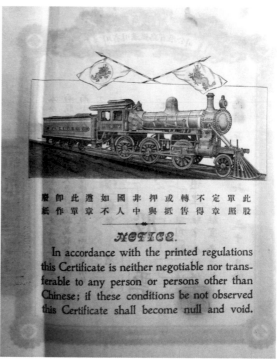

民元年，川路公司股票。

龍江、吉長[22]、江西、河南等商辦鐵路公司[23]。

各商辦鐵路公司紛紛以保護路權為號召，「不招外股，不借外債」、「專集中國人股份」、「不准將股票售與非中國人」等條文，均會出現在設立章程之中，比起商部有關洋股不得超過華股的規定，更加嚴格，更積極排外。這種現象，蔓延至民辦的公路、礦業等，直至民國時期仍還存在。

但，各路公司招股，並不如預期般順利，除了江、浙、粵、新寧、潮汕等路能夠自力募股外，其他公司均須依賴官方支持，各省多以租股、鹽股、米捐等附加稅的名，義強迫稅戶繳納入股，因此，各路公司雖名為商辦，不得不依靠各種強制股的情況下，負責人幾乎全由朝廷指派官員擔任，這些強制股大多由地方政府轉嫁百姓負擔，官方色彩濃厚。官方投資金額雖少，卻擁有很大的影響力。

川路

川漢鐵路公司，1903年成立，1907年官改商辦。原訂集資五千萬兩，即使廣募民股、商股，攤派租股，並有官股的挹注，至清朝結束為止，仍只募集到一千四百萬兩的股款。工程進度非常緩慢，宜萬段（宜昌至萬縣）段遲至宣統元（1909）年底才開工，最後也僅完成西段成渝鐵路的部分工程，約十七公里[24]。

津浦

清廷與德國德華銀行及英國華中鐵路公司談判津鎮鐵路借款合同之際，鐵路收回自辦的聲浪席捲全國，直隸、山東、江蘇京官鹿傳霖等聯銜奏請官商合辦，光緒三十三年（1907）二月十六日袁世凱、張之洞奉旨辦理。四月十七日與外務部會同籌議後，經梁敦彥與英德兩國代表議訂合同，不以路作抵；並與路線所經過之直隸、山東、江蘇、安徽四省商定，「除官

---

22 吉長鐵路，是在1902年6月為防止俄國的中東鐵路的擴張，吉林將軍長順奏准自建，需銀兩百餘萬兩，戶部撥銀八十萬兩，其餘就地籌集。1902年7月，因無力自籌經費與俄國脅迫，吉林與中東鐵路公司簽訂合同，允准中東鐵路公司修建並經營長春至吉林省城之間的鐵路。1902年12月，清政府諭令，不准中東鐵路公司修築吉長鐵路，仍令吉林籌款自築。1905年5月，趁日俄戰爭之機，清政府令吉林收回吉長線修築權，籌備工程事宜。1906年由吉林候補道宋春鰲的出面號召地方人士所成立，但因不諳路務，經郵傳部收歸國有，不在商辦之列。1907年起，與以中日合辦名義，實由日本提供資金，吉長鐵路，長一百二十多公里，1908年12月開工，1912年10月完工通車。（摘自吳樵，《寬城隨筆》，民國六年）。

23 曾鯤化，《中國鐵路史》，1923，頁64。

24 筆者，前揭書，〈關於川漢鐵路〉，頁41-42。

股一半，聽由官家籌備，期商股一半，即行設立公司，預行招募，以便歸還洋債，同享該路之權利……本公司定名為四省預籌津浦鐵路商股有限公司，十年後改為官商合辦津浦鐵路商股有限公司。」[25]惟，此一計畫，終清之世並未實現。

浙路

1905年8年成立，1906年間與蘇路公司共同建造滬杭鐵路，全長兩百一十公里，浙路公司負責杭州湖墅至錢塘閘口段，占全線的三分之二，約一百四十公里，蘇路公司負責其餘三分之一，即上海至楓涇段，1909年6月，兩線接軌；9月全線通車。

在浙、蘇兩路公司及社會輿論要求，廢止中英蘇杭甬鐵路借款草約、收回路權等的壓力下，清廷與英方被迫退讓，於1908年2月另訂滬杭甬借款合同，由郵傳部向英方借款，且未以路權擔保，改以關內關外鐵路餘利替代，再由郵傳部制定《江浙鐵路公司存款章程》，將借款轉借予浙、蘇兩路公司，作為辦路之用，惟兩公司並不接受此折衷方案，爭議持續至清政權告終仍未結束。

1914年為民國交通部收歸國有。

皖路

安徽鐵路，1905年向商部立案設立。初為開辦蕪廣線（蕪湖—廣德），後來又變更計畫，展築宣屯線（宣城—屯溪），股本從四百萬兩增至一千萬兩，除了部分出自認購，其餘均依賴抽收米捐、茶釐與發行彩票挹注，辦理績效極為低落。徽路公司收歸國有時，「開辦八年，用款兩百餘萬兩，僅築蕪湖至灣沚間土方五十餘里，而所負各洋款價款，幾至釀為交涉。」[26]

---

25 《四省預籌津浦鐵路商股有限公司招股章程》：「旨特派大學士張、尚書袁與英德兩國銀行磋商，改為借債自修，並稍移路線經過安徽，易名為津浦鐵路……旨，依議，欽此。現經直隸、山東、江蘇、安徽四省商定，除官股一半，聽由官家籌備，期商股一半，即行設立公司，預行招募，以便歸還洋債，同享該路之權利……本公司定名為四省預籌津浦鐵路商股有限公司，十年後改為官商合辦津浦鐵路商股有限公司。一切章程均遵農工商部有限公司律辦理，先行呈請督辦大臣奏明存案……除官股籌備一半外，商股應籌兩千萬零五十萬兩，以四省路線之長短均勻計算，以為招股之數。……本公司共招股庫平足銀兩千零五十萬兩，分整股、半股、零股三種股票。計整股每股收銀五兩，其以赤金銀幣入股者，均照時價核算。」（光緒三十四年八月十六日，郵傳部，「呈大臣具奏四省紳商設立津浦鐵路商股有限公司──摺錄旨欽遵由」。海防檔戊鐵路〔一〕，中央研究院近代史研究所，頁681以下）。

26 民國六年六月一日，《東方雜誌》十四卷六期，頁152。轉引謝國興，《中國現代化的區域研究：安徽省（1860–1937）》，頁301–305。

蘇路

1906年3月間，由蘇州紳商設立「蘇南鐵路公司」，計畫建造蘇州南經梅堰、震澤至浙江南潯的蘇南鐵路，隨後改組為「商辦蘇省鐵路股份有限公司」，即蘇路公司。

由於蘇南鐵路的建造有違反中英蘇杭甬鐵路借款草約之嫌，因此與浙路公司協議，改為建造滬杭鐵路。

1914年為民國交通部收歸國有。

光緒三十四年，蘇路公司股票。

贛路

1904年，江西鐵路公司設立，計畫募集五百萬兩，首先計畫興建南潯鐵路（南昌—九江），股款在民間勸募與強派鹽價、統稅與縣契加捐等作為公股等併用下，仍僅得百萬餘兩，後來暗中向日本興業銀行借款一百萬兩。消息曝光後，輿論譁然，公司負責人因而辭職[27]。然而，民國元年（1912）七月至三年（1914）五月間，因資本不敷，以路產與收入，先後向日商東亞興業會社借款五百萬日圓，隨後又陸續借款兩百五十萬日圓，該路實質淪為日人掌控[28]。南潯鐵路在1907年1月開工，全線於1916年5月完成。

桂路

廣西鐵路公司，1906年成立，預定籌募三千萬元，擬築邕桂鐵路（南寧—桂林），實僅募得約一百四十萬元，但始終沒有修成鐵路。

滇路

1908年，滇蜀騰越鐵路公司成立。這是因英國駐雲南領事在1906年提出興建由英屬緬甸經八莫、由騰衝通往雲南的鐵

27　孫自儉，前揭文，頁768。

28　曾鯤化，前揭書，頁890–891。

宣統三年，滇路公司股票。

路計畫，為了抵制，雲南仕紳陳榮昌等人結合雲南商務總會，將原已成立的「滇蜀鐵路公司」改名，並納入雲南境內之相同的鐵路線；自四川巴縣起，經瀘縣、宜賓至雲南昆明縣、經大理，最後到達騰衝。總長一千四百公里。滇路公司預定籌股兩千四百萬兩，與川漢路類似，除募集認購外，主要依靠糧股、鹽捐等，實得約三百萬兩，但工程亦遲無進展。

鄂路

1905年，在贖回美國合興公司的粵漢鐵路路權後，官督商辦湖北鐵路公司成立，一併承辦鄂境粵漢與川漢兩鐵路。惟成立以來，內部爭議不斷，一事無成。1907年，川漢鐵路因民股、租股、商股比例的增加，決議析出，另立商辦公司。1910年，湖北鐵路公司，亦獲准轉為商辦，原定集股三千六百萬元，不過，縱使獲得督撫與諮議局的支持，以田租、房租、薪金派購股票，亦僅募得兩百萬餘元。

湘路

湖南粵漢鐵路公司，1905年成立，因官商意見不合，籌款築路計畫遲未定案。直至1911年株洲到長沙段才完工通車。1913年5月8日收歸國有，八年的進展，扣除借款後，實收約六百多萬元，築路不到七十公里。

煙灘

自煙台至灘縣，全長約兩百八十九公里。1904年起，先後有商界梁灝池、張德山、李福全等人倡議籌築，但募資不成，無功而返。

民國元年，煙台商會設立煙濰鐵路籌備所，赴京申請開辦，至五年（1916）三月獲准籌辦，預定招股一千萬元，但民間認購無幾，最後由濰縣攤派，不足者由全省補助。開工後，工程進度緩慢，後因經費不足，十年十月交通部決定放棄鐵路，改築汽車道路，改工程處為汽車處。這在中國路政史上可謂相當特殊的例子。

十一年九月因沿路地主催索地價，於是發行煙濰鐵路發還地價短期債券四十八萬元。

民十一年，煙濰路發還地價債券，一元券。

同蒲

同蒲鐵路，1907年獲准成立，著手興建同蒲（大同—蒲城）鐵路，約長一千公里，原訂招股兩百萬兩，但資金無著，主要還是來自租股、鹽斤加價、菸捐、膏捐、差徭提款、斗捐加釐等，但至清末也僅得三十萬兩不到。至1913年底，實收股款僅一百一十九萬兩，築土路三十五公里，鋪軌八公里。

洛潼

河南鐵路公司，設立於1907年，意在建造洛潼（洛陽—潼關）鐵路，以打破比國合股公司獨攬隴海全線路權的企圖[29]。預定招股一千五百萬元，修築鐵路兩百餘公里，但僅實收一百餘萬兩，由於資金不足，公司向公益銀行借款兩百萬兩，實際上是來自於日本。有了這筆資金後，洛潼鐵路才又再動工[30]。到1910年，完成鐵路六十公里、土路四十公里[31]。

29　筆者，前揭書，〈隴海鐵路借款公債（1913）〉，頁76。

30　孫自儉，〈晚清的商辦鐵路及其結局〉，《社會科學論壇》，2009年第十四期。

31　芮坤改，〈論晚清的鐵路建設與資金籌措〉，《歷史研究》，1995年第四期，頁162–174。

粵路

清政府向美國合興公司贖回粵漢鐵路後，決定將鐵路分段辦理；鄂段官辦，湘段官督商辦，粵段商辦。由九善堂發起，七十二行紳商代表上稟，1906年5月，廣東商辦粵漢鐵路總公司經准設立。

由於粵民生活較為富裕，又獲得華僑資金挹注，股本籌措較為容易，宣統三年（1911）五月底，已募得股本一千九百五十八萬四千一百七十六元、合銀一千四百一十萬六千零七兩，全為百姓自由認購的商股，公司得以力抗省方抽捐入股。不過，公司內部意見紛擾、管理不善，給予經辦人員營私舞弊的機會，造成公司內部長期紛擾，築路成本高昂，

效率低落。1909年修至源潭。1910年，詹天佑擔任總理兼總工程師，但情況並未改善。1913年通車至沙口；1916年6月，廣韶段竣工，長兩百二十五公里；全線則是直到1936年才宣告完工。

西潼

西潼（西安－潼關）鐵路，1905年12月底，陝督曹鴻勛以汴洛既築奏建西潼銜接，聘日人包勘鐵路，共兩百四十里，估價銀四百萬兩，原計畫鹽斤加價、土藥加釐、積穀收捐籌款，因省民反對而擱置。1907年7月，以官款難籌，奏請改為官商合辦，1908年底設立陝西鐵路公司，由紳商接辦，對外募股。但到了1911年，「三年間僅招募股款八十餘萬兩，且並未開收，路工亦未開築」，民國元年（1912）九月併入隴海鐵路[32]。

---

32 宓汝成編，《中國近代鐵路史資料》第三冊，頁1129。

民二年，粵路公司股票。

齊昂

1907年，巡撫程德全稱該路已歸商辦[33]，奏請修築。資本額三十三萬兩，由八旗五司會議稟請以通肯河找回省城官兵俸餉抵領之荒價，改發股票[34]；以五十兩為一整股、五兩為一零股。該路為一輕便鐵路，於1907年8月9日與德商泰來洋行簽訂《齊昂鐵路工程合同》，1908年1月動工，1909年9月竣工，長二十二‧五公里。

33　光緒三十三年（1907年）八月八日，黑龍江巡撫程德全《黑龍江省鐵路公司為擬將齊昂鐵路接東清路事呈》：「竊照齊昂鐵路現已歸於商辦，不日即擬修築。齊站設在道署之東南，昂站擬設在東清鐵路車站迤東，相距半裡許。並擬修築岔路達於披之貨棧……」

34　曾鯤化，前揭書。頁890–891。

民初，齊昂鐵路公司股票。

潮汕

係廣東嘉應州紳商張煜南等人像南洋華僑募資創辦，於光緒二十九年（1903）十二月五日，稟經商部奏准立案。民國三年（1914）十二月十一日由交通部給予執照。資本額三百六十萬元，內有百萬元，因遭疑為日股，電商部派員查辦，由張煜南加價買回[35]。幹線於光緒三十年（1904）二月開工，三十二年（1906）九月九日竣工；十月一日通車。支線，光緒三十四年（1908）八月竣工，宣統元年（1909）九月通車。

新寧

由新寧（台山）縣紳商陳宜禧、余灼等向旅美華僑籌款設立，於三十二年（1906）一月二十一日稟由商部奏准立案，陳自任總理兼總工程師，是各路中少見不用外人、不借外款的例子。資本三百三十三萬三千六百七十元。幹線於同年閏四月八日動工，宣統元年（1909）四月十六日完工，其後又經過多次展築，至民初為止，已延伸至新會、北街口、白沙等支線。

閩路

公司係於1905年獲准設立，計畫修建

35　曾鯤化，前揭書，頁876。

漳廈、泉東、福馬三線。籌設期間招股困難，後來由公司總理陳寶琛親赴南洋各埠，募得華僑資金一百七十萬兩，才起造漳廈鐵路，全長四十五公里。1907年7月開工，陸續又向廣東交通銀行借款五十萬元，1910年5月修至江東橋，長二十八公里，因營業不善、資金不足而中止[36]。

商辦模式，如果奏效，是可為清廷節省了龐大的鐵路建設經費。但，由於股東結構特殊，加上官方干預，各路公司普遍決策紊亂、整合不易；官紳的操控與介

入，使得經營不善、侵吞公款等問題層出不窮。另一方面，由於普遍欠缺相關建造技術，工程屢遭瓶頸，幾年下來，累計消耗資金高達六千多萬兩，建成路段里程卻很少，完工遙遙無期。

各路公司，不借洋款，不委外建造，卻欠缺資金與技術能力，只能依靠地方扶助，清政府不久就明白，已很難寄予厚望。受到1906年日本通過《鐵路國有法》，對內發行公債收購民營鐵路、統合全國鐵路網的刺激下，郵傳部重新思考鐵路政策方向，傾向在適當時機由國家收購鐵路幹線。1908年6月25日，清廷諭令整頓各省商辦鐵路，「近年來各省官辦鐵

36　芮坤改，前揭文。

日本實施鐵路國有化，為了收購私鐵所發行的明治四十二年（1909）甲號五分利公債，五百日圓。

路，皆能刻期竣工，成效昭著。而紳商集股，請設各公司，奏辦有年，多無起色，坐失大利，尤礙交通。著郵傳部遴委妥員，分往各路，確實勘查，各路工程，應分幾年造竣；公司股本，能否按年接濟，一面妥擬辦法，嚴定限期。儻所集股資，不敷尚鉅，或各存意見，推諉誤工，以致未能依限完竣，即由該部會同該管督撫另籌辦理，並將該省所舉承辦人員差使，查照商部歷次奏案，分別撤銷，以期各路迅速造通。」[37]在郵傳部盛宣懷的主導下，收縮商辦，為國有化政策鋪路的作業，已經展開。

1911年5月9日，清廷宣布鐵路國有政策[38]，收購各鐵路幹線，由於收購金額頗鉅，有意以發行國家鐵路股票或對外借款，擇一作為收購代價。多數商辦鐵路公司在此時已是虧損嚴重、奄奄一息，股東因可解套而樂於接受，但在四川、湖北、廣東等省分，有人則認為鐵路收歸官辦，勢將重蹈以路權對外借款的覆轍；更有不滿於清廷收購條件，串聯起保路運動，也意外催生了辛亥革命。

37　《光緒實錄卷》592，戊申年，辛亥。

38　《鐵路幹路國有定策》：「昭示天下，幹路均歸國有，定為政策。所有宣統三年以前，各省分設公司、集股商辦之幹路，延誤已久，應即由國家收回。」

清末商辦鐵路列表

鐵路公司	擬築 / 實築里數	預訂 / 實收金額	總辦	商股	強制股
川路 (1903)	2,300 / 30	5,000 萬兩 / 1,400 萬兩	刑部郎中喬樹	260 萬兩	租股 950 萬兩 土藥股 200 萬兩 雜項 330 萬兩
粵路 (1906)	408 / 193	2,000 萬元 / 19,584,176 元	侍讀學士梁慶桂	19,584,176 元	
浙路 (1905)	234 / 517	600 萬元 / 9,254,085 元	兩淮運使湯壽潛	9,254,085 元	
湘路 (1904)	1,370 / 105	1,430 萬兩 / 5,350,853 兩	江西臬司余肇康	1,506,079 兩	租股 905,980 兩 鹽股 1,286,680 兩 米捐 964,687 兩 雜項 687,725 兩
蘇 (1906)	130 / 160	1,000 萬元 / 4,098,715 元	商部右丞王清穆	4,098,715 元	
滇路 (1905)	700 / 0	2,400 萬兩 / 2,924,010 兩	貴州學使陳榮昌		糧股 1,467,060 兩 鹽股 1,456,950 兩
新寧 (1905)	90 / 164	250 萬元 / 3,243,450 元	鹽運使銜陳宜禧	3,243,450 元	
潮汕 (1903)	76 / 76	250 萬元 / 324 萬元	四品京卿張煜南	3,025,870 元	
鄂路 (1906)	1,560 / 0	2,600 萬兩 / 1,523,385 兩	湖北道員札鳳池	1,092,924 兩	彩票捐、田租、房租、薪金 430,461 兩
贛路 (1904)	240 / 106	500 萬兩 / 1,459,341 兩	江寧藩司李有棻	260,836 兩	鹽股 144,345 兩 茶稅 893,960 兩 派捐 170,200 兩
津浦 (1908)		700 萬兩 / 140 萬兩	學部左侍郎嚴修、翰林院恃讀學士黃思永等		鹽股 140 萬兩
閩路 (1905)	90 / 56	600 萬元 / 1,733,915 元	內閣學士陳寶琛	1,733,915 元	
洛潼 (1907)	370 / 60	1,500 萬元 / 154 萬元 (1,026,666 兩)	禮部左丞劉果	606,666 兩	鹽股 42 萬兩
皖路 (1905)	280 / 0	1,000 萬兩 / 860,540 兩	四品京卿李經方	143,850 兩	米捐 441,765 兩 茶稅 101,772 兩 彩票捐 173,152 兩
同蒲 (1907)	110 / 15	200 萬兩 / 292,421 兩	甘肅藩司何福堃	73,638 兩	租股、鹽斤加價、菸捐、膏捐、差徭提款、斗捐加釐共 20 餘萬兩
齊昂 (1907)	22.5	不詳 / 32 萬兩	黑龍江巡撫程德全	不詳	不詳
桂路 (1906)	306 / 0	3,000 萬元 / 140 萬元	廣西學使于式枚	不詳	不詳
西潼 (1905)	300 / 0	559 萬兩 / 不詳	山西道員閻乃竹	不詳	不詳
煙濰 (1904)	289 / 改為車路	1,000 萬元		不詳	濰縣攤派、不足由省補助

資料主要來自：全漢昇，「清季的商辦鐵路」《中國近代經濟史論叢》頁 437-480、曾鯤化，《中國鐵路史》，1923 年版

四、三年中華民國政府發還浙路股本有期證券

清末各商辦鐵路公司，雖多一事無成，卻仍有少數例外，浙江鐵路公司，明顯為其一。由於堅持獨立經營，雖長期面臨資金不足的困境，仍堅拒官股與強制股的加入，維持百分百私人投資，保存了原有商辦性質。

浙路公司，是浙江各界人士為了廢除蘇杭甬鐵路借款草約、收回鐵路自辦而發起，同時推舉湯壽潛為公司總理，1905年8月6日（光緒三十一年七月六日），經商部奏准成立。隨後，蘇路公司也在其省內商界的支持下，完成認股，提出申請，並於1906年5月25日（光緒三十二年閏四月三日）獲准成立，兩家公司後來聯手完成了蘇杭甬鐵路的建造。

浙路公司的經營績效優異，是各商辦鐵路公司中唯一獲利者。在滬杭鐵路每公里造價三‧萬元，遠低於官辦京漢鐵路的每公里六萬元與京奉鐵路的九萬元；完成路線也多出預定里程一倍以上。浙路公司於1906年正式動工，1909年與蘇路公司合作建成全長兩百一十公里的滬杭鐵路，浙路公司完成全線的三分之二，約一百四十公里，其餘則由蘇路公司完成[39]。

浙路公司總經理湯壽潛像。

1907年，浙路公司投資成立浙江興業銀行，作為股務與財務的經理機關；同年，開辦鐵路學校，培育鐵路工程與經營人才。為了取得鐵路建設所需的道岔、鋼軌等配件與材料，策略性投資了揚子機器公司、漢陽鐵廠及後來的漢冶萍公司；為了掌控燃料來源，也在浙江江山一帶開設煤礦等[40]，是一家近代中國少見、具有長遠與策略性規畫的企業。

為了爭取更多民間資金，開辦每股五元可分期付款的小額認股，並發行股利較

39　閔傑，〈浙路公司的集資與經營〉，《近代史研究》，1987，第三期。

40　王方星，《湯壽潛的鐵路思想研究》，蘇州大學歷史學系碩士論文，2013，與姚培峰，〈略論湯壽潛與浙將收回路權運動〉，浙江師大學報，2000。

高的紅股（特別股），也將招股範圍擴及省外，獲得市井小民的支持與響應。但，累計至1912年底，只募得一千零二十四萬元，距募集目標三千萬元頗遠[41]。從國內募得大量資金，一直是商辦鐵路公司無法突破的困境。浙江經濟相對富裕，尚且如此，其他經濟落後的省分，就更不用說了。

浙路公司所爭取興建的蘇杭甬鐵路，是英國在爭奪蘆漢鐵路借款合同失利之後即已鎖定，1898年（光緒二十四年），英使竇納樂（Claude Maxwell）致函總理衙門索取包括蘇杭甬在內的五路承辦權，其他四條則是津鎮（後改為津浦）、廣九、浦信及福公司在山西、河南礦山連接長江的澤襄鐵路。鐵路總公司成立後，督辦盛宣懷接手相關的談判。

盛宣懷與英商怡和洋行（同時代理中英銀公司與匯豐銀行）於1898年10月15日（光緒二十四年九月一日）簽訂蘇杭甬鐵路借款草約[42]。重點有，第二款「未來正式合同的內容，完全比照當時正在議定的滬寧鐵路借款合同」、第三款「此合同簽訂之後，怡和洋行當從速派工程師測

勘」。此外，因英方擔心中方日後以各種藉口拒簽正式合同，訂定第四款「合同先由督辦大臣畫押，俟會商部院後，『如有地方窒礙之處，即行更正』」[43]。 後來，庚子事變爆發，中國的不安情勢，不利於國際募資，滬寧鐵路借款被迫延後，蘇杭甬鐵路借款合同談判也跟著耽擱[44]。直至1903年7月9日，滬寧鐵路借款合同完成簽訂為止。

此時，中國各地商辦鐵路的倡議方興未艾，浙江人士李厚祐於是先向鐵路總公司呈稟，開辦杭州到江幹的鐵路[45]，情勢轉變，使得盛宣懷不得不與中英銀公司交涉，盡快在履約或廢約之間，擇一定案蘇杭甬路權的爭議，延宕至1905年浙路公司呈請設立並爭取開辦該鐵路時，進入白熱化。

浙路公司總理湯潛壽，主張郵傳部與英國簽訂的蘇杭甬鐵路借款草約必須作

---

41 芮坤改，〈論晚清的鐵路建設與資金籌措〉。

42 筆者，〈關於中英銀公司〉，《算舊帳—歷數早期中國對外債券》，頁49。

43 1905年，盛宣懷奉命與英方商談廢約，曾以草約第四款「如有地方窒礙之處，即行更正」為理由，現因有浙路、蘇路公司自辦鐵路，自成「窒礙」。但英方解釋，這是指造路時遭遇地方上的阻撓，可修改文字以使合同繼續執行。（參閱：宓汝成編，前揭書，第三冊，頁1131以下）

44 李思涵，〈中英光九鐵路權交涉〉，《中國近代史論集》，第十四編，頁263–264。

45 黃文，《論滬杭甬鐵路商辦歷程》，揚州大學歷史學系碩士論文，2008。

廢，收回路權自辦。這個訴求，無疑的讓盛宣懷最初簽訂草約的理由與作法，被重新檢視。正由於草約內容過於草率，事後也未確實執行，盛宣懷無法找到廢約的有力根據，但迫於已將路權授予蘇浙路兩公司，只能與英商繼續周旋。

盛宣懷致函中英銀公司代表璧利南：催促英方於六個月內簽約，否則草約作廢，但遭到拒絕[46]。雖滬杭甬借款僅有草約，尚未簽訂正式合同，但草約言明，正式合同的內容，參照商議中的滬寧鐵路借款合同。在盛宣懷去函之時，滬寧鐵路借款合同尚未議訂，因此，滬杭甬鐵路借款合同只能繼續等候。

浙路公司於1905年8月6日奉准成立後，政商各界傳來一片要求廢約的聲浪，無法接受一份簽訂了七年的草約，遲未簽訂正式合同，卻無法撤銷的說法。為此，先是浙江紳商於7月間致函盛宣懷，御史朱錫恩也在9月上奏，清廷終於下令盛宣懷儘速磋商廢約事宜。

然而，相關問題仍必須回歸到草約的內容上。無論盛宣懷對於滬杭甬鐵路借款合同的存廢，前後立場為何，這次草約的爭議，明顯與中方未慎重看待約定內容、未正確缺解讀條文及未監督草約的執行情形有關。另一方面，早在談判開始，盛宣懷似已下了決定。早在1898年，蘇杭甬鐵路借款起談時，盛宣懷已與英國官方達成某種默契，當時除了英國使館所支持的怡和洋行外，另有英商麥圖納公司亦有意加入競爭。不過，當盛宣懷從英使朱爾典得知此事，立刻轉請當時的總理衙門不要與該公司接觸，以免旁生枝節[47]。

草約內容與往來文件，對於當朝者而言，可能事屬細瑣，並不注重。外務部即曾上奏，「盛宣懷於光緒二十九年四月函致英公司，限六個月不辦作廢，英公司不答，即屬默認，外務部盡可據復英使。」完全未注意草約內容，也不提英方的回覆。

當盛宣懷銜命再議廢約時，而英方堅持中國政府必須按照草約切實辦理，盛宣懷未敢多做反駁，只是拖延。盛一面稟報

---

46 「杭甬鐵路現有浙商請辦，勢難久待⋯⋯若自此函之日起六個月之內，仍未勘路、估價、訂立合同，則杭甬路草合同及往來信函，一概作廢。」〈前工部左侍郎盛奏陳蘇杭甬路事摺〉，《東方雜誌》，五年一期，交通。轉引自黃文，《論滬杭甬鐵路商辦歷程》。

47 光緒二十四年八月五日，「頃怡和來云：『另有英商麥圖納在京謀辦杭州至寧波路，恐至紛雜，懇請照寶使所訂⋯⋯』浙撫以允行，似亦可照辦，以免另起爐灶。（又電）現擬與怡和先訂蘇浙、浦信草約三款⋯⋯」（督辦鐵路大臣盛宣懷致總署電〔二則〕——先與怡和洋行訂立蘇杭甬、浦信鐵路草約，《愚齋存稿》，第三十三卷，頁5）

民國三年，發還浙路股本有期證券，二十五元券。

朝廷「臣等迄未允許」，另外，也告知英方「允俟九廣路訂定，再行接議」[48]。

　　盛宣懷廢約不成後，改由外務部接議，先後由汪大燮、梁敦彥進行談判[49]。為了同時對英方與本國人民交代，最終達成協議，建立一種「中英銀公司—郵傳部—江、浙兩公司」三角關係下的借款合同，清廷先與中英銀公司簽訂滬杭甬借款合同，除了借款，同時也將草約中規定的鐵路路線做了更改；將其中一端由蘇州改為上海，也因此改名為滬杭甬鐵路，然後，再制定《江浙鐵路公司存款章程》，強迫江、浙路兩公司接受。

　　這份滬杭甬鐵路借款合同，未如草約所訂的採用滬寧鐵路模式，這也是英方所做的重大讓步——從原本英方提供借款，並建造鐵路，改由郵傳部向英方借款，鐵

48　光緒三十三年（1907）十月二十四日外務部摺——復陳蘇杭甬鐵路借款磋商為難情形，《中國清代外債史資料》，頁493–496。

49　滬杭甬鐵路借款合同改由外務部汪大燮、梁敦彥接議，合同簽訂後，清廷欲任命盛宣懷為郵傳部侍郎，但輿論不容，盛也因此並未到任。（郭廷以，《近代中國史綱》，第一卷 頁384）。

路則由江、浙兩鐵路公司建造，郵傳部再將借款轉借江、浙兩鐵路公司。藉以切割借款與造路的關係，避免攻擊。至於深受詬病的路權擔保借款問題，則改以關內關外鐵路餘利作保。

雖然如此，英方仍取得許多特殊利益，包括選派英籍總工程師（第十七款）；獲得採購權與採購佣金（第十八款）；未來對於中國仍享有優先借款權（第十九款），獲得餘利分配代金（第二十款）等。而最重要的是，英國得以將滬杭甬線納入其勢力範圍。民國宣告成立之初，南京臨時政府以滬杭甬線之內的滬楓鐵路做為擔保，向日本大倉商社借款三百萬日圓，此舉立即引起中英銀公司以違反借款合同第十九款為由提出抗議。到了1914年2月14日，北洋政府只好改向中英銀公司借款三十七萬五千英鎊，並委託對外發行公債，償還大倉會社了事[50]。

對於江、浙路兩公司，郵傳部特別制訂《江浙鐵路公司存款章程》，並在兩公司之下設立滬杭甬鐵路局，經理接收與償還借款事宜，其實是為了確認借款合同各項義務，順利轉由兩公司承擔[51]。

依據郵傳部制定的存款章程第四條「從光緒三十四年二月四日（1908年3月6日）起的十二個月，至遲不超過二十四個月之內，向江、浙兩公司撥付七百五十萬到一千萬兩，倘到期不能撥付，或撥付不全者，此項章程，即日作廢」。1910年3月，當撥付借款的二十四個月期間已過，郵傳部共撥付一百二十萬兩，不只未達約定數額，甚至還向江、浙路兩公司追討所謂「借款貼耗銀」，也就是根據借款合同，郵傳部所支付的各項扣款、酬勞、經理費用、折扣等，按規定先由江、浙兩省巡撫分別代墊，待兩公司有獲利時，再行歸還[52]。

官商之間的對立因此表面化，浙路公司以撥款不全，違反規定為由，宣布存款章程作廢[53]。1910年7月，朝廷則不顧浙路公司不帶官股的公司身分，下詔將湯壽潛革職，禁止其參與路事。但此舉並不能動搖股東的決心，1911年2月，浙路公司通過決議裁撤滬杭甬鐵路局、辭退英國總工程師，盛宣懷與英方只好另行協議，隨後

50 筆者，前揭書，〈滬楓鐵路償債借款公債（1914）〉，頁78。

51 《海防檔·戊·鐵路》，中央研究院近代史研究所，頁620–624。

52 《光緒實錄卷》592，戊申年，庚子。郵傳部奏、謹擬江浙鐵路公司存款章程十四條。又奏、籌墊借款虧耗。已面商度支部及電商江蘇浙江巡撫、分任籌墊。俟江浙兩公司獲有餘利。盡數歸還。均依議行。

53 光緒三十四年，「浙路股東代表呈郵傳部文──浙路股東大會堅請廢除存款章程」，《中國清代外債史資料》，頁529–530。

將借款移作建造開徐（開封─徐州）鐵路
之用。

但，終清之世，官方未能將包含浙路
在內的各公司完全收回，也始終不承認存
款章程已撤銷失效。繼承政權的民國，則
延續前朝鐵路政策，從1912年底到1914年
4月，先後將鄂、川、湘、蘇、豫、晉、
皖、浙八省商辦鐵路收歸國有，商辦廣東
粵漢鐵路則是遲至1930年，才由國民政府
鐵道部發行公債收購換償。

1914年4月11日，北洋政府與浙路公
司達成協議，發行四年期浙路證券一千零
五十八萬多元，收購公司股份，同時在合
同條文才宣告該章程作廢，結束了這場爭
議，浙路公司也在清算程序後就此解散。
此一證券，後來在華商證券交易所掛牌交
易，不過北洋政府並未如期兌付，直至
1936年，才由國民政府從發行滬杭甬鐵路
一百五十萬英鎊借款公債所得債款之中，
撥出款項償清[54]。

---

54 《民國檔案資料匯編5-1財政經濟4內外
　　債》，頁445。

五、津浦鐵路購車公債案

1917年，津浦鐵路完工通車已五年，因運量擴增，必須採購兩百節貨車車廂，鐵路管理局[55]卻傳出正副局長王家儉與盛文頤的貪汙事件。兩人涉嫌收賄並圖利一家人頭公司美商華美公司（The American Chinese Company），以高價承租火車貨車車廂，租期長達十五年，累計租金數倍於買斷價格[56]。消息傳開，國人群情激憤，英國也以違反1908年借款合同有關獨家採購規定[57]，而提出抗議。租賃案因而中途作罷，管理局長等人也被起訴判刑。

因懷疑有高層涉案，京師高等檢察廳檢察長楊蔭杭針對此案深入調查，進一步傳訊當時的交通總長許世英，甚至予以羈押，此案因此轟動一時。這位敢冒官場大不諱的檢察長，就是甫過世著名文學家楊絳的父親與錢鍾書的岳父。後來，許世英因罪證不足而獲判無罪，楊蔭杭則受到懲戒而辭職還鄉。

現在重新檢視這個案件，為何捨買就租，延長租期？答案或許不完全與貪污枉法有關，選擇這個交易模式，也可能出自鐵路局欠缺資金又無法提供足夠的借款擔保之故。民初，中國財政困窘，外國借款人自然會考慮中國政府的還款能力，而將風險轉嫁到利息等借款條件上。

無可否認的，中國當時因苦無資金來源，選擇不多的情況下，承擔較高的借款成本，已成常態。事實上，在往後的二十年裡，津浦鐵路一直是存在著債信問題，交易的相對人承受著相當人的風險。

受弊案影響而延宕的津浦鐵路車輛採購，在1921年1月，連同京漢、京綏與滬杭甬的類似需要，葉恭綽擔任交通總長終於出面處理。為解決四條鐵路車輛短缺卻缺乏資金採購的問題，交通部與國內銀行團商議，車價由銀行團代墊，交通部則發行短期購車公債六百萬元。這筆1921年購車公債，九五折實收，年息八釐，還享有京漢鐵路餘利分配權1%，債期三年，以所購車輛與京漢鐵路盈餘作為擔保。

55　1908年津浦鐵路開始興建，設立津浦鐵路總公所，呂海寰為津浦鐵路督辦大臣。1912年鐵路建成，民國成立，改設津浦鐵路總局，歸交通部管轄。1913年11月再改為交通部直轄津浦鐵路管理局。

56　曾毓雋，〈宦海浮沉錄〉，頁31，收錄於《近代史資料》總六十八號，中國社會科學院近代史研究所。

57　筆者，公債譯文：1908年津浦鐵路借款公債，《算舊帳—歷數早期中國對外債券》，頁145–147。

公債由銀行團銷售並收付本息；各路所需車輛，也由銀行團代為訂購。銀行團可獲得優厚酬勞，包括公債承銷費：募得債款1%，購車手續費：車款2,5%，還本付息經理費息：經手本息0.25%。因有利可圖，共有中國、交通、中國通商、金城、中孚、大陸、新亨、鹽業、勸業、邊業、東萊、東陸、大生、大宛農工、北京商業；浙江興業、浙江地方實業、四明商業儲蓄、聚興誠、中國實業、上海商業儲蓄等二十二家銀行加入銀行團。

公債於1921年9月1日發行後，因時局不靖，乏人問津，至1922年8月，北京、天津、上海、漢口四地僅售出三萬九千四百元，但車輛已訂妥，等待付款交貨，銀行團被迫承購其他所有的債券。

銀行團不僅預期利益落空，應得的公債本息，則由於各路均無法依約提交，滬杭甬鐵路也藉口1908年中英簽訂的借款合同，英方有鐵路設備與材料的採購權[59]，拒絕認帳，投資瀕臨泡湯。銀行團只好與各路分別商議，並於1923年5月25日經交通部同意後，將公債作廢，轉為借款處理[60]。

1921年購車公債轉化成借款後，各路償還仍舊不積極，甚至在1927年後就本息分文未還。津浦鐵路於1926至1927年間，又以償還到期債務、整理零星債務、發放

59　筆者，前揭書，〈滬杭甬鐵路借款公債（1908）〉，頁56。

60　曾鯤化《中國鐵路史》，1923。

1923，津浦路採購的美國列車之一「藍快號」（Blue Express），遇匪搶劫而翻覆。[58]

58　摘自：H.G.W. Woodhead, "Shall the Powers Intervene in China? - The "Saving-China" Role Changed to That of Saving Foreign Rights from the Militarists". Asia Magzine, Jan. 1924. pp56-

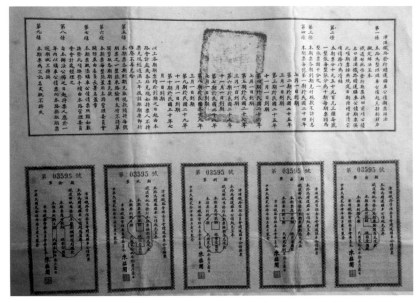

民國二十四年津浦鐵路為償還購車公債所發行的期票，十元
票。

薪餉、支付長途電話公司料價等理由，陸
續向銀行團借款，欠款不減反增[61]，後來
各路依舊未能償還，長期懸欠。

　　1921年車債未清，到了北洋末期，津
浦鐵路購車的新需求又產生。上海所使用
的燃煤多依靠北煤南運，由津浦鐵路是主
要途徑，將中興、賈汪、烈山等地的燃煤
運至浦口，不過運量早已不敷需求，加上
戰爭破壞、軍閥恣意徵調，問題更是雪上
加霜。運輸困難，煤源不濟，造成上海一
帶煤價不斷上漲，影響民生至鉅，礦商甚

至提議替路方墊款，購車運煤[62]。

　　路方於1928年1月發行特種公債——
「津浦鐵路購車短期公債」[63]，債額一百
萬元，專作購買機車車輛之用，以所購車
輛與鐵路盈餘作為擔保，年息六釐，前三
年只付息，自第四年（民國二十年）起，
分十個月，每月抽籤還本十分之一。發行

61　《金城銀行史料》，頁188、191–192。

62　張偉保、羅志強、趙善軒，〈長江煤荒危
　　機，1928–1932〉，《經濟與政治之間—中
　　國經濟史專題研究》第十三篇。

63　由於無法指定償還本息來源，也無資產可供
　　抵押，北洋以至國民政府時期，公債發行
　　漸少，代之以無政府稅收抵押的庫券越來越
　　多，當時也稱為特種公債。

時正處於國民革命軍北伐之際，銷售地點主要集中在上海、蚌埠、杭州等南方城市。

1928年購車公債發行後，利息只付至1930年底，至於本金，則全未償還[64]。

這筆公債原訂於1931年底應清償完畢，但不似1921年車債有銀行團承擔，路方必須向為數眾多的投資人負責。因此，津浦鐵路在1935年7月1日，發行一種「贖還購車公債期票」，面額有十、五十、百元三種，調換1928年購車公債。自發行日起，分十期，每八個月為一期，每期還本十分之一，全部償還的日期為1941年7月1日，較原公債的時程晚了十年。欠息，一筆勾消，也不計算展延期間的利息。

除了1935年「贖還購車公債期票」之外，1921年與1928年的購車公債都不曾再出現過。

期票後來因對日抗戰爆發，因此中斷支付，也未再恢復支付。歷次的借款，都無法免於違約作收，全成為呆帳。

---

64 〈民國二十二年度特種及地方公債統計〉，《一年來之中國公債》，民國二十二年浙江興業銀行編印。

附　錄

1、《酌擬息借商款章程摺》

（1894年9月8日）

戶部奏：海防吃緊，需餉浩繁，前經臣部於北洋大臣李鴻章奏請募勇購船各案內撥銀兩百五十萬兩，嗣又酌擬籌款四條，約可提挪銀四百萬兩，並聲明續有所見，應由臣部奏明辦理各在案。伏查近年以來，帑藏偶有不敷，往往息借洋款，多論鎊價，折耗實多。因思中華之大，富商巨賈豈無急公慕義之人，若以息借洋款之法，施諸中國商人，但使誠信允孚，自亦樂於從事。當即揀派廉幹司員，招集京城銀號票號各商等，僉稱食毛踐土，具有天良，朝廷現有要需，敢不竭力設措。臣等竊為該商此舉實開風氣之先，既宜體恤下情，尤當昭示大信。謹酌擬辦法章

程六條，繕具清單恭呈御覽，如蒙俞允，應由臣等飭令派出司員，即向該商定借銀一百萬兩，備充餉項。

• 預定還期：查從前借用洋款歸還限期，或六年八年不等，分作兩期按期付給。今擬援照成案，略為變通，分限兩年半，以六個月為一期，第一期還利不還本，自第二期起本利併還，每期還本四分之一，以還本銀若干，利即遞減，訂以五期還清。所定年限，先於印票內標明，不得稍違時日。

• 酌給利息：查從前借用洋款析以七

釐、八釐行息，今借用商款，自應照給利息，以示體恤。此次酌定七釐行息，一年按十二個月纍記，遇閏照加，較諸洋款行息以增無減。

• 頒發印票：查借用商款必應發給印票，俾得執以為券。所有商舖字號，本息數目、交兌日期，均須一一填寫，鈐用戶部堂印。每屆一期，無論還本還利，皆於票內註明，還清之後，將票交銷。此外，再給五期小票，每還一期即撤一票，並由臣部設立登記印部，以憑稽考。

• 定準平色：查借用洋款以鎊價合銀，每遇歸還之期，鎊價驟昂，以致異常折耗。

茲擬借用商款蓋以庫平足色紋銀交納，將來亦以庫平足色紋銀歸還，一出一入，平色畫一，自無兩歧之弊。

• 抵撥款項：查臣等創意，凡借商款概不由庫出入，以其蠲去煩苛。此次所借商號銀兩，若由部庫兌收驗看成色、校對平砝，未免多費周折。現查內務府有應領部款，數在百萬以外，擬將各商應交之一百萬兩撥歸銀號，轉交內務府支領，抵作部庫應發之銀款，部庫即於應發內務府款內如數提出，做為收到該商交項，留充餉需。將來歸還本利之時，如該票號有匯到外省京餉等項，即准其赴部呈明，照數扣抵，倘匯部不敷，即行籌款放給，不使稍

有分毫賠累。

・嚴防弊端：查此次借用商款，本屬創舉，臣等遴派廉幹司員，認真經理，一切事宜不假吏胥之手，收交項款並無絲毫規費，不致擾累商人。惟防弊之道不可不嚴，臣等當密加諮訪，並另派出司員隨時查察，如有吏役在外招搖，立即飭拿嚴究，並傳知該商，遇有前項情事，准其赴部控呈，以憑懲辦。再息借商款京城已經創辦，各省省會關埠等處，或紳商聚居，或商賈輻輳，該地方官果能實力勸諭，妥立章程，必有聞風而起者，擬請飭諭各省督撫，遍諭各省商民等，如有湊集資本，情願借給官用者，准赴藩司關道衙門呈明，照臣衙門辦法，議定行息，填給

印票。其票以一百兩為一張，鈐用藩司關道印信，填明歸還本利限期，准於地丁關稅內照數按期歸還，不得絲毫掛欠。如集款至一萬兩以上，並將籌款之人先行請獎，給以虛銜封典，以示鼓勵。

是否有當，伏候聖裁。「所有各省官紳商民，如有湊集資本，情願借給官用者，准照本部辦法，議定行息，填給印票，並將籌辦之人給獎」。

上諭：戶部奏請飭各省息借商款等語。現在倭氛不靖，購船募勇，需餉浩繁，息借商款，京城業經創辦，即著各直省督撫遍諭官紳商民人等，如有湊集資本，情願借給官用者，准赴藩司關道衙門呈明，照戶部辦法，議定行息，填給印票。其票鈐用藩司關道印信，填明歸還本利限期，准於地丁關稅內照數按期歸還，不得絲毫掛欠。如集款至一萬兩以上，並將籌款之人先行請獎，給以虛銜封典，以示鼓勵。此舉係屬創舉，尤須各督撫力矢公忠，督帥屬僚，示人以信。收發之際，務須嚴禁需索、留難、抑勒諸弊，有犯立予嚴懲。各商民具有天良，但使本息無虧，當無不踴躍從事也。

2、《奏請特造股票籌借華款疏》（1898年1月30日）

為籌借華款，請造自強股票，特諭內外大小臣工激發天良、倡舉急務，恭摺仰祈聖鑑事：竊維時事孔棘，庫藏空虛，捨借款無以應急，捨外洋不得鉅款，前已種種吃虧。近聞各國爭欲抵借，其言愈甘，其患愈伏。何中國臣民如此之眾，受恩無此之深，竟無已借華款之策進者？若謂息借商款前無成效，且有擾民之弊，遂不可行，此誠因噎廢食之說也。不知外洋與在通商口岸之華民，依傍洋人，買票借款者甚多，不能自用，乃以資人。且縉紳之私財，寄頓於外國銀行，或託名洋商營運者，不知凡幾，存中國之銀號票商莊者又無論矣。小民不足責，應請特旨，嚴責中外臣僚，激以忠義奮發之氣，先派官

借，以為民倡。合天下之地力人力財力，類別區分，各出所餘，以應國家之急。似乎四萬萬之眾，不難借一、兩萬萬之款。臣聞外洋動輒以萬萬出借，非其素蓄，不過出借甚靈，每股百兩，且有折扣。甲附股已售於乙，反掌之間即可增加，以為恆產傳之子孫者，不願歸還，及輾轉操縱，亦有盈餘。股票勝於銀票，故舉國信從，趨之若鶩。每得中國電報，借款議成，即由銀行登新聞紙出售，雖萬萬兩之多，克期立盡。中國風氣若開，豈難漸收成效？擬請敕下戶部，速造股票。先按官之品級，第缺之肥瘠，家道之厚薄，酌定借款之多少，查照官冊分派，漸及民間。亦仿西法，每百兩為一股，每股分期收繳，還以十年或二十年為度，每年共還若干，預定準數，隨股票另給票據，十年則十張，平時准其轉售，臨期准抵交項。蓋分期寬則交款易，交款易則股本方肯多入，歸款亦不為難。出入皆就近責成銀行票莊銀號典當代為收付，不經胥吏之手，無詐無虞，卻有憑信，可售可抵，更易流通。大抵鄉閭通緩急，集腋乞鄰，視為常事，況在軍國之眾，君父之尊，苟有天良，安忍推諉。特不用力者舉一羽而不足，不用道者拔一毛而不為，誠能人人以謀身之智謀國，智不可勝用矣，人人以為己之力為公，力亦不可勝用矣，其實聚之為多，分於一人所用其智力者亦無幾。若虞激之不動、倡之不應、督之不前，是真可與共富

貴而不可與共患難者，當不致此。臣謂先派官借者，亦鑑於因循之習以深，又恐因噎廢食，依然徒託空言耳。抑或能借鉅款給獎敘以資鼓勵，亦是一法。頃奉上諭，開經濟特科，既重專門之學，求應變之才，斷非空談名理，徒習虛文，凡一切講武訓農通商惠工之實事刻不容緩，需款正多，捨己求人，終不可恃，無論洋款如何，華款總當併力圖之，專責任之，剋期待之，志在必成。臣愚揆度時事，非急求所以自強者無以自立，非反求所以自足者無以自強，足食無兵為自強之本，民信又為兵食之本。我朝深仁厚澤，民智上孚，於此次借資民力之處，務須格外核實，格外認真，有言必踐，無弊不除，人人曉以休戚相關之理，人人動其忠君愛國之忱，內有可恃，外自不敢生心，不待兵食既足，急此民信之先聲出人意外，已足震而驚之矣。縱借洋款，患必較輕，洵為今之急務。故借華款股票謂之自強。再中國舉股之舉，慣於失信，人皆望而畏之，即鐵路銀行開礦諸大端，獲利亦無把握，收效未卜何時，故信從者少。若因國計自強派股，皇上昭示大信，一年見利，既速且準，自非尋常股票可比，安見將來風行之盛不如外洋。如蒙聖明採納，臣非空言，請先派籌借若干兩，定限繳齊，逾期請治臣罪。其力數倍於臣者，如恆河沙數，聚沙成塔，只在人為。惟懇皇上宸斷，令出惟行，則頹風可振，眾志成城，轉弱為

強之機,反求即是矣。愚昧之見,是否有當,謹恭摺具陳,伏乞皇上聖鑑,謹奏。

得旨:著戶部速議具奏。

3、《擬定給發昭信股票詳細章程疏》（1898年2月4日）

為擬定給發昭信股票詳細章程,請旨遵行,仰祈聖鑑事:竊臣議覆中允黃思永奏籌借華款請造股票一摺,光緒二十四年正月十四日具奏,奉上諭:著依議行等因,欽此。查臣部前奏,謹臣借款大概情形,至一切詳細章程,聲明另行籌議。白奉諭令通飭遵行以後,臣等連日督同司員熟計始終,兼權利弊,擬定章十七條,內五條係臣部辦法,十二條係中外通行辦法,繕列清單,恭呈預覽,一俟命下,即由臣部知照禮部,迅速鑄造昭信局印,並分別咨行各省欽遵辦理。再臣部原奏製造股票一百萬張,每股銀一百兩,現在遵旨詳議章程,統籌辦法,酌製股票。每票一百兩者五十萬張,每票五百兩者六萬張,每票一千兩者兩萬張,籌銀一萬萬兩。每股仍作銀一百兩,按股銀數領票,以便什襲,合併聲明。謹繕摺具陳,伏乞皇上聖鑑。謹奏。得旨:如所議行。

謹將昭信股票詳細章程,開單恭呈預覽:

・由戶部印造昭信股票,編列字號,

每票一百兩者造五十萬張,計股銀五千萬兩;每票五百兩者造六萬張,計股銀三千萬兩;每票一千兩者造兩萬張,計股銀兩千萬兩,共合一萬萬兩。由戶部設立昭信局遴選司員經理。

・股票式樣,前幅擬用俟為龍邊,恭錄奉旨年月,並開每票銀數。下半分二十方,書明年分銀數,每年付還一次,裁去一方。後幅刊列簡明章程,每票編列號數,紙心及騎縫各蓋印一顆,印花用朱色印泥。每票除聯票外,另繕號冊,以備稽查。

・擬咨行鑄印局鑄造銅印一顆,文曰:戶部昭信局印,遵用滿漢篆文,以符定制。

・選派廉勤司員經理昭信局,公任責成。局內設給票處、收銀處,各有專司,將股票登名冊簿,將股票當面點交本人。稽覈之員逐日將收銀給票數目列單呈堂,以備覈對冊簿。登簿收掌皆司員專責。至鈐印覈算,則由司員督同筆帖式及人役辦理。該司員等始終出力,應照異常勞績奏獎。倘有疏忽貽誤,罰役從之。若人役舞弊營私,即奏交刑部按律治罪。

・製造股票印刷章程,即各項經費,應將需用數目覈實給發,至局中常年辦公人役工食,由臣部飯食項下酌量撥給。

以上五條,係戶部辦理章程。

• 擬在京師及各直省籌集庫平紋銀一萬萬兩，略仿中西集股章程式，印造股票，每票一百兩者五十萬張，每票五百兩者六萬張，每票一千兩者兩萬張，合成庫平紋銀一萬萬兩。如有以各項平色及銀元交納者，均准折合庫平，就認股數目給予股票，以昭信守。

• 此款限二十年還清，周年以五釐行息，遇閏不加增。前十年還息不還本，後十年本息並還，本還則息減。每屆還期，官紳商民人等來取者，隨帶股票呈驗。自第一年起，每付還一次，及剪去一方塊，至第二十年本息還訖，即將股票繳銷。

• 戶部既設昭信局，各省藩司亦應設昭信分局，冠以省名，如直隸省即曰昭信直局，各省以此類推，東三省由各該將軍派員設局，以昭一律。在京認股，款交戶部昭信局，照章領票。在外認股，繳交各該省昭信分局領票，或交殷實號商代為領票，款存該號候撥無誤，亦可通融辦理，惟該號商須有各商號連環保結，報部報司有案，始准承銷。至認股之人，或開列官閥姓名，或堂號別名，悉聽其便。股票未發以前暫給印收，俟股票刷成互換，屆時由部局省局出示曉諭。

• 起息日期以交銀給票之日為始。原應足數一年付息一次，惟給票有先後，日期有參差，將來難以截算。擬第一年交銀給票之日起均扣至十二月底止，將周年五釐行息息銀均攤按日計算，共得本年給息銀若干，發票時填明數目，取息時照付。光緒二十四年為集股第一年，應付息銀以光緒二十五年二月一日起至二月底止付訖。先期一月由戶部及各省藩司出示曉諭，俾認股者無誤取息之期，若逾期不取，歸入下期併付。以後第二年至第十一年均按周年五釐付息。第十一年起，每年付息時，每百兩並預還本銀十兩。第十二年以後至二十年，均按照股票內所載年限及本息銀數辦理。自第二年至第二十年，每年付息還本，均以二月一日至二月底止付訖，仍先期出示曉諭。

• 歸還本息，再經由戶部昭信局，在外由各直省藩司昭信分局。屆期憑票照章付給，裁剪息票一方塊存局備查。京外各商號自持票呈驗至發還本人，不得稍有遲延及勒索扣剝情事，一經查出，嚴行懲辦。至該商號承辦收發股票本息，亦宜略酬其勞，擬另京外匯兌此項票款概交該商號專辦，以資津貼。

• 股票每年應得本息准抵地丁鹽課一節，原為便民起見。第思有股之人未必皆有應交地丁鹽課之款，若輾轉相抵，又恐輥輷不清，自以概由各局發給現銀為妥。俟各省集有股票若干，報部後覈明每年應給本息若干，先期由部指撥地丁鹽課等款如數截留，以備臨時按票給發。總期隨到隨發，不稍遲延。

• 京局省局收銀給票及付還本息，各顧考成，斷無絲毫出入。倘各州縣印委及經手勸集之人有藉端擾累勒捐者，准人告發，或別經訪聞的確，即分別治罪。如地方軍民人等有假造股票誆騙情事，一經查實，即照偽造印信例，為首者斬。

• 股票准其輾轉抵押售賣，與產業券憑無異，惟抵押售賣仍應報局立案。

• 京外官局認票不認人，各宜謹慎收儲，倘有遺失，應將股票某字某號如何遺失情形，在京逕報戶部昭信局，在外逕報藩司昭信局。如離省稍遠，即報由該州縣轉報各該衙門，立即出示，將此票禁止抵押售賣，每屆付還本息之期，如有持原票來取者，即行扣留根究。如失主隨時將原票尋獲，亦即呈明原報地方官，轉報存案。倘三年無獲，由局給予憑單，將原票作廢。所有應付失票之本息，仍按認股年例給發。

• 凡京外官員認領股票後，或調任他省，或一再遷調，或回原籍，准在原領票處呈報，即於底冊內註明，另給憑單一張，註明股票號數，蓋用印信，如一人而票多者，亦只給一憑單，註明股票號數，令其持赴所到之省，將憑單股票一併呈驗，一面將發過憑單行文知照該省備案，並報部查考。該省將憑單驗明蓋印，連股票一併發還本人，以後應付本息之期，即在該省支領。若再遷調他省，將原領憑單繳銷，另換憑單，仍前辦法。各省凡有請領憑單之票，另立一冊，逐年登載，每年各省各將收發憑單若干號，年終載清報部，以憑稽覈。其各省商民有在他省認領股票後，如有他故回籍者，其呈報給單取息辦法，均照此辦理。

• 各省官紳商民，有一人勸集商民股款至十萬兩以上及五十萬兩以上者，准各省將軍督撫分別奏請，由部覈給獎敘，其由公款提湊者，不在此例。

• 各省收有成數，聽候臣部撥還洋款，不做別用，更不准勒令捐輸。至以何款付息還本，臣部責無旁貸，自應寬為之備。現籌裁減兵勇，加增當稅，覈扣減平養廉，鹽觔加價，漕糧減運，丁漕折錢盈餘各的款，每年新增銀五、六百萬兩，歸還利息，尚有盈餘。至十年以後，匯豐克薩洋款已減，復可騰出銀數百萬兩，每年應還本息，斷不至逾期。

• 除利息數目及還本年限永不更改外，如有未盡事宜，應行變通者，隨時奏明辦理。

4、《郵傳部奏擬仿直隸成法籌辦築路公債摺》

奏為擬仿直隸成法籌辦築路公債摺，以應要需，謹酌定章程，繕具清單公摺，仰祈 聖鑑事 竊臣部因收贖京漢鐵路，擬兼辦本國公債以資操縱，當經於籌款摺內奏明在案。查國債一項，各國以為籌款之常法，且以國債之多少為國勢之重輕，並不諱言借債。惟國債有內外之分，凡借外債必須力杜債東干涉事權，方足取益防損。是以財政充裕之國，遇有急需又多取之內債，以其利歸民，呼應較為便捷故也。中國前此風氣未開，故無辦理公債成法，自升任直隸總督臣袁世凱創辦公債後，成效昭著信用大彰，人始曉然於公債之益。倘仿行推廣辦理，得宜將來各項振興實業要需，皆可取給於此。誠為今日借款妥善之策，臣部現因籌贖京漢鐵路，擬即先行試辦第一批公債，計銀元一千萬元，交由臣部交通銀行承售。一切辦法仿照直隸章程，略加變通。大致年息七釐，以十二年為期，自第八年起，分年攤還本銀，按年除應給官息外，以國家所得京漢鐵路餘利，劃出四分之一，仍照該路成本全額攤算。此一千萬元票本應分之數，付給債主做為活利，凡期滿之本票可在交通銀行及臣部官辦鐵路電報各局所，做為通用銀元。行使其每年應還本息，統由臣部所管各局所實收餘利內提出儘先撥付，不得絲毫短欠，並須現款支發，不得令用他法抵還。茲將酌擬公債章程十二條辦事、附章二十八條繕具清單，恭呈御覽。如蒙諭允，擬請做為第一批，永遠定案，責成臣部，不得稍有違背更改，以昭大信，而利推行。如果辦有成效，擬按章程第二十七條，將承辦各員分別酌量請獎，並由臣部陸續接辦第二批，屆時再行奏明辦理。所有臣部擬辦贖路公債緣由，理合恭摺具奏，伏乞 皇太后 皇上聖鑑訓示，謹奏 光緒三十四年九月十四日

奉旨：依議，欽此 謹將公債章程及辦事細章繕具清單恭呈御覽，計開收贖京漢鐵路公債章程。

一、臣部因收贖京漢鐵路之故，興辦公債，名為收贖京漢鐵路公債。

二、公債第一批以銀元一千萬元為率，准收通用銀元。

三、公債周息七釐，每年分三月、九月兩期，在郵傳部管理公債處及交通銀行總分各行、官辦鐵路各局、電報總分局，並將來登載告白指明之。經理付息各銀行商號，憑票支付官息及活利。

四、公債除年息外，若京漢鐵路國家名下得有餘利，應與債主共享利益，名為活利。現計全路資本五千八百萬兩，譬如

是年國家應得餘利四百萬兩，臣部即提撥四分之一，即一百萬兩。按五千八百萬兩之資本，以此一百萬兩均分，但每年所得餘利若干，以臣部奏定之數目為斷，各債主無干預即查帳之權。

五、公債本息均由臣部擔任，無論如何均由郵傳部清償，鐵路虧本與否與債主無涉。

六、公債由臣部設立公債處管理及交通總分銀行、官辦鐵路電報各局所經理。

七、公債以十二年為期，自借後第八年至第十二年，五年間用抽籤之法按期攤還。

八、債主交到債款，即於次日起息。

九、公債期滿之本票，如有因貿易往來，亦可在臣部交通總分行及官辦鐵路電報局所各車站，一律做為通用銀元行使。

十、公債票式為不記名票，准其轉售轉兌，認票不認人。但，執持債票者無論何人，均照本國民一律看待，並須遵守債票章程辦理。

十一、凡有遺失燒燬公債債票者，准照銀行失票章程辦理。

十二、公債債票如有毀爛塗改字跡，即行作廢。

【公債辦事附章】

（總綱）

一、債票定每張一百元，第一批招募一千萬元，分作十萬張，按號編列。

二、公債訂十二年為期，每年付息兩次，共計二十四息期。此項息票另張付給，到期憑票取息。

三、債票票面上蓋用郵傳部印信。

四、債票票上只列號數，不列債主姓名，准其轉售轉兌，認票不認人。

（發行）五、臣部設立公債處管理一切公債事宜。其各經理處設立地方，由臣部指定臨時登報布告。

六、公債募集開收截止日期，由臣部督飭公債處登報布告。

七、公債定平價發行，票面上百元仍以百元出售，將來即按票面之數償還。

八、公債除包售以外，所餘之數由各經理處向公眾募集，但有人全行包售即不招募。

九、凡願代售公債債票者，須先向各經理處掛號。

十、掛號截止時，若應募之數適如所募之數，或在所募之數以下，則照應募者所請求之數付給，債票包售者，不再

此例。

十一、若應募之數溢於所募之數，則以比例法分配債票。其如何分配之法，俟截止後視總額之多少臨時酌定，包售者，不再此例。

（收款）

十二、若經過開收日期繳款，而未到截止之限者，其所交之債款，即於次日起息。

十三、公債收款定收通用銀元，若以銀兩繳入者，照該埠通行市價合算銀元。

十四、公債收款即存放交通銀行，由該行報知管理公債處存案，隨時提用，餘照存款章程辦理。

（付利）

十五、公債定每年付利兩次，以三月一日及九月一日為付利日期，到時均可隨時取領。如逾限三個月，推歸下期併付，惟第一期付息，因交款前後不齊，應按日計算。

十六、到付利期限，向公債各經理處均得收取現銀元。

十七、所付利息，亦用通用銀元。

十八、付利以息票為憑，債主收利息及領活利時，須將息票持往各經理處查驗兌收，收訖即將息票蓋戳發還。

十九、各債票應得活利若干，每年付給一次，與九月一日付息時一併交付。其第一年所派活利，即按西曆一千九百零九年正月一日起，將是年所得活利於下年中曆九月一日分派。

（還款）

二十、公債以十二年為期，自起債之日起至第七年止，只付利息，不還債本；自第八年起至第十二年止，全數還清。每年應還若干，臨時酌定，但須先六個月報告。俾眾周知。

二十一、公債每年還本之期，前兩個月用抽籤之法，定為十萬號，即將十萬籤同置一器，是其應還若干，按數抽出。設如應還一百萬元，則抽出一萬籤之號碼，即為應受償還者。

二十二、得籤之號碼，次日登報聲明。到期，持票向各經理處收取現銀元。

二十三、得籤之票，向各經理處收取銀元時，須將債票及未到期之息票，於付銀之後先行塗抹，彙寄公債處繳銷。

二十四、得籤之票，若經三年不向各經理處收取銀元者，該票作廢。

（附則）

二十五、各經理處代售公債票至一萬元以上者，准交九九五扣；十萬元以上，九九扣；百萬以上，九八五扣；三百萬以

上，九八扣，以為酬費。

二十六、各經理包售本公債一萬元以上，准交九九扣；十萬元以上，九八五扣；百萬以上，九七五扣；三百萬以上，九七扣，以為酬費。

二十七、凡招集公債一十二萬五千者，於酬費之外，照尋常勞績奏獎；五十萬元者，照異常勞績奏獎。

二十八、公債債票聽民間樂購，不得交地方官向紳富勒買。

5、《度支部為募集公債及發行鈔票辦法事奏摺》
（1911年12月14日）

奏為募集愛國公債辦法，業經資政院修正議決，請旨施行，繕單恭摺會陳，祈仰聖鑑事。竊度支部於本年九月九日具奏募集公債及發行鈔票辦法請旨飭交資政院提議一摺，奉旨：依議。欽此。業經刷印原奏清單咨院欽遵辦理。茲准該院將議決章程議案咨送到閣。原咨內稱，發行宣統寶鈔一案，多數議員不贊成，業由前任度支部大臣當場聲明撤回。其募集愛國公債一案，經付股員會審查修正，並由度支部特派員蒞會協議修正，付於本月初九日開會公同議決，全體贊成，相應將愛國公債章程議決案另冊繕明，咨閣查照。等語。臣等查此項愛國公債辦法，即經資政院審

查修正，開會議決，自應請旨頒布施行。方今時局阽危、財源匱竭，朝廷不忍重加吾民負擔，疊頒巨幣以濟要需。凡內外臣工，均應激發忠忱，出祿糈之有餘，佐庫儲之不足，各竭涓塵之力，仰分霄旰之憂。至王公世爵，受恩深重，倘能於派購數目之外，盡力認購，尤足為官吏市民之倡。謹將修正愛國公債章程十四條繕具清單，恭呈御覽。如蒙俞准，擬請以宣統三年十一月一日為實行之期。即由度支部另訂施行細則及獎勵處分規則，咨送內閣核定後，咨請各衙門遵照辦理。

所有愛國公債請旨施行緣由，理合恭摺會陳，伏乞皇上聖鑑。謹奏。

6、《愛國公債章程》

第一條　募集此項公債專備經常軍需之用，其發行一切事務統由度支大臣管理。

第二條　募集此項公債以三千萬元為額，由部庫擔保償還。

第三條　公債利息案週年六釐付給。

第四條　公債之募集及本利支償付均委任大清銀行代理。

第五條　發行此項公債票額酌定三種號數銀如左：

一、五元　三百萬號，二、一百元　七

萬五千號，三、一千元 七千五百號。

第六條 此項公債票自募集之日起分九年還清，前四年付息不付本，自第五年起每年歸還兩成，至第九年付清。

第七條 購買此項公債票，將來無論何人得彼此隨意賣買貨抵當。

第八條 大清銀行發行紙幣時，得將此項公債做為準備之用。

第九條 償還此公債其先後次序得由度支大臣用抽籤法定之，並登報公布。

第十條 此項公債票凡帝國臣民均得購買。

第十一條 凡有左列各項資格之一者，對於此項公債票皆應負購買之義務：

一、王公世爵

二、京外大員

三、京外各衙門官吏

四、凡就公家職務者

第十二條 有購買此項公債票之義務者，應限於每年薪俸在一千五百元以上，在京由各部院長官，各省由督撫查明分等派購。如有於派購數目外盡力購買者，得由度支大臣彙總奏請獎給徽章。

第十三條 其有購買此項公債票之義務而不盡力購買者，應由度支大臣及各省督撫切實調查奏請議處。

第十四條 本章程之獎勵及處分規則由度支大臣另行編訂。

附條 募集此項公債施行細則另由度支大臣以命令定之。

7、《愛國公債施行細則》

第一條 公債票之發行及債款之收入，統由度支大臣派委專員辦理。

第二條 度支大臣得將此項債票分配京外各衙門，由各該管長官，按照本則第七條收入分等辦法，分別列管督飭購買。

第三條 此項債票分兩期購買，自宣統三年十一月一日起，至十二月底止，為第一次購買之期；自宣統四年正月一日起，至二月底止，為第二次購買之期。京外官員應照收入，分等數目，按期分別購買。如有自願一次購買者不再此限。

第四條 度支大臣得將此項債票發給京外商學會，由各該會董事分別勸募。如有盡力購買票額達一萬元以上者，得由度支大臣會同內閣奏請獎勵。

第五條 京外官員購買此項債票者，其債款得由各衙門支發公費處代收，彙交度支大臣辦理。

第六條 公債票利息，自購之次月一日起算，每年於四月內、十月內各付息

一次。

第七條　依愛國公債章程第十二條，收入分等如左：

一、滿一千五百元以上至兩千元，百分之二·五。

二、兩千元以上至五千元，百分之五。

三、五千元以上至八千元，百分之七·五。

四、八千元以上至一萬元，百分之十。

五、萬元以上至兩萬元，百分之十二·五。

六、兩萬元以上，百分之十五以上收入，包括官俸養廉、公費津貼等而言。

第八條　前條收入有兼差者合併計算，由該員所支公費比較最多之衙門代收。

第九條　凡有章程第十一條購買此項債票之義務者，除依收入分等購買外，其有特別盡力購買，票額達十萬元以上者，得由度支大臣會同內閣奏請優獎。

第十條　京外各衙門賣出此項債票現款，按月彙交度支大臣，由銀庫兌收。

第十一條　京外各衙門賣出此項債票數目，按月報告度支大臣查核。

第十二條　銀庫所收此項債票款項，按月報告度支大臣查核。

第十三條　此項公債自收現款之日，先發收條，俟債票印成後，由度支大臣定期一律發給債票。

第十四條　此項債票至宣統四年二月底止，為購買截止之期。所有未賣之債票，京外各衙門應於截止期後一個月以內，送交度支大臣查核銷毀。

第十五條　此項債票於購買截止期後三個月以內，得由度支大臣按照章程第九條辦理。

8、《愛國公債票獎勵及處分規則》

第一條　凡購買債票於義務之外盡力購買者，得分及獎勵如左：

一、購買至一萬元以上為第三級，獎給三等純金徽章，並　御書愛國匾額。

二、購買至五萬元以上為第二級，獎給二等純金徽章，並　御書愛國匾額。

三、購買至十萬元以上為第一級，獎給三等純金徽章，並　御書愛國匾額。

第二條　此項徽章及　御書匾額得由度支大臣會同內閣奏明頒給。

第三條　購買此項債票如友達五十萬元以上者，除照第一級獎勵外，得由度支大臣會同內閣臨時奏請特別獎勵。

第四條　徽章得於公服時佩用之。

第五條　頒給此項徽章及　御書匾額，得於購買債票截止後一個月內分別奏明辦理。

第六條　其有購買此項債票之義務而不盡力購買者，得查明奏請議處如左：

一、匿報應得收入致未足應買支票額者，查明後責令加倍購買。

二、故意抗不購買者，查明後除責令加倍購買外，並議以罰俸處分。

第七條　對於此項債票所有應得獎勵及處分，由度支大臣咨請內閣分別公布之。

9、《愛國公債條例》
（1912年5月31日）

此項公債於前清宣統元年（應為三年之誤）十月九日（應為九月九日之誤），經資政院議決，於十一月一日施行，中華民國二月奉大總統命令，「此項愛國公債得以接續辦理，所有宣統三年發出、實收，仍應照原案，俟債票印成，即行通告換領，與新收公債一律無異」等

因，自應發給，以昭信用。凡持有此項公債票者，有權向中華民國中央政府照下開條例領取大銀元若干元，並週年六釐利息，條例如左：

第一條　募集此項公債，以三千萬元為額，由部庫擔保償還。

第二條　此項公債自募集之日起，分九年還清，前四年付息，自第五年起，每年償還兩成，至第九年付清。

第三條　公債票利息自購買之次月一日起並每年於陽曆五月底、十一月底各付息一次。

第四條　公債利息案週年六釐給付。

第五條　公債之募集及本利之償付，均委中國銀行代理。

第六條　凡到期各息票，須於到期後六個月內換現，過期作廢。

10、《擬辦直隸地方公債票奏摺》（1905年1月20日）

奏為餉項竭蹶，籌備為難，擬辦直隸公債票酌訂章程繕具清單恭摺仰祈。

聖鑑事竊維時艱孔亟，事變紛乘，直隸當海陸要衝，布置籌防。第搜討君實需用浩穰，非有大宗的款，不足以集事。現在財政支絀，京外略同。一旦欲驟

集鉅金，捨貸款外，別無良策。惟募集洋債，利息輕重，常受挾持；鎊價漲落，復多虧損。查外洋各國，遇有軍國要需，率皆臨時募債，不分本國外國而踴躍輸將，常逾定額。固由國民急公就義使然，而最要關鍵，尤在上下相孚，絕不失信。中國歷來辦理公債，半由官吏不務遠圖，鮮克踐言，以致民聞公債，輒多觀望不前。即或勉集鉅資，亦率視為報效，不敢希冀償還。只求取辦一時，而於國民維繫之機，相去甚遠；利國便民之政，轉為誤國病民之階。臣誠私心痛之，今欲開募債票，宜自公家嚴守信實，俾民間便利通行，方足以挽澆風，召天下。然示信之道，非可空言，又宜預籌的款，備償本息。無論何項，不得挪用，又准其交納本省庫款、關稅各項，隨處皆可兌用。信如四時，令如流水，既易籌集，由便推行。在國家，無利源外溢之虞；在商民，得子母流通之益。維挽民心，恢張國力，皆在此舉。經臣詳酌中外章程，以取信便用為宗旨。就本省籌款，歲可得銀一百二十萬兩，計可貸公債銀四百八十萬兩。第一年按七釐付息，逐年遞加一釐，分六年還清。以所籌之的款備付本息，有盈無絀，其期限數目章程暨籌定款項，另繕清單恭呈御覽。臣更有請者，此事係屬創行，計在久遠，一或蹉跌，繼後為難。中國積習，往往始事者，備極艱辛，而當新舊代易之交，輒鮮後先規隨之美，不以紛易定章為才，即以

推卸責任為事。號令不行，官民不信，斷由於此。此項公債票如蒙俞允試辦，擬請降旨，做為永遠定案，並責成臣暨布政使、鹽運使，並繼任之督臣等，倘有為改定章，失信於民者，照誤國病民論，予以應得之罪。庶天下士庶，曉然知朝廷於公債一項，實力信行，斷無惉改，方足以俾助國用，收集利權。愚昧之見，是否有當，理合恭摺具陳，伏乞 皇太后 皇上 聖鑑訓示 謹奏章程貸還公債期限數目：

——直隸公債共募集銀四百八十萬兩。

　　光緒三十一年二月一日，第一期收銀一百二十萬兩。

　　光緒三十一年四月一日，第二期收銀一百二十萬兩。

　　光緒三十一年六月一日，第三期收銀一百二十萬兩。

　　光緒三十一年八月一日，第四期收銀一百二十萬兩。

——前項公債共銀四百八十萬兩，分六年還本，第一年七釐行息，第二年八釐行息，以後每年加一釐，至第六年還清為止。

　　光緒三十二年，第一年應共還本銀八十萬兩，隨付七釐息，銀三十三萬六千兩。

光緒三十三年，第二年應共還本銀八十萬兩，隨付八釐息，銀三十二萬兩。

光緒三十四年，第三年應共還本銀八十萬兩，隨付九釐息，銀二十八萬八千兩。

光緒三十五年，第四年應共還本銀八十萬兩，隨付一分息，銀二十四萬兩。

光緒三十六年，第五年應共還本銀八十萬兩，隨付一分一釐息，銀十七萬六千兩。

光緒三十七年，第六年應共還本銀八十萬兩，隨付一分二釐息，銀九萬六千兩。

以上六年共還本銀四百八十萬兩，息銀一百四十五萬六千兩。

貸還公債章程

——此項公債票，每大票庫平足銀或行平化寶銀一百兩整，每小票庫平足銀或行平化寶銀十兩整，各註取。本期限每票主一人，按甲乙丙丁戊己，分號列收。

——由藩司運司蓋用印信。

——由天津官銀號匯總收發撥兌。

——凡本省地丁、錢糧、關稅、釐金、鹽課、捐款均可以庫平足色期滿之票交納，將本期內應得利息加算，均由承收署局項天津銀號兌現。

——凡地方官分局員，均得以此期滿票解本管庫局，統由天津銀號兌現。

——此項公票做為現銀，按本有平色兌收，不許留難加索。

——如在內地及他埠，不便向天津銀號取用本息，可以期滿之票，在官銀號指定代收局號兌取現銀。其在本省地方，可向地方官衙門及籌款分局取現，該署局即用以抵丁糧稅捐政款解庫。

——凡在天津各票主，准其按三個月赴銀號支息一次，即在票上註明支數。

——此項公債，無論何人，准其轉售轉兌，認票不認人。

——收存公票在五萬兩以上者，准其在每年十二月一日，赴官銀號查驗備付款項。如收存公票不足五萬，可約集各票主，湊成五萬兩，公舉一人驗票後赴查。

——此項公票如經手大小官員差役不遵定章，有留難侵蝕等情弊，一經查實，官員參革，差役監禁十年，仍將侵蝕之款加一倍追罰。

還公債本息的款

——直隸藩庫提集中飽等項，每年銀三十萬兩。

——長蘆運庫新增鹽利，每年銀三十五萬兩。

——永平七署鹽利，每年銀十五萬兩。

——直隸銀元局餘利，每年銀四十萬兩。

以上每年共銀一百二十萬兩，專備還債之需，此外無論何項緊急用款，不准挪移動用，合併聲明。

11、《鐵路簡明章程》
（1903年12月2日）

第一條　臣部欽奉上諭務江礦務鐵路歸併管理，欽遵在案。除礦務另訂專章外，其業經開辦之鐵路檔案，均由路礦總局移交到部。至現在稟辦未經批准者，均應聽候臣部分別准駁。

第二條　無論華洋官商稟請開辦鐵路，均應按照臣部奏定章程辦理。其有援引前定各省鐵路章程與現定相背者，概不准行。至經部批准開辦後，應俟臣部奏定公司條律後，一體遵照，不得有所違背。

第三條　各省官商自集股本請辦何省幹路或支路，須繪圖貼說呈明，集的實股本若干，詳細具稟，聽候臣部行咨該官商原籍地方官，查明其人是否公正，家資是否股實，有無違背定章各情，俟咨復到部，以定准駁。

第四條　凡軌道必經之地，勘定後應由地方官先行曉諭，俾眾周知，不得故意抗玩。至公司買地，應由地方官估定公平價值，毋許高抬，應定地租，由公司按年認繳，不得拖欠。遇有盧墓所在，苟可繞越，自應設法以順民情，若軌路萬難繞越，應由地方官斷給遷費，以免爭執阻礙。

第五條　華商請辦鐵路，如係附搭洋股者，除具稟臣部批示外，應稟由外務部查核。其洋商出名請辦，除遞稟外務部聽候批示外，仍應稟由臣部察奪。至洋商情願承辦或情願附搭股本者，此項訂定章程仍應依律遵守勿越。

第六條　集股總以華股占多數為主，不得已而附搭洋股，則以不逾華股之數為限，具稟時須聲明洋股實數若干，毫無遁飾字樣，並不准於附搭洋股外，另借洋款，以杜矇混而慎名實。倘有矇准開辦者，一經查實隨時註銷撤辦。

第七條　凡中國各省鐵路，即使由洋商遞呈稟准開辦，而中國商民自應得有公共利益，方為平允。嗣後，洋商請辦，無論集股若干，總須留出股額之半，任華人隨時照原價附股。

第八條　無論華公司附搭洋股者，洋公司附搭華股者，地方官均應一體保護，惟不得干預公司辦事之權。至公司遇有虧

蝕，應悉照中國國家所定條律辦理，國家例不補償。

第九條　華人請辦鐵路，如係獨力資本至五十萬兩以上，查明路工實有成效者，由臣不專摺請旨給予優獎，以咨鼓勵。其召集華股至五十萬兩以上者，俟路工告竣，即按照臣部奏定之十二等獎勵章程核辦。

第十條　華人請辦鐵路應先統估該路全工用銀若干，以定集股額數。至開辦路工後，若因工艱費鉅，集股時意計不到，致有不敷，無可續集股本者，應准該公司以機器房產抵借洋款，概不准以地作抵。惟借款至多之數，按照原估用款，不得過十成之三，並須先行稟呈臣部，聲明所借實數，商借商還，國家概不擔承字樣，候部核准，方可議借，其議借合同應加繕一份，呈部存案。

第十一條　集股如全係華股，業將請辦路工悉數辦竣，續請展辦他路，而原集之股本，固以罄盡，擬添借洋款，以資接展，應具稟臣部，聽候酌核情勢，分別准駁。

第十二條　嗣後，華人請辦鐵路，如與洋商私訂合同，以請辦之路抵借洋款，一時矇准，或於開辦後，將該路工私賣予他人，以上情事，如經臣部察覺，或由地方官查明，除將路工充公，註銷全案外，

應視案情關係輕重酌罰。

第十三條　凡經臣部批准承辦鐵路者，無論華洋人，應自批准日起限六個月內，勘路勘畢；再限六個月內，開工造路。兩軌相距，須照英尺實寬四尺八寸半，與既行之路一律，並將開辦日期報部。逾限不報，即將批准之按撤銷，以杜集股不實，藉股招搖等弊。如實有意外事端，亦須預先呈明臣部，查無欺飾者，方可酌准展期。

第十四條　各省辦理鐵路，地方遇有地主抬價阻撓，工役恃眾把持等事，准公司報明該地方關切實曉諭彈壓，並嚴禁胥吏訛索諸弊，須知鐵路為興商利運之基址，國家應辦之要工，該地方官如保護不力，推諉漠視查實，從嚴參處。

第十五條　凡勘路估價監造軌路，目前中國尚少專家，應准公司聘用洋員。其經過地方及駐紮處所，各該地方官均須慎加保護，勿使稍有意外之虞。若該洋員不自守禮，蕩檢踰閑，准地方官知會該公司預為斥退，不得偏袒徇庇調赴他路當差，其甚者，准稟明臣部移會各國領事存案，不准在中國地方旅寓。

第十六條　無論華人、洋人，如於各直省督撫衙門遞呈請辦鐵路者，應由該督撫查明此路確於中國商運有所裨益，且於現定章程無所違背者，即咨會臣部

酌核辦理。

第十七條　凡公司遇有爭執或因他事有礙公司利益者，若係華人公司，就近地方官亦可持平判斷，不使兩有損傷，倘判斷不能公允，准具呈臣部核辦，以示保護。其華洋商遇有爭執，應由兩造各舉一人理論論斷，如判斷人意見仍有未洽，再合舉一公正人，不論局內局外者，皆可秉公調處，兩國國家均不干預其事。

第十八條　路礦本係兩事，應行各守專章，分別辦理，所有請辦鐵路者，不得率請與礦務合辦鐵路公司，前有沿路開礦章程，嗣後不准援引此案。若就近既無煤料轉運又苦艱阻，公司因此致欲虧蝕，應隨時具秉呈明，聽候臣部體察情形，分別准駁。如批駁後，不得再行呈請，以杜牽混。

第十九條　礦務鐵路總局，前定有表譜規格，現將此項表譜仍由部頒發各公司，每屆年底將辦理，一切詳情如式填寫，呈部查核存案。

第二十條　稟請辦理鐵路，業經批准後，該公司即可訂立合同。如有未盡事項應行具載者，准其酌增，惟不得與上列各條有所違礙。訂立時，並照繕一份呈部，核准後方可簽押。至路工完竣後，應有設關徵稅之處，由臣部會同戶部酌核辦理。

第二十一條　華洋商人承辦鐵路，如遇有軍務，中國國家調遣兵丁轉運餉械及軍營用物，需儘先載運，車價減半。

第二十二條　興造鐵路或鐵路已經造成後，須用彈壓巡丁，准其每一里僱用人一、兩名，仍不准帶用軍器，如需用護路，兵勇必須稟由臣部及各該省將軍督撫酌派，不得擅自僱用。所有工食費，由鐵路發給。

第二十三條　鐵路郵政相輔而行，凡承辦鐵路應代寄中國郵政書信包件，所有詳細章程屆時另訂。

第二十四條　以上各條，係承辦鐵路大概章程。此外未盡事宜，俟批准及訂立合同時，詳細增補。

12、《接收商辦江浙鐵路合約》
（1914年4月11日）

商辦浙江全省鐵路公司（以下稱公司）代表虞和德等，今依股東大會議決，受公司現任理事及歷屆董事查帳員之委託，全權代表該路與交通部（以下稱部）商訂該路讓歸國有，議定收路還股條件，合約如下。

一、公司經全體股東會議決，允將建築已竣完全營業之杭州至楓涇線、江幹至拱宸橋線、寧波至曹娥線，及建築未竣之杭州至曹娥線，及擬築寧波之三北支線，並其附屬一切財產及所有權利，悉數讓歸

國有，由部直轄自由處理。其一切以前給予該公司之權利，概行取消。

二、公司所有股本，部允如數歸還現款；以將來清算核定之數為准（其數目另表訂之）。計分三年還清，每四個月為一期，先期憑股票由部換給有期證券為據。但部如有不得已時，得再延長一年，仍以四個月為一期。以上還款期限起算辦法，自接收之日後第四個月為第一期；如財政充裕時，部得提前歸還，惟須先一個月通告公司。

三、自接收日起，未經付還之股本，由部仍照公司原訂股息數目按陽曆算給年息，於每年付還股本時，一併匯計算清。

四、公司帳項，截至民國三年四月底止；民國三年五月一日起至接收之日止，所有公司建築、營業、管理之經常開支及以前未經結束繼續應支之款，暨其一切應收款項應由公司另立簿據，由部核明繼承擔任。

五、公司存款各款，凡在民國三年四月底以前確屬於公司者，由部繼承擔任；但以歷屆報告及清算後核定之數為准。

六、公司所訂購地、購料、僱工、轉運、租地各有期契約，凡在民國三年二月以前者，除有特別原因外，得由部繼續承認。

七、自接收日起，公司即行取消。另由該公司自設——浙路股款清算處，其詳細辦法另訂之。

八、前清光緒三十四年三月十五日郵傳部所訂存款章程十四條，自接收日起，悉行作廢。

九、本約簽定以後、部未接收以前，公司一切財產及各項出入，由公司擔任嚴重保管、監督，負完全責任。

十、本約簽訂後，由部派員前往公司詳細清算；公司應將財產目錄，連同所有底簿及一切契據，供其查對簽字為據。

十一、該路俟本約簽訂後，即日由部派員接收及接管行車事宜，至多不得逾兩個月。其結清帳目期限，另定之。

十二、凡未經本約規定之款，部不任歸還之責。

十三、此約簽字之日起，即日實行。所有應續訂各項詳細手續，由部與代表人另訂之。

交通總長　朱啟鈐

浙江鐵路代表　虞和德　蔣汝藻　黃恩緒

國家圖書館出版品預行編目 (CIP) 資料

從息借商款到愛國公債,細說早期中國對內公債(1894-1949) / 戴學文著. -- 初版. -- 臺北市 : 商周出版 : 家庭傳媒城邦分公司發行, 2017.09
　　面 ;　　公分
ISBN 978-986-477-301-5 (平裝)

1. 公債　　2. 近代史　　3. 中國

564.592　　　　　　　　　　　　　　　　　　106013779

BO0271

從息借商款到愛國公債，細說早期中國對內公債（1894-1949）

作　　　　者／	戴學文
編 輯 協 力／	林俶萍
責 任 編 輯／	鄭凱達
版　　　　權／	翁靜如
行 銷 業 務／	周佑潔、石一志

總 編 輯／	陳美靜
總 經 理／	彭之琬
發 行 人／	何飛鵬
法 律 顧 問／	台英國際商務法律事務所羅明通律師
出　　　　版／	商周出版
	臺北市中山區民生東路二段141號9樓
	電話：(02)2500-7008　傳眞：(02)2500-7759
	E-mail：bwp.service@cite.com.tw
發　　　　行／	英屬蓋曼群島商家庭傳媒股份有限公司　城邦分公司
	台北市104民生東路二段141號2樓
	讀者服務專線：0800-020-299　24小時傳眞服務：(02)2517-0999
	讀者服務信箱：service@readingclub.com.tw
	劃撥帳號：19833503　戶名：英屬蓋曼群島商家庭傳媒股份有限公司城邦分公司
訂 購 服 務／	書虫股份有限公司客服專線：(02) 2500-7718；2500-7719
	服務時間：週一至週五上午09:30-12:00；下午13:30-17:00
	24小時傳眞專線：(02) 2500-1990；2500-1991
	劃撥帳號：19863813　戶名：書虫股份有限公司
	E-mail: service@readingclub.com.tw
香港發行所／	城邦（香港）出版集團有限公司
	香港灣仔駱克道193號東超商業中心1樓
	電話：(825)2508-6231　傳眞：(852)2578-9337
	E-mail：hkcite@biznetvigator.com
馬新發行所／	城邦(馬新)出版集團 Cite (M) Sdn Bhd
	41, Jalan Radin Anum, Bandar Baru Sri Petaling,
	57000 Kuala Lumpur, Malaysia.
	電話：(603)9057-8822　傳眞：(603)9057-6622　email: cite@cite.com.my

封 面 設 計／一瞬設計	**內 頁 設 計・排 版**／豐禾設計
印　　　　刷／鴻霖印刷傳媒股份有限公司	
經 銷 商／聯合發行股份有限公司　電話：(02) 2917-8022　傳眞：(02) 2911-0053	
地址：新北市新店區寶橋路235巷6弄6號2樓	
2017年9月26日初版1刷	Printed in Taiwan

定價 1,500元　　版權所有・翻印必究
ISBN：978-986-477-301-5

城邦讀書花園
www.cite.com.tw

廣　告　回　函
北區郵政管理登記證
台北廣字第000791號
郵資已付，免貼郵票

104 台北市民生東路二段141號2樓
英屬蓋曼群島商家庭傳媒股份有限公司
城邦分公司　收

請沿虛線對摺，謝謝！

書號：BO0271　書名：從息借商款到愛國公債，細說早期中國對內公債　編碼：

 商周出版

讀者回函卡

感謝您購買我們出版的書籍!請費心填寫此回函卡,我們將不定期寄上城邦集團最新的出版訊息。

不定期好禮相贈!
立即加入:商周出版
Facebook 粉絲團

姓名:_____ 性別:□男 □女

生日:西元_____年_____月_____日

地址:_____

聯絡電話:_____ 傳真:_____

E-mail :

學歷:□ 1. 小學 □ 2. 國中 □ 3. 高中 □ 4. 大學 □ 5. 研究所以上

職業:□ 1. 學生 □ 2. 軍公教 □ 3. 服務 □ 4. 金融 □ 5. 製造 □ 6. 資訊

□ 7. 傳播 □ 8. 自由業 □ 9. 農漁牧 □ 10. 家管 □ 11. 退休

□ 12. 其他_____

您從何種方式得知本書消息?

□ 1. 書店 □ 2. 網路 □ 3. 報紙 □ 4. 雜誌 □ 5. 廣播 □ 6. 電視

□ 7. 親友推薦 □ 8. 其他_____

您通常以何種方式購書?

□ 1. 書店 □ 2. 網路 □ 3. 傳真訂購 □ 4. 郵局劃撥 □ 5. 其他_____

您喜歡閱讀那些類別的書籍?

□ 1. 財經商業 □ 2. 自然科學 □ 3. 歷史 □ 4. 法律 □ 5. 文學

□ 6. 休閒旅遊 □ 7. 小說 □ 8. 人物傳記 □ 9. 生活、勵志 □ 10. 其他

對我們的建議:_____

_____

_____